W0312387

À toute vitesse

Fiches de culture générale et expression

Examens 2020 et 2021

BTS

À toute vitesse

Ont participé à ce volume :
Hélène Bieber (coordinatrice)

Flore d'Arfeuille
Christine Bolou-Chiaravalli
Isabelle-Rachel Casta
Isabelle Clochard
Claude Dereau-Seret
Jean-Marie Duplaà
Agnès Felten
Christine Girodias-Majeune
Nicolas Grenier
Pascal Herault
Valérie Lambert
Marie Lescêne
Céline Lucchi
Virginie Lupo
Laetitia Magnani
Alexandra Masini-Beausire
Bénédicte Peralez Feslier
Sonia Eismmann Nussmann
Lidwine Ripoche

ellipses

ISBN 9782340-030275
© Ellipses Édition Marketing S.A., 2019
32, rue Bargue 75740 Paris cedex 15

DANGER
LE
PHOTOCOPILLAGE
TUE LE LIVRE

Le Code de la propriété intellectuelle n'autorisant, aux termes de l'article L. 122-5.2° et 3°a), d'une part, que les « copies ou reproductions strictement réservées à l'usage privé du copiste et non destinées à une utilisation collective », et d'autre part, que les analyses et les courtes citations dans un but d'exemple et d'illustration, « toute représentation ou reproduction intégrale ou partielle faite sans le consentement de l'auteur ou de ses ayants droit ou ayants cause est illicite » (art. L. 122-4).
Cette représentation ou reproduction, par quelque procédé que ce soit constituerait une contrefaçon sanctionnée par les articles L. 335-2 et suivants du Code de la propriété intellectuelle.

www.editions-ellipses.fr

Table des matières

Notices biographiques

Hélène Bieber (coordinatrice), professeure certifiée de Lettres modernes, enseigne l'Expression et la Communication à l'I.U.T. de Poitiers (département Statistique et Informatique Décisionnelle). Elle est également formatrice au GRETA des Deux-Sèvres, professeure pour l'application Nomad Education et auteure pour le Blog Groupe Réussite.

Christine Bolou-Chiaravalli, PRAG, à l'université de Franche-Comté enseigne la culture générale et l'expression, elle est formatrice BTS sur deux académies pour les nouveaux thèmes.

Isabelle-Rachel Casta, professeur émérite à l'Université d'Artois, est spécialiste en sérialité et en culture criminelle ; elle vient de diriger un ouvrage aux éditions Garnier, *Young adult et fantômes*, et donne des conférences mensuelles sur le roman policier et l'anthropologie (Bastia, Médiathèque Duriani).

Isabelle Clochard, master1 Lettres et Langues, enseigne la culture générale et expression et l'espagnol en BTS au CFA-CFP La Providence, Cholet.

Claude Dereau-Seret, docteur en Littérature française, certifiée, enseigne la culture générale en BTS au Lycée Sainte-Croix-Saint-Euverte à Orléans.

Sonia Eismmann Nussmann, professeure en lettres-histoire, enseigne la culture générale et expression pour les classes de BTS CFAI au lycée Blaise Pascal à Saint-Dizier, Haute-Marne.

Flore d'Arfeuille, journaliste et photographe indépendante. Elle enseigne parallèlement la culture générale au sein du Groupe Aurlom (Paris).

Jean-Marie Duplaà, est professeur agrégé de lettres. Il enseigne en lycée et à l'université Paris-X Nanterre.

Agnès Felten, docteure en Littérature Comparée à l'Université d'Anvers. Certifiée de Lettres modernes, elle enseigne la culture générale en BTS au lycée Jean-Zay de Jarny et la communication en classes d'IUT de Metz (site du Saulcy). Elle est l'auteure d'articles universitaires et de comptes rendus de lectures, en particulier pour la Revue *Questions de communication*, de l'Université de Lorraine. Elle a rédigé aussi deux volumes de méthodologie pour l'examen des BTS aux éditions Ellipses.

Christine Girodias-Majeune, agrégée, Docteur ès Lettres, enseigne la culture générale et expression en BTS, le français et la philosophie en classes préparatoires scientifiques à l'ensemble scolaire La Salle de Clermont-Ferrand.

Nicolas Grenier, ancien élève de Sciences Po Paris, Nicolas Grenier enseigne la culture générale et expression en classe de B.T.S. à Paris.

Pascal Herault, professeur certifié de Lettres modernes, enseigne le français en lycée et la culture générale en classes de BTS au lycée Rotrou de Dreux (Eure-et-Loir).

Valérie Lambert, certifiée de Lettres Modernes, professeur de Français au Lycée Jean Jaurès à Argenteuil, et de Culture Générale et Expression en BTS, section Systèmes Numériques. Chargée de cours à l'Université Paris X-Nanterre.

Marie Lescêne, agrégée, diplômée du Master de Sciences Po Paris en 2003, enseigne la culture générale et expression en BTS et les questions contemporaines en Prépa IEP, à Strasbourg.

Céline Lucchi, Professeure agrégée de Lettres modernes, enseigne le français en lycée et la culture générale en classes de BTS au lycée Victor Bérard (Jura).

Virginie Lupo, Docteur ès Lettres Modernes et titulaire d'un master 2 d'Études Cinématographiques, enseigne au Lycée Saint-Exupéry de Lyon. Elle est l'auteur du *Théâtre de Camus : un théâtre classique ?* Et de *Si loin si proche, la quête du père dans* Le Premier Homme, d'Albert Camus.

Laetitia Magnani, professeur agrégée de Lettres Modernes, enseigne au lycée Colbert de Thionville, particulièrement en classes de BTS CG et MUC. Elle intervient également à l'IUT de Thionville ainsi qu'à l'Université de Lettres et Sciences Humaines de Nancy.

Alexandra Masini-Beausire, Docteur ès lettres en littérature comparée, professeur certifié, elle enseigne le français et l'histoire-géographie en lycée professionnel et a en charge deux classes de BTS. Elle est également formatrice en Lettres pour les lauréats des concours enseignants et les dirige dans l'écriture de leur mémoire pour valider le Master MEEF. Elle a obtenu en 2017 sa qualification aux fonctions de Maître de conférences section CNU 10, ses recherches universitaires s'intéressent notamment aux rapports texte-image.

Bénédicte Peralez Peslier, agrégée, Docteur ès Lettres, enseigne la culture générale et expression en BTS et le français au lycée Marcel Sembat de Vénissieux.

Lidwine Ripoche, professeure agrégée de Lettres modernes, référente Lettres à l'Espe de Poitiers, enseigne le français et la culture générale en classes de BTS au lycée Louis Delage à Cognac (Charente).

INTRODUCTION

« À toute vitesse ! » est le nouveau thème proposé aux étudiants de BTS cette année. La locution nominale suivie de son point d'exclamation attire notre attention sur la présence d'une intention chez son émetteur : hyperbole enthousiaste du commentateur ? Ordre implacable du supérieur exigeant ? Crainte de l'individu soumis à un rythme qui ne lui convient pas ? Tous les tons sont possibles. La subjectivité de chacun sera invitée à s'exprimer dans la réflexion autour de cette expression par ailleurs très banale et qu'Alain Rey[1] fait remonter à 1888 soit la fin de la Révolution industrielle. La définition de « vitesse », substantif très courant, mérite néanmoins d'être précisée : fait de parcourir un grand espace en peu de temps, synonyme de « Très vite ». Le lexicographe remarque qu'au XXe siècle le terme « vitesse » entre dans de nombreuses expressions, ce qui au regard de la démocratisation de la voiture et de l'avion ne saurait surprendre. L'étymologie de l'adverbe dont « vitesse » dérive est également éclairante. « Vite », qui est adjectif jusqu'au XVIIe siècle est d'origine incertaine. Probablement issu de latin populaire *visitus* (qui y voit bien), participe passé du latin classique *visere*, examiner, regarder de près (qui a donné « viser »), l'homme *vite* serait celui qui voit clair dans l'action et réagit en conséquence, c'est-à-dire rapidement. Si le terme est très largement connoté positivement dès ses premiers usages, on note néanmoins que « vite » signifie spécialement au XVIIe siècle « en prenant trop peu de temps » donc « sans réflexion » ; il est en cela l'équivalent actuel de « aller trop vite ». L'étymologie signale donc d'emblée deux perceptions de la vitesse, selon qu'elle valorise ou dévalorise, le sujet ou l'objet dont elle spécifie le rythme.

De surcroît, le thème proposé cette année entre particulièrement en résonance avec les caractéristiques d'une époque volontiers associée à l'urgence. On peut penser au flot continu d'information *via* les réseaux sociaux qui nous permettent de savoir quasiment en temps réel ce qui se passe à l'autre bout du pays voire de la planète, on peut aussi penser à l'imminence de la 5G qui garantira aux heureux privilégiés des vitesses de téléchargement (1 gigabit par seconde) et d'accès à la donnée encore jamais atteintes. Ces vitesses-là sont attendues, convoitées, promises et espérées. On sait aussi que dans la civilisation occidentale postmoderne, la notion de cadence est omniprésente dans le monde du travail obnubilé par les gains de productivité. Depuis juillet 2017, on a également pu constater que le fait de rallier Paris à Bordeaux en seulement deux heures de train avait redessiné la sociologie d'une ville dont les fondations remontent au VIe siècle avant Jésus-Christ. Le sujet résonne d'autant plus avec une époque où beaucoup se disent et se montrent pressés, tâchent de tout faire vite mais où l'impression de manquer de temps et de courir après les heures étreint plus de la moitié des français (le chiffre monte à 80 % chez les mères de famille), lesquels souhaitent ralentir leur rythme[2]. Concomitamment à cette obsession de la vitesse mise en avant par toutes les technologies qui nous entourent, émerge la

1. *Dictionnaire historique de la langue française,* Éditions Le Robert, 1992.
2. https://harris-interactive.fr/opinion_polls/les-francais-et-leur-rapport-au-temps/.

mode du *slow* : *slow fashion* pour désigner la mode dite écoresponsable parce qu'elle ne pollue ni ne participe à l'exploitation des salariés qui y travaillent, *slow food*, qui regroupe ceux qui veulent préserver la variété des aliments et attendent la saison idéale pour consommer fruits et légumes. On peut associer à cette tendance forte la *slow education*, respectueuse du rythme d'apprentissage de l'enfant ou bien encore l'engouement récent pour la méditation qui participe à revaloriser les moments de pauses dans nos existences d'occidentaux pressés.

On le voit, l'expression « À toute vitesse ! » qui s'entend à la fois comme un souhait et un repoussoir se prête à de nombreuses réflexions et nous permet d'envisager un questionnement fourni convoquant l'anthropologie, la littérature, l'éthique, la technique et l'esthétique. D'où la riche bibliographie ministérielle enrichie de quelques références complémentaires dont le commentaire est l'objet de cet ouvrage.

I. La vitesse comme un fondement de la civilisation industrielle

I.1. Les données physiques de la vitesse

La définition communément admise du terme vitesse (qualité d'un être ou d'une chose qui se déplace vite) doit être complétée par une approche plus scientifique. En effet, la vitesse n'est pas un phénomène mais une **relation** entre des phénomènes. C'est une mesure du temps qui quantifie un mouvement en mettant en relation le temps et l'espace. On rencontre mille vitesses différentes, évolutives au fil des siècles et des avancées technologiques qui vont toujours vers plus de rapidité : les premières locomotives à vapeur avançaient à un peu plus de 50 kilomètres par heure, la voiture roule à présent aisément à 130 km/h, le TGV met une heure pour parcourir 320 km, une fusée, pour quitter l'espace gravitationnel, doit atteindre 40 320 km/h… Pour autant, il n'existe qu'une seule constante : la vitesse de la lumière soit 299 792 458 m/s (environ 300 000 km/s). En dehors de ce phénomène physique précis, pensé dès la fin du XVIIe siècle et démontré par Einstein en 1905 dans le cadre de ses recherches autour de sa théorie de la relativité, il est moins question de vitesse que d'allure, d'accélération du rapport temps-espace, car les aiguilles d'une montre ne tournent pas plus vite aujourd'hui qu'il y a quatre cents ans, une heure restera toujours 60 minutes. « Trois mille six cents fois par heure, la Seconde Chuchote/ Souviens-toi. » écrivait Baudelaire dans « L'Horloge[1] ». La vitesse n'existe pas au sens absolu. La lenteur n'existe pas au sens absolu. C'est toujours par rapport à quelque chose. Sur terre, le temps objectif n'accélère jamais mais les rythmes, eux, peuvent varier, gagner en rapidité ou ralentir. Et force est de constater que notre civilisation

1. *Petits poème en prose* ou *Le Spleen de Paris*, 1869.

occidentale moderne est marquée depuis près de 300 ans par une célébration et une recherche constante du gain de vitesse c'est-à-dire de l'accélération.

I.2. « La seule nouvelle extase du monde moderne[1] »

Christophe Studeny dans son essai phare *L'invention de la vitesse, France XVIIIe-XXe siècle*[2], passe en revue les trois siècles qui ont suffi pour bouleverser un mode millénaire d'existence. Il explique comment nous sommes passés d'un rythme « enraciné aux repères de la marche et du chemin pour provoquer une mutation irréversible de notre condition de terrien. » En s'appuyant sur l'évolution des moyens de transport, il répertorie les temps successifs qui viennent après le temps de la marche : le déplacement à cheval, en train, en automobile et enfin en avion. Selon lui, cette augmentation de la vitesse des moyens de locomotion a scandé véritablement nos existences et nous a permis de passer d'une ère à l'autre. Ce que l'essayiste nomme un « arrachement de la France à la lenteur » a bien entendu été, pour une part très essentielle, lié à l'avènement du chemin de fer. On mesure à quel point l'accélération des déplacements est valorisée car elle promet une plus grande maîtrise de l'espace qui s'en trouve rétréci, donc devient moins étrange, moins effrayant ; plus familier en un mot. La vitesse nous libère de nos peurs de l'inconnu : grâce à elle, *là-bas* n'est alors plus qu'un *ici*.

La bibliographie du programme fait d'ailleurs la part belle à ce qu'on pourrait nommer une poésie du train dont on sait qu'il a inspiré les plus grands auteurs : Cendrars, Hugo et Zola entre autres. Cette fascination des artistes, Studeny l'explique ainsi : « la transformation de la distance horaire en distance métrique par le chemin de fer [est] à la base d'un nouveau rapport de l'homme à l'étendue et d'une nouvelle lecture du paysage. » Ainsi, Victor Hugo le mentionne-t-il dès 1837 dans une lettre datée du 22 août[3] lors de son deuxième voyage en train : « Je suis réconcilié avec le chemin de fer ; c'est décidément très beau. [...] C'est un mouvement magnifique et qu'il faut avoir senti pour s'en rendre compte. La rapidité est inouïe. Les fleurs du bord du chemin ne sont plus des fleurs, ce sont des taches ou plutôt des raies rouges ou blanches ; plus de points, tout devient raie [...]. » On est très proche d'une définition sommaire du mouvement pictural de l'impressionnisme Le train et ses possibles inspireront nombre de récits aux auteurs et celui de Zola dans *La Bête humaine* est sans doute l'un des plus connus. Comme Hugo, il humanise la machine à vapeur jusqu'à la prénommer Lison mais contrairement à son aîné, il devine que la machine non seulement ne détournera pas l'Homme de ses pulsions violentes mais les décuplera peut-être. Tout positiviste qu'il est, il persiste à se défier de la vitesse, cette libératrice des instincts bestiaux.

1. Milan Kundera, *La lenteur.*
2. Gallimard, Bibliothèque des histoires, 1995.
3. http://users.skynet.be/litterature/hugo/cheminfer.htm.

POUR APPROFONDIR

- Blaise Cendrars, *La Prose du Transibérien et de la petite Jehanne de France*
- Victor Hugo, *Voyage en Belgique*
- Valéry Larbaud, *Poésie de A.O. Barnabooth*
- Gérard de Nerval, « *Le réveil en voiture* »
- Jules Verne, *Le tour du monde en 80 jours*
- Alfred de Vigny, « *La Maison du berger* »
- Émile Zola, *La Bête humaine*
- *Le courant esthétique de l'impressionnisme*
- Marc Desportes, *Paysages en mouvement*
- William Turner, *Pluie, vitesse, vapeur*
- Alfred Hitchcock, *La mort aux trousses*
- Arthur Hiller, *Transamerica Express*

De surcroît, nul ne saurait nier la formidable capacité de la vitesse à sculpter nos paysages : les routes sinueuses, boueuses et irrégulières pour les hippomobiles qui de malle-poste en malle-poste se devaient de rendre accessibles tous les villages de France, la propagation du macadam au début du XIXe siècle bientôt concurrencée par les lignes de chemin de fer puis les autoroutes, ces larges tracés rectilignes d'un bord à l'autre du pays. On sait depuis Norbert Elias[1] que la société civilisée a valorisé la vue au détriment des autres sens. L'évolution des moyens de locomotion ne nous semble pas étrangère à cette promotion en faisant passer le déplacement de la sphère de l'action à celle du spectacle : en train et en voiture on ne fait quasiment rien d'autre que de contempler le paysage qui défile.

I.3. « La splendeur du monde s'est enrichie d'une beauté nouvelle : la beauté de la vitesse[2] »

Nombre d'œuvres artistiques attestent cette splendeur, nombre d'œuvres picturales notamment qui se sont efforcées de donner à voir, qui des paysages entraperçus « à toute vitesse » depuis une locomotive ou le siège d'une voiture, qui des moyens de locomotion en pleine accélération, qui des animaux lancés en pleine course. Cette ambition s'est même trouvée réunie dans un courant esthétique et littéraire : le futurisme. Comme toujours, il faut bien distinguer les intentions artistiques, exprimées par les discours ou les écrits, des réalisations effectives. Cette constatation s'applique tout spécialement au futurisme dont Filippo Marinetti publie les principes dans le journal *Le Figaro* du 20 février 1909. La déclaration de Marinetti se veut un acte de rupture avec le passé. Le maître mot – vitesse – fournit à cette soif intransigeante de

1. *Sur le processus de civilisation, Éditions Calmann-Levy, 1973.*
2. *Manifeste du futurisme*, Filippo Marinetti.

modernité son *credo* majeur. Le préambule du texte prend la forme d'un apologue violent qui héroïse l'automobile. Puis une série de principes vient marteler le propos dont on relève quelques points particulièrement signifiants. Le quatrième est resté célèbre par son hyperbole anti-passéiste : « Nous déclarons qu'une automobile de course avec son coffre orné de gros tuyaux tels des serpents à l'haleine explosive… une automobile rugissante, qui a l'air de courir sur de la mitraille, est plus belle que la *Victoire de Samothrace*[1]. » La vitesse se loge donc au cœur de ce courant esthétique (empruntant au cubisme et au divisionnisme) qui la célèbre sans restriction aucune et vise à restituer la sensation dynamique et énergique ainsi que la beauté des machines et des véhicules.

Le désir de capter la vitesse est également à l'origine de l'invention de nouveaux moyens photographiques destinés à saisir enfin cette nouvelle réalité : le mouvement rapide. Le progrès des transports en appelle alors d'autres. Par exemple la chronophotographie que l'on doit aux travaux conjoints d'Étienne-Jules Marey et Muybridge. La succession de photographies, permettant de décomposer chronologiquement les phases d'un mouvement (humain ou animal) ou d'un phénomène physique, trop brèves pour être observées convenablement à l'œil nu, autrement dit la prise de vue en rafales, permet l'immobilisation du sujet au sein d'un décor encore en mouvement. Avant l'invention de cette technique photographique sophistiquée, les peintres avaient bien tenté de saisir la vitesse mais il suffit de regarder « Le Derby d'Epson » de Géricault pour mesurer qu'une aporie était atteinte : le monde allait-il trop vite pour l'œil humain ? Les musiciens aussi, fascinés par la rapidité des engins de locomotion, entreprirent d'en restituer les sons ; quitte à proposer des partitions déconcertantes…

POUR APPROFONDIR

Études photographiques « Vues du train »

- Vision et mobilité au XIXe siècle, Clément Chéroux
- Filippo Marinetti, *Manifeste du futurisme*
- Stendhal, *Les privilèges* : « article 23 »
- Jean Mitry, *Pacific 231*
- Théodore Géricault, *Le Derby d'Epson*
- Étienne-Jules Marey
- Eadweard Muybride
- Luigi Russolo, *Automobile in corsa*
- Le courant esthétique du futurisme
- Arthur Honegger, *Pacific 231*
- Steve Reich, *Differents trains*

1. Sculpture grecque représentant Niké, la déesse de la Victoire ; exposée au musée du Louvres.

I.4. « La privatisation de la vitesse[1] »

Mais la vitesse ne devait pas se contenter d'être célébrée dans l'art, elle allait impacter toutes nos existences. La voiture automobile (qui comme son nom l'indique permet à chacun de se mouvoir par lui-même), moyen de transport privé, apparaît dès la toute fin du XIXe siècle, se développe après la Première Guerre mondiale dans les classes aisées américaines sous la houlette de Ford et de *General Motors* puis se démocratise en France avec les Trente Glorieuses et la société de consommation dont elle devient un des emblèmes. En elle, se nouent toutes les dimensions du modèle de développement économique qui a prévalu dans la seconde moitié du XXe siècle. Celle d'une organisation industrielle tayloriste et fordiste qui redistribue à ses salariés une grande part de ses gains de productivité, faisant de chacun d'eux un usager potentiel de l'automobile, et donc un client pour son industrie. Celle d'une économie qui exploite sans compter des ressources naturelles bon marché, à commencer par le pétrole. Celle d'une culture qui célèbre la liberté individuelle et voit dans les moyens de se déplacer rapidement et à sa guise une promesse de bonheur collectif et d'épanouissement individuel. Le nombre de véhicules détenus en France a été multiplié par près de 10 au cours des cinq dernières décennies du XXe siècle, le parc passant d'environ 2,7 millions de véhicules en 1954 à 29 millions en 2003. L'automobile, dans sa phase de diffusion, est devenue l'incarnation d'une liberté nouvelle à l'égard du temps et de l'espace. Toutes les enquêtes de sociologie menées sur le sujet montrent que les conducteurs tendent à se considérer comme plus libres et plus autonomes lorsqu'ils utilisent leur voiture personnelle. Elle est également perçue comme générant un gain de temps, les moments passés dans son véhicule apparaissant comme des heures maîtrisées contrairement aux périodes passées dans les transports en commun perçues comme subies. Nombre de romanciers, de cinéastes et de peintres ont célébré, mis en scène la voiture, la vitesse et les paysages qui défilent et, de façon très fréquente, la liberté qu'elle exalte et l'individualisme qu'elle flatte. Il suffit de penser à la fameuse séquence au cours de laquelle Jean-Paul Belmondo (Michel Poiccart d'*A bout de souffle*) s'adresse aux spectateurs dans un long regard caméra et leur dit en conduisant à pleine vitesse : « Si vous n'aimez pas la mer, si vous n'aimez la montagne, si vous n'aimez pas la ville, allez-vous faire foutre[2]. » Nous sommes en 1960, dévaler la Route Nationale 7 « à toute vitesse ! » paraît le comble de la liberté et de l'audace. Comme si le fait de conduire vite affranchissait de toutes les normes bourgeoises, de tous les respects, et même, des règles élémentaires de politesse. Avec la maîtrise de la vitesse semble venir la maîtrise de son destin. Il faut l'œil visionnaire d'un Roland Barthes pour deviner que derrière cette nouvelle mythologie de la voiture se dissimule assez mal la superficialité d'une civilisation qui repose sur une foi superstitieuse et naïve

1. Christophe Studeny, *L'invention de la vitesse*, Gallimard, Bibliothèque des histoires, 1995.
2. https://www.youtube.com/watch?v=bfukcKYjNGs.

dans le progrès. Mais « Quand le pied de Sagan écrase l'accélérateur de sa Jaguar, c'est pour se procurer ce plaisir mortel, dans lequel la vitesse n'est ni un signe, ni une preuve, ni une provocation, ni un défi mais un élan de bonheur[1] ». Il faut enfin, des exploits individuels magnifiés lors de compétitions automobiles à plusieurs reprises relayées par le cinéma pour célébrer les individus exceptionnels et admirables capables de domestiquer les plus grandes vitesses lors de courses ou de rallyes par exemple. Ce sont les héros de cette époque, adulés à juste titre pense l'essayiste Jean-Philippe Domecq qui réfléchit notamment aux figures exemplaires d'Ayrton Senna[2] et Niki Lauda[3]. Il identifie les causes de la fascination que les pilotes de Formule 1 exercent sur les foules, rappelant que c'est le sport le plus regardé au monde (après les grandes compétitions de football). Selon lui, dans cette activité à hauts risques, *éros* et *thanatos* se trouvent réunis en un « bonheur mortel » qui consiste à réduire au maximum la courbe d'un virage puisque l'enjeu d'une course tient en cet essentiel. Ces courses de Formule 1 sont également autant de *catharsis* pour les automobilistes ralentis que nous sommes d'autant plus que la circularité des parcours préfigure la vie humaine : on peut en sortir par la mort. Les compétitions offrent donc un « spectacle d'arènes ». Enfin, le pilote est un surhomme qui fait corps littéralement avec son véhicule lequel devient une extension de lui-même. Senna disait entrer dans sa voiture comme dans un manteau… Et puis, la conduite en elle-même participerait du divin puisqu'elle suppose de reculer les limites de la perception des sens et du temps : gagner une seconde sur un tour tient de l'exploit et engendre la victoire. Enfin, cette conduite-là est au-delà du réflexe, car les décisions qu'elle implique vont plus vite que la capacité humaine, tout doit être fait par anticipation, ce que Domecq nomme une « conduite intérieure » qui confine à un autre espace-temps. On comprend mieux alors, qu'un film comme *Fast and Furious* à l'intérêt cinématographique et scénaristique limité atteigne son neuvième opus. Ni l'histoire ni la mise en scène ne présentent le moindre intérêt mais la projection est pour le spectateur l'occasion de frissonner lors des longues et innombrables courses-poursuites et d'être, le temps du film, un peu Ayrton Senna… On retrouve une logique similaire mais cette fois-ci concrète dans l'intérêt récent mais massif pour les sports dits à risque qui, alliant souvent vitesse et évolution dans un milieu dangereux, exposent ceux qui les pratiquent aux sensations fortes engendrées par le stress. La vitesse nous fait alors nous sentir plus vivants.

1. Paul Virilio, *Le futurisme de l'instant*, Éditions Galilée, 2009.
2. Pilote brésilien de F1 né en 1960, il décède lors d'un accident au cours du Grand Prix de Saint-Marin le 1er mai 1994.
3. Pilote autrichien de F1 né en 1949, il est victime d'un très grave accident le 1er juillet 1976 lors du Grand Prix d'Allemagne, il reprend le volant 6 semaines après avoir été brûlé au visage et aux poumons.

POUR APPROFONDIR

- Alessandro Barrico, *Cette histoire-là*
- Philippe Besson, *Vivre vite*
- Sagan, *Avec mon meilleur souvenir* « La vitesse »
- Tom Wolfes, *L'Étoffe des héros*
- Roland Barthes, *Mythologies* « La Nouvelle Citroën »
- Jean-Philippe Domecq, *Ce que dit la vitesse*
- Jan De Bont, *Speed*
- Rob Cohen, *Fast and Furious*
- Jean-Luc Godard, *À bout de souffle*
- Ron Howard, *Rush*
- Lee H. Katzin, *Le Mans*
- John Lasseter, *Cars*
- Nicholas Ray, *La fureur de vivre*

Avec l'avion vient le temps de « l'accomplissement de la vitesse[1] ». Tout comme la voiture, il connaît lui aussi ses célébrations cinématographiques (*Top Gun, Aviator, Turbulences en plein vol, Turbulences à 30 000 pieds, In the Air…*) auxquelles on peut adjoindre la série plus récente des films qui se déroulent dans l'espace : *Seul sur Mars, Gravity, Interstellars* ces plus ou moins dignes héritiers de *2001 : l'Odysée de l'espace*. Nous sommes alors dans l'exploration des possibles qu'offre la maîtrise par l'humain d'une vitesse prodigieuse, possibles explorations de nouveaux territoires, voire d'espaces à conquérir, possibles avancées technologiques. Déjà Kubrick postule qu'atteindre Jupiter ne sera envisageable que grâce à l'intelligence artificielle.

La vitesse fait donc partie intégrante du grand mythe du progrès, qui anime la civilisation occidentale depuis les XVIIIe et XIXe siècles. L'idée sous-jacente, c'est que nous allons grâce à lui vers un avenir toujours meilleur. Plus vite nous allons vers cet avenir meilleur, et mieux c'est, naturellement. Dans cette optique, les communications et les échanges se sont multipliés ainsi que toutes sortes de technologies qui ont permis de créer des transports rapides. Nous sommes dans une époque où la rapidité s'est imposée, où le rythme s'est accéléré faisant de l'expression « À toute vitesse ! » un mot d'ordre intégré par tous. Car la vitesse permet de se déplacer plus rapidement : le tour du monde ne s'effectue pas en 80 jours comme l'avait rêvé Jules Verne mais on rallie l'autre bout de la planète un 24 heures d'avion, et toujours grâce à la vitesse on peut préciser à qui de droit qu'on est bien parvenu à destination à peine l'atterrissage effectué. Enfin, grâce à la vitesse, on produit davantage et plus vite. Dans une société capitaliste et libérale, que demander d'autre ?

1. Christophe Studeny, *L'invention de la vitesse*, Gallimard, Bibliothèque des histoires, 1995.

II. De « l'Homo Velox » à « l'Homo Rapidus[1] »

Que demander d'autre à la vitesse ? Peut-être tout simplement qu'elle tienne ses promesses. Ce qu'elle ne parvient pas à faire. En effet, la vitesse permet d'effectuer davantage de kilomètres en moins de temps aujourd'hui qu'il y a un siècle, aujourd'hui qu'il y a trente ans. Or, le temps quotidien consacré par les Français à se déplacer n'a quasiment pas varié depuis les années 1980, alors même que les distances parcourues quotidiennement ont augmenté de 75 %. Le cas français illustre parfaitement la conjecture de Zahavi[2] selon laquelle le temps quotidiennement consacré par les hommes à leur mobilité constitue une constante universelle. Conformément à cette perspective, le temps économisé grâce à l'accroissement de la vitesse de déplacement est utilisé non pas pour réduire la durée quotidienne de transport, mais pour élargir son espace d'action. Confirmant cette hypothèse, le kilométrage annuel moyen par voiture s'est accru de 35 % entre 1959 (date à laquelle il était estimé à 8 400 km pour les véhicules particuliers et 13 000 km pour les véhicules utilitaires) et 1974. Entre 1980 et 1999, le parcours annuel moyen des véhicules français est passé de 13 020 km à 14 103 km. Les gains de vitesse ne permettent donc pas de dégager le temps promis. Pire encore, pour un certain nombre d'essayistes et philosophes – et non des moindres – cette recherche effrénée de la vitesse, loin de nous faire gagner du temps, nous entraîne au contraire dans un engrenage mortifère. D'agiles et rapides (homo velox) nous serions devenus agités, fébriles et souffrants (homo rapidus).

II.1. « La dromologie[3] »

L'un des premiers essayistes et philosophes à avoir dénoncé le règne ambigu et désintégrateur de la vitesse sur nos existences se nomme Paul Virilio. Décédé récemment, il n'a cessé depuis les années 1970, de montrer que la vitesse engendrait surtout la confusion mentale et émotionnelle. L'accélération de l'information en particulier permet que chacun soit au courant de tout ce qui se passe dans le monde en temps réel : il prend comme exemple la chute du mur de Berlin en 1989 quasiment couverte en direct par toutes les chaînes de télévision occidentales, les guerres en Irak de 1990-1991 et 2003 qui vaudront nombre d'éditions spéciales et des heures d'antenne à regarde déferler des missiles américains dans la nuit de Bagdad, le krach boursier de la bulle internet en 2001 et les larmes de traders auxquelles personne n'échappe, puis celui de l'immobilier américain en 2007 au rythme des

1. Termes forgés par Gil Delannoi dans « L'accélération comme mode de vie : Homo Velox ou le tachysanthrope » Revue *Esprit*, juin 2008.
2. Théorie selon laquelle les déplacements de la vie quotidienne se font à budget-temps de transport (BTT) constant, et que leur portée spatiale est fonction de la vitesse de déplacement. Théorie valable jusqu'en 1990, après cette date, les temps de trajet s'allongent en Europe.
3. *Vitesse et Politique, essai sur la dromologie*, Paul Virilio, Éditions Galilée, 1977.

déclarations de Christine Lagarde, ou bien encore l'effondrement des tours jumelles du *Word Trade Center* le 11 septembre 2001 dont la planète est le témoin sidéré. Cette immédiateté de l'information engendre ce qu'il nomme « une synchronisation des affects », une encore une « mondialisation des émotions ». En effet, chacun – même les moins concernés géographiquement, politiquement ou intellectuellement – vit ces bouleversements majeurs en temps réel, devant son écran de télévision d'abord puis de smartphone plus récemment. De surcroît, depuis quelques années on en partage le contenu et les images sur tous les réseaux sociaux possibles pour encore davantage et plus rapidement répandre la nouvelle dans un « continuum audiovisuel » quasi divin car omniprésent et omniscient. Les notifications nous empêchent de nous tenir à l'abri, de nous tenir à l'écart et nous sommes comme prisonniers des inquiétudes ou des traumatismes que ces événements engendrent. Objectivement, ces faits et catastrophes causent beaucoup moins de morts ou de massacres que les guerres de religion du XVIe siècle ou l'extermination des Indiens en Amérique mais nous les voyons se dérouler sous nos yeux sans le filtre du temps qui permet de tout relativiser, tout mettre en perspective et aussi de raisonner. Pour Virilio, nous sommes gouvernés par la « dromologie » selon le concept qu'il forge en 1977. Du grec « dromos » (course) et « logos » (science), la « logique de la course » nous étreint tous et elle nous éreinte. Physiquement, intellectuellement, émotionnellement, politiquement. Le philosophe n'a cessé de mettre en évidence tous les périls qu'engendre la vitesse.

Il montre en particulier que l'un des premiers effets de cette dictature de la vitesse informationnelle favorise la peur et permet même une gouvernance par la peur. Son essai intitulé *L'Administration de la peur*[1] paru en 2010 déploie la thèse selon laquelle l'anxiété est aujourd'hui administrée, orchestrée, politisée par les États et les puissances qui nous dirigent. Nos inquiétudes et craintes (sanitaires, écologiques, financières…) se déploient d'autant plus que les moyens hypermodernes de communication abolissent les distances, polluent l'espace et plongent les sujets connectés à l'actualité dans un *live* permanent. Car ce monde du mouvement incessant va de pair avec celui des communautarismes et du repli sur soi que le philosophe présente comme les effets collatéraux d'un monde rendu effrayant par cette constante compression du temps, par cette infernale rapidité de l'information que les technologies de nos sociétés numérisées accélèrent toujours plus. Virilio rejoint en cela la philosophe Hannah Arendt qui expliquait que « la terreur est l'accomplissement de la loi du mouvement[2] ». Dans cette perspective, « À toute vitesse ! » loin d'être un cri d'enthousiasme devient une exclamation horrifiée.

1. Éditions Textuel.
2. Hannah Arentd, *Les origines du totalitarisme, 1951.*

Une autre conséquence imputable à cette obsession de la vitesse selon Virilio tient en la modification du réel. Selon lui, la vitesse elle-même devient le réel. Il n'y a plus de géographie puisque la distance est abolie, n'existe plus, ne compte plus. Partant, de vrais dangers guettent la démocratie. Les informations en continu impliquent en effet une urgence médiatique incessante : il faut alimenter les télévisions d'information en continu, les nourrir d'événements, de reportages, tout devient grave, urgent, scandaleux, insupportable... On ne hiérarchise plus, c'est le règne des polémiques d'un jour voire du jour. Il n'y plus de temps calme. On ne dispose plus du temps nécessaire pour contrôler l'exactitude de l'information, d'où le règne des *fakenews* et des théories du complot. À cette urgence médiatique répond une hyperréactivité juridique et politique ce que Virilio nomme une « frénésie législative[1] » dont la procédure accélérée dite du 49.3 est le symptôme. Il faut légiférer à chaque nouveau fait divers, il faut revoir l'arsenal juridique à chaque attentat. « Le dirigeant se transforme en une sorte d'urgentiste, de pompier[2] ». Tout est réuni pour un emballement général qui sidère l'esprit humain et paralyse les institutions démocratiques qui, à force de surréagir, perdent leur sens et de leur puissance ; d'aucuns disent de leur respectabilité aussi.

II.2. « Des individus à flux tendus[3] »

Le monde du travail n'est pas épargné par la dromologie. John Chambers, ancien P.-D.G. de *Cisco Systems* marque les esprits lorsqu'il assène : « Dans le monde d'aujourd'hui, ce n'est pas le gros qui mange le petit, mais le rapide qui dévore le lent. », et définit les marchés financiers comme « Le lieu où l'impératif de célérité est porté à l'incandescence[4]. » Il fait allusion aux algorithmes ultra-rapides qui régissent désormais les bourses mondiales, le *high frequency trading*. Ce postulat d'équivalence entre vitesse et puissance caractérise notre ère postmoderne et revivifie l'ancien adage de Franklin « Time is money ». La psychologue et sociologue Nicole Aubert s'est penchée sur les répercussions de cette course effrénée à la vitesse induite par les avancées technologiques à l'échelle des individus, que cela soit au travail ou dans leur vie personnelle. Elle explique que notre société hypermoderne exige que nous soyons plus rapides que nos concurrents, et que cette obligation d'accélération incessante exige de nous toujours plus de performances, dans un temps toujours plus court qui semble s'accélérer et nous contraint à accélérer nous-mêmes sans cesse. Ainsi, l'avènement des nouvelles technologies de la communication (mails,

1. Paul Virilio, *Le Grand Accélérateur*, Éditions Galilée, 2010.
2. Gil Delannoi, « *L'Accélération comme norme de vie : Homo Velox ou le tachysanthrope* » Revue *Esprit*, juin 2008.
3. Nicole Aubert, *Le Culte de l'urgence. La société malade du temps.*
4. https://www.lemonde.fr/livres/article/2011/01/19/la-dictature-de-l-urgence-de-gilles-finchelstein_1467712_3260.html.

téléphones mobiles, Internet) allié au triomphe du capitalisme financier a donné naissance à trois façons nouvelles de vivre le temps : l'instantanéité, permise par ces technologies de la communication ; l'immédiateté qui découle de cette possibilité d'avoir la réponse dans l'instant et supprime les délais d'attente. Et enfin l'urgence, considérée comme indispensable pour répondre aux nouvelles exigences d'une compétition économique qui a basculé dans le champ du temps, puisque c'est désormais en gagnant du temps que l'on gagne de nouveaux marchés…

L'accélération nous pousse à aller toujours plus vite pour performer mais elle entraîne aussi bien souvent ce que les psychologues nomment des « états limites ». Les pathologies qui s'y rapportent, pour certaines, n'existaient pas il y a 50 ans. On peut penser au syndrome d'épuisement professionnel également appelé *burn-out*[1], découvert par le psychologue américain Herbert Freudenberger en 1975 à partir de l'étude de son cas personnel. Il intervenait bénévolement dans une clinique new-yorkaise venant en aide aux personnes défavorisées. Son rythme de travail devenant insoutenable, le psychologue commença peu à peu à souffrir d'une fatigue constante, d'une irritabilité chronique et se mit à dormir des journées entières. Constatant que d'autres volontaires de la clinique présentaient les mêmes symptômes que lui, il s'intéressa à ce phénomène qu'il baptisa « burn-out ». Cet état n'est pas sans évoquer, celui du personnage de Charlot dans *Les Temps modernes* qui finit à l'hôpital pour dépression, détruit par le rythme infernal du travail en usine. C'était il y a près de cent ans… Et aujourd'hui, certaines études tendent à montrer que le *burn-out* menace un salarié sur deux en France. Si, au 1er février 2018, l'Assemblée Nationale a rejeté un projet de Loi « visant à faciliter la reconnaissance du syndrome d'épuisement professionnel en tant que maladie professionnelle » malgré les demandes pressantes des syndicats notamment, la Loi Travail El Khomri adoptée le 21 juillet 2016 stipule tout de même que les employés en télétravail bénéficiant du statut cadre doivent avoir la possibilité de ne pas être contactés par leur employeur en dehors des heures de travail. C'est ce qu'on appelle le droit à la déconnexion. On le voit, la société après avoir encensé la vitesse et s'être mise à son service, tend à présent à s'en protéger.

POUR APPROFONDIR

- Paul Morand, *L'homme pressé*
- Upton Sainclair, *Pétrole !*
- Nicole Aubert, *Le culte de l'urgence : la société malade du temps*
- Tristan Garcia, *La vie intense*
- Paul Virilio, *Vitesse et politique*
- Paul Virilio, *L'inertie polaire*
- Jules Vernet, *Tout s'accélère*

1. https://travail-emploi.gouv.fr/IMG/.../Exe_Burnout_21-05-2015_version_internet.pdf.

II.3. « *La Dictature de l'urgence*[1] »

Au-delà de ses répercussions dans la vie professionnelle, le culte de la vitesse atteint également la vie personnelle, intérieure et la dérègle. Certains auteurs se spécialisent dans l'analyse de cette critique sociale de la vitesse dont Harmut Rosa avec ses deux essais : *Aliénation et accélération* paru en 2010 et *Accélération. Une critique sociale du temps* paru en 2013. Selon lui, la modernité tardive, à partir des années 1970, connaît une formidable poussée d'accélération qui dissout les attentes, les identités, et fait exploser un sentiment d'impuissance. Il parle de « détemporalisation » de l'histoire et de la vie lorsqu'il constate (et déplore) qu'au quotidien, la majorité de nos actions ne sont pas guidées par nos valeurs mais par notre agenda. Il montre que c'est le cadre temporel qui nous pousse à agir, les dates limites, les impératifs et les *dead-line* se constituent en priorité et, balayant nos éthiques personnelles, empêchent une réflexion profonde sur nos choix de vie. À cela s'ajoute la multiplication des injonctions dans nos vies modernes : nous avons beaucoup plus de choses à faire que nos grands-parents. Il ne nous faut plus simplement vivre mais, il nous faut encore accroître notre capital social, culturel, corporel physique et esthétique mais aussi veiller au bon fonctionnement des technologies qui nous entourent, être présents sur les réseaux, faire attention à son dressing, trouver l'âme sœur, être de bons parents… Une logique de compétition dont la rapidité est le mètre étalon régit tous ces pans de nos existences et nous nous épuisons parce qu'on nous en demande trop et trop vite. Alors que faire ?

II.4. « *La résonance*[2] » comme solution ?

Ce même penseur, Harmut Rosa, propose dans son dernier ouvrage des éléments de solution dont « la résonance » qu'il définit ainsi : « un rapport cognitif, affectif et corporel au monde dans lequel le sujet, d'une part, est touché […] par un fragment de monde, et où, d'autre part, il "répond" au monde en agissant concrètement sur lui, éprouvant ainsi son efficacité ». La résonance se caractériserait par deux dynamiques complémentaires : d'un côté, une ouverture au monde, une capacité à l'inviter en soi et à se voir affecté par lui ; d'un autre côté, le pouvoir d'y agir, et d'identifier notre action sur lui. Sa thèse, empreinte de sagesse, développe concrètement l'idée selon laquelle il faut revenir aux sens (toucher, sentir, goûter, ressentir, manger, regarder, entendre…) pour revenir au monde. Il replace au centre de nos existences la sensualité au sens large du terme, la relation avec la matière, les quatre éléments, les expériences corporelles les plus élémentaires (chanter, danser, respirer…), les liens affectifs dont l'amour et l'amitié mais aussi collectifs comme la politique. C'est ce qu'il appelle « vibrer avec le monde ». Enfin, il insiste sur l'importance de la sensibilité de l'âme et

1. *La Dictature de l'urgence*, Gilles Finchelstein, Éditions Fayard, 2011.
2. Harmut Rosa, *Résonance. Une sociologie de la relation au monde*, Éditions La Découverte, 2018.

des passions. Il conclut sa longue et ambitieuse démonstration nourrie de multiples références philosophique en s'interrogeant ainsi : « La résonance serait-elle donc tendanciellement catholique, féminine, jeune et de surcroît rurale ? ».

Comme souvent, les artistes et les écrivains en particulier ont évoqué ce que d'autres après eux théorisent. Car vibrer au monde, le ressentir, en percevoir les merveilles implique une forte sensibilité et suppose aussi d'être gouverné par elle. Parmi les ouvrages qui se délectent du monde et qui jouent leur rôle dans notre capacité à vibrer parce qu'ils nous montrent une voie possible, on peut penser à des écrivains dits du banal caractérisés par une rhétorique de la consolation qui requalifie le quotidien en voyage lent, immobile mais ô combien délectable voire salvateur. Christian Bobin, Philippe Delerm et Virginia Woolf font partie de ceux-là. D'autres œuvres moins didactiques, ont eu la finesse de désigner l'attente, l'immobilisme comme voie d'accès à la vibration. Buzzati, Melville, Gracq, Pérec ou Gontcharov ont proposé à la réflexion des personnages figés dans le temps, dans le sommeil ou l'inaction qui donnent tous à repenser la vitesse et l'agitation qu'elle engendre. Enfin, le leitmotif de la marche à pied comme moyen privilégié de s'immerger dans la vibration de la nature apparaît comme récurrent.

POUR APPROFONDIR

- Dino Buzzati, *Le Désert des tartares*
- Philippe Delerm, *La première gorgée de bière et autres plaisirs minuscules*
- *Jean Giono, L'homme qui plantait des arbres*
- *Julien Gracq, « La Presqu'île »*
- *Julien Gracq, Un Balcon en forêt*
- Milan Kundera, *La lenteur*
- Yukio Mishima, *Le soleil et l'Acier*
- *Virginia Woolf, Mrs Dalloway*
- Christophe André, *Méditer, jour après jour*
- David Le Breton, *Marcher – éloge de la lenteur*
- Jérôme Lèbre, *Éloge de l'immobilité*
- Bertrand Russell, *Éloge de l'oisiveté*
- David Lynch, *Une histoire vraie*
- Wong Kar-Wai, *2046*

Le XIXᵉ siècle a été l'époque de la mesure très fine des distances, et le XXᵉ siècle celui de la mesure très fine du temps. On parvient à des réglages au millième de seconde. Pour autant, on ne peut que s'incliner devant l'idée que cette unité de mesure n'est peut-être pas la bonne parce que nous vivons à une époque où les temps différents se superposent : il y a le temps ultra-court des marchés financiers, le rythme moyen de la politique, scandé par les élections et celui de l'économie que la publication des taux de croissance et des résultats trimestriels et annuels organise. Mais il y a aussi le temps long de la culture qui ne se forge qu'au fil des années, celui de la connaissance de soi qui suppose d'engranger de l'expérience. À ces temps-là s'ajoute le temps de la démographie (25 ans sont une génération) et puis, celui – extrêmement long – de la nature et de l'environnement : les plus vieux arbres de la planète ont près de 5 000 ans. Il semble que le prima de la vitesse ait accordé une importance démesurée aux temps courts et ultra-courts dans nos existences, entraînant l'Homme vers un certain nombre d'écueils et d'égarements. Mais il semble aussi que l'importance de la lenteur se rappelle à nous. En effet, sans nécessairement refuser le progrès ni les technologies de la vitesse, il semble bien que l'unique urgence qui vaille à présent n'est plus que climatique[1].

Hélène Bieber

1. Selon le GIEC (Groupe d'Experts Intergouvernemental sur l'Evolution du Climat) réuni en octobre 2018, pour limiter à +1,5 °C la température moyenne sur la planète, les émissions de CO_2 devront chuter drastiquement de 45 % d'ici 2030. Ce recul massif, unique moyen pour éviter un emballement incontrôlable du changement climatique exigera « une transition rapide et de grande portée en matière d'énergies, d'usage des sols, de transports, bâtiments et systèmes industriels ».

Index des mots clefs

Accélération : accroissement de la vitesse d'un véhicule, d'un mouvement ou d'un processus.

Aérodynamisme : caractère de ce qui est aérodynamique, c'est-à-dire conçu en vue d'offrir à l'air la moins de résistance possible.

Allegro : mot italien qui signifie vif, joyeux. En musique, indication d'un mouvement vif, intermédiaire entre *andante* et *presto*.

Atermoiement : action de remettre à plus tard.

Bolide : véhicule qui va ou peut aller très vite.

Circuit : parcours en boucle fermé, aménagé pour une course, spécialement pour une course automobile.

Contemplation : méditation plus ou moins rêveuse.

Diffusion de l'information : action de propager l'information.

Élan : mouvement rapide en avant.

Embouteillage : encombrement d'une voie de communication provoquant le ralentissement ou l'arrêt de la circulation.

Empressement : promptitude qu'on apporte à accomplir une action.

Ennui : sentiment désagréable qu'on n'a rien à faire, qu'on manque de distraction, que le temps passe trop lentement faute d'occupations intéressantes.

***Flow* (rap)** : débit de parole.

Fulgurance : éblouissement qui frappe soudain l'esprit.

Griserie : surexcitation, exaltation qui fait perdre la juste appréciation de la réalité.

Hâte : empressement que l'on met à faire une chose ou précipitation avec laquelle on l'accomplit.

Immédiateté : caractère de ce qui est immédiat, qui se fait sans intermédiaire ni délai.

Imminence : caractère de ce qui menace de se produire bientôt.

Immobilité : état de ce qui ne bouge pas, ne se déplace pas ou ne change pas.

Immobilisme : attitude qui consiste à refuser le mouvement, le progrès, la nouveauté.

Indolence : caractère d'une personne qui est peu actif, qui dans ses gestes, ses actes et son attitude fait preuve d'une nonchalance habituelle ou naturelle.

Inertie : absence d'énergie matérielle ou morale.

Information en temps réel : information qui parvient dès qu'elle se produit, sans délais liés au temps de transmission.

Instantanéité : caractère de ce qui est instantané, immédiat.

Ivresse : exaltation, extase.

Lenteur : manque de rapidité et par extension, de vivacité ou de précipitation.

Marche : déplacement effectué par un mouvement alternatif des jambes (ou des pattes) et des pieds, l'un de ceux-ci étant toujours à terre quand l'autre est levé.

Méditation : application concentrée de l'esprit sur un sujet d'une certaine importance, d'une certaine étendue, spécialement, exercice de lâcher-prise mental.

Optimisation : action de rendre conforme à un modèle optimal déterminé scientifiquement par calcul.

Paralysie : perte, cessation plus ou moins complète de l'activité.

Paresse : répugnance au travail, manque d'ardeur face à une activité quelconque.

Patience : disposition de celui qui sait attendre en gardant son calme.

Pesanteur : gaucherie et lourdeur dans le comportement.

Procrastination : tendance à remettre au lendemain toute décision ou toute besogne.

Promptitude : rapidité à agir ou à penser.

Ralentissement : diminution d'activité.

Record : exploit sportif dépassant toutes les réussites précédentes dans le même exercice ou la même catégorie d'athlète. Par extension, résultat ou chiffe le meilleur possible.

Retard : fait d'avoir lieu, d'arriver plus tard que le moment fixé ou prévu.

Rythme : mouvement régulier, retour périodique.

Slow : lent.

Spontanéité : caractère libre, naturel et immédiat d'actions ou de paroles dénuées de calcul, de réflexion.

Sprint : accélération d'un coureur à pied ou d'un coureur cycliste ou d'un nageur en fin de course.

Statisme : état de ce qui ne bouge pas, se tient immobile.

Tapis volant : dans les contes et légendes de l'Orient, tapis magique capable de s'envoler et de transporter une personne vite et loin, dans les airs.

Téléportation : mouvement hypothétique d'objets matériels entre un lieu et un autre sans franchir physiquement la distance entre eux.

Tempo : vitesse, mouvement imprimé à une œuvre musicale.

temps médiatique : rythme rapide auquel fonctionne la presse écrite et par extension rythme ultrarapide des réseaux sociaux.

Tergiversation : action d'user de détours et de faux-fuyants pour éviter de prendre une décision.

TGV : Train à Grande Vitesse.

Ubiquité : aptitude à paraître se trouver partout à la fois.

Urgence : qui ne supporte aucun délai.

Vélocité : caractère de ce qui est rapide et agile.

Virtuosité : caractère propre à un artiste ou un artisan qui possède une technique brillante.

Hélène Bieber

Méthodologie

Présentation de l'épreuve

L'épreuve de « Culture générale et Expression » est un travail qui requiert des capacités multiples. Sa vocation est d'évaluer vos aptitudes sur différents points, dont aucun ne doit être négligé :

- maîtrise de la méthodologie de la synthèse ;
- respect du principe d'objectivité ;
- aptitude à la concision ;
- capacité à soutenir une argumentation pertinente ;
- richesse de votre culture générale ;
- qualités d'expression, qui doivent être correction et clarté.

Dans le cadre d'une épreuve de 4 heures, vous serez confronté(e) à un énoncé portant sur un corpus de quatre documents (nombre standard ces dernières années) de natures variées, qui traitent tous d'un des deux thèmes au programme. Il ne s'agit pas en l'occurrence de maîtriser un nombre préétabli de références qui seraient attendues de chaque candidat : la richesse d'une copie viendra aussi de l'originalité des références apportées sur le thème abordé par l'énoncé.

Dans la pratique, vous aurez à traiter un énoncé en deux parties :

- une synthèse de documents, à réaliser à partir du corpus proposé, notée sur 40 ;
- une écriture personnelle qui consiste en une réflexion à mener pour répondre à une question en rapport avec le thème du corpus, notée sur 20.

L'ensemble constituera donc une note sur 60, ramenée à la note finale sur 20.

Cela signifie très concrètement que chacune des deux parties de cette épreuve est importante et que, tactiquement, vous ne pouvez pas négliger l'une ou l'autre. Or, une des difficultés majeures est de parvenir à une organisation de votre travail qui vous permette de traiter les deux volets de l'épreuve de façon satisfaisante. Comme vous le constaterez par la suite, la répartition de temps recommandée est la suivante :

- 2 h 30 pour la synthèse ;
- 1 h 30 pour l'écriture personnelle.

Les deux parties de l'épreuve font appel à des méthodes de travail quasiment opposées : il faut donc bien maîtriser les compétences à mettre en œuvre pour chacune. Une connaissance précise de la méthodologie pour chacune est donc indispensable.

Conseils pratiques

Vous ne pouvez miser sur vos éventuelles qualités naturelles pour affronter cette épreuve. Les lacunes méthodologiques sont immédiatement repérées par les correcteurs et sévèrement sanctionnées. Votre travail, aussi intéressant soit-il, ne peut obtenir une note satisfaisante que s'il répond aux exigences de l'épreuve. Or ces acquisitions ne peuvent s'effectuer dans l'urgence car pour bien les maîtriser, vous devez les avoir expérimentées. Seul un entraînement régulier peut vous préparer efficacement à l'examen. Pour être pleinement efficient, il vous faut aussi le faire en temps limité, un des écueils récurrents étant la difficulté à traiter intégralement le sujet dans le temps imparti. Seul un entraînement régulier peut vous permettre de surmonter progressivement vos éventuelles faiblesses car une des difficultés de l'épreuve consiste à ne négliger aucune des multiples contraintes imposées.

Le jour de l'épreuve, pensez à vous munir d'une montre, sans compter sur votre téléphone portable, que vous devrez laisser, éteint, dans votre sac.

Au vu de la quantité de travail à fournir, vous n'aurez guère le loisir de vous détendre en cours d'épreuve : chaque minute est précieuse et doit être consacrée au travail. Il vous faut donc rester concentré(e) tout au long des quatre heures.

Le travail de brouillon doit être fait proprement si vous voulez être efficace : si vous peinez à vous relire, vos efforts auront été, au moins en partie, vains.

Veillez aussi à respecter les conseils qui vous sont donnés quant à la longueur attendue des deux parties du travail. Gardez-vous d'un excès de zèle, qui ne pourrait que se révéler nuisible : l'évaluation de votre travail tient compte de votre aptitude à produire une copie complète, donc achevée, mais concise, au moins en ce qui concerne la synthèse. Quant à l'écriture personnelle, une longueur exagérée risquerait de compromettre la qualité de l'expression et/ou de l'orthographe, voire celle de la réflexion menée.

On ne saurait trop vous recommander d'effectuer un travail final de relecture soigné, qui vous permettra de corriger vos éventuelles erreurs et/ou maladresses. Enfin, de manière générale, la présentation de votre copie est à soigner : elle est le signe visible de votre sérieux, de l'importance que vous accordez à votre travail… et du respect que vous manifestez à l'égard du correcteur.

PREMIÈRE PARTIE : LA SYNTHÈSE DE DOCUMENTS

Fiche A. Préparation de la synthèse

I. Composition du corpus

L'énoncé propose un corpus de quatre à cinq documents, de natures variées : le plus souvent :

- deux textes d'idées (articles de journaux, extraits d'essais ou de traités) ;
- un texte littéraire (extrait de roman ou de pièce de théâtre, poème…) ;
- un document iconographique (dessin, photo, affiche de film ou de publicité… et plus exceptionnellement graphique ou tableau statistique).

La composition du corpus n'est cependant pas régie par une règle fixe et peut varier d'une année sur l'autre : ainsi, il est arrivé, ces dernières années, que le corpus ne comporte pas de document iconographique.

II. Principe du travail

Il est extrêmement simple : vous devez réduire et confronter les documents, pour obtenir un travail de quatre à cinq pages manuscrites – une synthèse concise, objective et ordonnée, selon les termes officiels.

III. Réalisation du travail

Elle est en revanche plus ardue, car elle fait appel à des techniques de travail particulières. Il est essentiel, pour y parvenir, de procéder par étapes. Un temps approximatif est indiqué pour chaque étape.

Étape 1 : *Lecture analytique du corpus – 🕒 25 mn*

- Le corpus ne sera lu qu'une seule fois : le temps imparti pour réaliser le travail est très court !
- Cette lecture doit donc être menée avec efficacité et intelligence. Le thème de la synthèse étant en général indiqué dans l'intitulé du sujet, vous savez sur quels points vous devez cibler votre lecture : uniquement ceux qui sont en rapport avec le sujet. Les autres idées contenues dans les documents, aussi intéressantes soient-elles, ne seront pas retenues.
- Pour mener à bien cette partie du travail, vous parcourrez, avec la plus grande attention, chaque document à l'intérieur duquel vous mettrez en relief chacune des idées à retenir à l'aide d'un surligneur ou d'un stylo, à votre convenance.

- Textes d'idées

  Il est assez simple de saisir les idées de l'auteur dans ce type de textes, les documents étant sélectionnés justement pour leur clarté. Faites bien la part entre l'essentiel et l'accessoire, et veillez à ne pas sur/souligner deux passages qui expriment la même idée de façons différentes.

- Textes littéraires

  Il faut ici déduire les idées suggérées par un texte qui, bien souvent, ne présente pas de généralités, mais la singularité d'un personnage, fictif ou réel. Il vous faut alors sur/souligner les passages importants du texte et, dans la marge, inscrire l'idée qui en découle lorsqu'elle n'est pas exprimée directement dans l'extrait.

- Document iconographique

  Le travail est ici quelque peu délicat car vous devez restituer le contenu du document, sans en livrer une interprétation personnelle puisque la synthèse doit respecter une totale objectivité. Il faut donc vous attacher aux éléments divers qui constituent l'image, à sa composition (premier plan, toile de fond...), mais aussi à son ton (dessin humoristique, caricature...) et à son objectif (émouvoir, faire acheter...).

Étape 2 : *Tableau synoptique – 🕒 30 mn*

- Lorsque vous avez fini de lire le corpus, vous devez préparer un tableau qui reprenne tous les éléments que vous aurez relevés dans les documents. Ce tableau est l'élément à partir duquel vous allez réaliser la synthèse, il est donc très important que vous y apportiez le plus grand soin.
- Il s'agit d'être le plus méthodique possible, par exemple en utilisant une feuille de format A4, dans le sens horizontal, qui vous offrira un espace de travail plus confortable. Vous devez préparer une colonne par document, plus une pour les pistes de réflexion qui se dessineront lorsque vous en aurez rempli toutes les colonnes qui traitent des documents.
- Chaque colonne doit d'abord comporter un en-tête qui reprenne toutes les références du document : titre de l'extrait s'il en a un, entre guillemets ; titre de l'œuvre dont il est extrait, souligné ; nature de cette œuvre la plus précise possible (quotidien, magazine, roman, autobiographie, tableau...) ; nom de l'auteur ; date de parution du document.
- Ensuite, dans chaque colonne, vous devrez faire la liste des idées que vous avez relevées dans les documents, en les reformulant. La synthèse ne doit en effet en aucun cas constituer un patchwork de citations que vous emprunteriez aux textes. Vous devez restituer chacune des idées avec vos propres mots, en

étant le plus fidèle possible aux documents de départ. Il est donc plus simple d'effectuer ce travail de reformulation dès la deuxième étape, cela facilitera d'autant la rédaction finale.

- La fidélité aux documents d'origine est également impérative, car la synthèse devant être objective, il importe que vous ne trahissiez en rien les idées des différents auteurs et que rien hormis ce qui vient des documents n'apparaisse dans le tableau ou la synthèse : aucune remarque personnelle, aucun exemple – aussi pertinent soit-il – pour illustrer un propos, aucune réserve quant à une idée qui ne vous aurait pas totalement convaincu(e)…
- Le nombre d'idées retenues pour chaque document est variable : il dépend de la richesse des documents. Il faut vous fixer comme objectif d'extraire au moins trois idées par documents, et tâcher de ne pas dépasser le nombre de dix.
- Les pistes de réflexion sont les grands axes qui apparaissent à la confrontation des documents : points communs mais aussi divergences entre les idées contenues dans les documents. Ce sont les éléments à partir desquels vous allez établir problématique et plan, ils doivent donc s'appuyer sur plusieurs des documents et offrir une vision globale sur le corpus. Il ne faut donc pas les multiplier à l'envi, mais vous limiter à quatre, cinq ou six maximum.

Exemple de tableau synoptique

« Titre du doc. n° 1 », <u>Titre de l'œuvre</u>, nature de l'œuvre, Prénom NOM de l'auteur, date de parution.	« Titre du doc. n° 2 », <u>Titre de l'œuvre</u>, nature de l'œuvre, Prénom NOM de l'auteur, date de parution.	« Titre du doc. n° 3 », <u>Titre de l'œuvre</u>, nature de l'œuvre, Prénom NOM de l'auteur, date de parution.	« Titre du doc. n° 4 », <u>Titre de l'œuvre</u>, nature de l'œuvre, Prénom NOM de l'auteur, date de parution.	Pistes de réflexion
– Idée n° 1 – Idée n° 2 – Idée n° 3 – Idée n° 4…	– Idée n° 1 – Idée n° 2 – Idée n° 3 – Idée n° 4…	– Idée n° 1 – Idée n° 2 – Idée n° 3 – Idée n° 4…	– Idée n° 1 – Idée n° 2 – Idée n° 3 – Idée n° 4…	– Piste de réflexion n° 1 – Piste n° 2 – Piste de réflexion n° 3 – Piste n° 4

Étape 3 : *Problématique* – 🕒 *5 mn*

L'élaboration de la problématique est une étape délicate : la question que vous posez ne doit être ni trop précise, car elle serait réductrice, ni trop vague, car vous vous éloigneriez du sujet. Elle doit vous permettre d'exploiter les idées que vous aurez relevées dans les documents. Vous devez donc la formuler en fonction de ce que vous allez développer dans votre synthèse.

Étape 4 : *Plan* – 🕒 *15 mn*

- Le plan doit être composé de deux parties, trois maximum. Cependant, étant données les difficultés que vous devrez résoudre, il est plus raisonnable de vous en tenir à deux. Il vous sera ainsi plus facile de proposer un travail composé de parties équilibrées, ce qui est un des objectifs à respecter.
- Chaque partie doit être subdivisée en deux ou trois sous-parties environ, et chacune doit faire référence à au moins deux des documents du corpus, voire davantage. La confrontation doit être effective à cette étape de votre travail.
- Le principe de base à respecter lors de la préparation du plan est que chaque document doit être exploité au moins une fois dans chacune des deux ou trois grandes parties.

Étape 5 : *Rédaction de la conclusion* – 🕒 *5 mn*

- Il est recommandé de rédiger la conclusion dès que le plan est établi, facilitant le bilan qu'elle doit comporter puisque vous avez alors la totalité du travail en tête.
- La conclusion comporte deux étapes :
  - un bilan qui répond à la question posée par la problématique, et doit correspondre à une phrase environ ;
  - puis une ouverture, qui peut être un élément du corpus que vous n'avez pas eu l'occasion d'exploiter dans la synthèse ou un aspect du sujet qui n'apparaissait pas dans le corpus. C'est le seul moment où vous pouvez vous permettre un ajout personnel… Si vous manquez d'inspiration, vous pouvez le plus souvent ouvrir votre synthèse en faisant déboucher le bilan sur la question posée pour l'Écriture personnelle.

Étape 6 : *Rédaction de l'introduction* – 🕒 *10 mn*

Vous devez ensuite rédiger l'introduction, qui est constituée de trois étapes :

- Il faut d'abord amener le sujet, en évitant les généralités absurdes (« *De tout temps, l'homme…* »), mais en situant par exemple le cadre dans lequel s'inscrit ce sujet.

- Vous devez ensuite poser la problématique, de préférence sous forme de question indirecte, en montrant que, dans le cadre que vous venez de poser, cette question est tout à fait pertinente.
- Il faut enfin annoncer le plan, en tâchant de ne pas faire appel à la formulation du type : « *Dans une première partie, nous verrons que…* ».

ATTENTION !

- Vous allez devoir présenter les documents du corpus, mais cette présentation doit désormais se faire dans la première partie, au fil de la synthèse et non dans l'introduction.

Étape 7 : *Rédaction de la synthèse – 🕒 60 mn*

Cette dernière étape comporte de nombreux impératifs. Reportez-vous à la partie suivante, qui traite de cette question.

Fiche B. Rédaction de la synthèse

I. Méthode à suivre

- Vous n'avez bien entendu pas le temps de rédiger votre synthèse au brouillon puis de la recopier au propre. Vous devez donc faire ce travail directement sur votre copie d'examen.
- Pour cela, vous vous laisserez guider par le plan détaillé que vous aurez préparé au brouillon, avec, en parallèle, votre tableau synoptique dans lequel vous avez déjà effectué le travail de reformulation. Cela vous confirme tout le soin que vous devez apporter à ce travail de préparation.
- Il n'est en effet pas question que vous reveniez aux documents du corpus lors de cette étape de rédaction, vous y perdriez un temps précieux.

II. Consignes générales d'expression

- La synthèse doit être objective, vous ne devez donc jamais employer la première personne, que ce soit du singulier ou du pluriel. Le « je » est relativement facile à éviter, mais le « nous » vous est interdit aussi, sous peine que votre synthèse soit jugée subjective. Il faut être extrêmement vigilant !
- Le pronom indéfini « on » en revanche respecte parfaitement la neutralité que réclame l'objectivité. Vous pouvez l'utiliser autant qu'il vous plaira.

- La synthèse doit être concise, vous devez donc exprimer les idées contenues dans les documents en des termes plus courts que ceux de l'auteur. Il s'agit de résumer.
- Pour être pleinement efficace, il faut adopter une expression simple et claire. Évitez tout vocabulaire que vous n'êtes pas absolument sûr(e) de maîtriser. L'objectif n'est pas de produire un écrit qui ait du style, mais de restituer fidèlement et clairement le contenu des documents.

III. Les références aux documents

- Les références aux documents doivent être systématiques : on doit toujours savoir dans quel document se trouve l'idée que vous énoncez.
- Ces références ne doivent pas se faire en fonction du numéro du document dans le corpus : votre synthèse doit pouvoir se lire et se comprendre même si l'on n'a pas le corpus en vis-à-vis. Vous devez donc faire référence aux documents en citant le nom de leur auteur ou leur titre.
- Il faut donc veiller à varier les éléments de référence, afin d'alléger globalement votre synthèse : alternez nom de l'auteur, titre du document, voire titre de l'œuvre-source lorsque c'est possible.

1. La reformulation

- Vous ne devez en aucun cas citer un passage de document. Votre travail ne doit pas être un collage de citations mises bout à bout.
- Vous ne devez pas non plus reprendre des formulations particulières à l'auteur : métaphores ou expressions imagées, « formules-chocs » ne peuvent être reprises dans votre copie.
- Vous devez reformuler chacune des idées retenues avec vos propres mots.

2. La présentation des documents

- Chaque document doit être présenté dans le détail. Vous devez indiquer le nom de l'auteur, le titre du document, entre guillemets si c'est une partie d'œuvre (article, chapitre, poème...), le titre de l'œuvre souligné (journal, essai, roman...), la nature de cette œuvre si vous l'avez identifiée (quotidien, hebdomadaire, autobiographie, recueil de poésie...) et la date de parution de l'œuvre.
- Afin d'éviter les lourdeurs, vous ne présenterez pas les documents tous à la fois. Vous le ferez pour chacun la première fois que vous y ferez référence, puis vous pourrez ne citer qu'un de ces éléments les fois suivantes.

- Comme chaque document doit être exploité au moins une fois dans chacune des grandes parties, la présentation des documents se fait donc au fil de la première partie.

3. La confrontation des documents

- Comme vous devez confronter systématiquement les documents, les références que vous faites aux documents doivent se faire dans ce sens-là : dans la plupart des cas, vous aurez à faire référence à deux documents à la fois, voire davantage.
- Vous devez donc utiliser des formulations variées, pour les convergences (s'accorder à penser, se retrouver sur une idée, confirmer…) comme pour les divergences (s'opposer, contredire, diverger…).
- Il peut arriver qu'une idée n'apparaisse que dans un document et que vous ne parveniez pas à l'exploiter en parallèle avec un autre. Cela ne doit cependant être qu'exceptionnel.

IV. La mise en page de la synthèse

1. Introduction

- L'introduction ne doit constituer qu'un seul paragraphe. Vous ne devez pas revenir à la ligne pour chacune des trois étapes qui la constituent.
- Afin de montrer la logique de votre démarche, tâchez d'utiliser un connecteur logique pour passer d'une étape à l'autre.
- Veillez à formuler la problématique sous forme de question indirecte (« *On peut se demander si/pourquoi/comment…* »).
- N'oubliez que l'interrogation indirecte ne comporte ni inversion du sujet, ni point d'interrogation final.
- Pour l'annonce du plan, interdisez-vous les formulations de type « *Dans une première partie, nous verrons que…* », d'abord pour éviter un découpage lourd mais aussi pour ne pas recourir à la première personne !

2. Développement

- Il faut séparer clairement le développement de l'introduction et de la conclusion : sautez par exemple quatre lignes avant et après le développement.
- Il faut séparer aussi les grandes parties entre elles : sautez un nombre de lignes inférieur, deux par exemple.
- À l'intérieur de chaque partie, vous devez constituer deux ou trois paragraphes correspondant chacun à une sous-partie. Dans chaque paragraphe, vous devez exploiter en même temps plusieurs documents.

- Vous devez absolument éviter les « faux paragraphes », qui consistent à revenir à la ligne après chaque phrase. Vous devez au contraire utiliser des connecteurs logiques qui relient entre elles vos différentes phrases et qui mettent en relief la cohérence de votre travail.
- Vous devez également éviter absolument de consacrer un paragraphe à chaque document. Votre travail serait alors un catalogue, non une synthèse.

3. Conclusion

- La conclusion doit elle aussi constituer un seul paragraphe : pas d'alinéa pour l'ouverture.
- Là aussi, vous devez montrer la logique de votre démarche en utilisant un connecteur pour relier le bilan à l'ouverture.

V. Longueur du travail

- Une synthèse doit être concise, donc votre capacité à produire un travail relativement court est un des critères d'évaluation. À l'inverse, une copie trop courte ne vous permettra pas d'exploiter le corpus de façon satisfaisante. Votre synthèse doit donc représenter quatre pages minimum, six en moyenne.
- Sur l'ensemble, l'introduction doit correspondre à un paragraphe d'une dizaine de lignes maximum.
- Quant à la conclusion, cinq ou six lignes suffisent le plus souvent.

PARTIE 2 : L'ÉCRITURE PERSONNELLE

Fiche C. Préparation de l'écriture personnelle

I. Présentation du sujet

L'énoncé se présente sous la forme d'une question directe, en lien étroit avec le thème abordé dans la première partie du travail, donc au cœur des documents du corpus sur lesquels vous venez de travailler pour la synthèse.

II. Principe du travail

Il est là encore extrêmement simple : vous devez répondre à cette question sous la forme d'un travail construit et organisé d'environ trois pages, deux au minimum, d'une façon argumentée, en vous appuyant sur les documents du corpus, vos lectures de l'année et vos connaissances personnelles, selon les termes mêmes du sujet.

III. Réalisation du travail

Elle fait appel à des méthodes de travail que vous êtes censé(e) maîtriser en tant que bachelier(e). Il s'agit en effet de traiter le sujet sous la forme de ce qu'on pourrait considérer comme une mini-dissertation. Pour être efficace, il est là encore recommandé de procéder par étapes. Un temps approximatif est indiqué pour chacune d'elles.

Étape 1 : *Lecture du sujet – Problématique – 🕒 10 mn*

- Le sujet se présente en général sous la forme d'une question assez simple. Il est en lien direct avec un des deux thèmes au programme. Vous devrez dans le cadre de l'écriture personnelle montrer que vous avez acquis une culture riche sur les deux thèmes au programme, qui vous rend apte à mener sur ces sujets une réflexion intéressante.
- L'élaboration de la problématique ne constitue pas en l'occurrence un travail très complexe : il s'agit au plus de reformuler la question du sujet. Dans des cas extrêmes, liés à une mauvaise gestion du temps, il est même possible de simplement reprendre la question du sujet comme problématique.

Étape 2 : *Recherche d'idées – 🕒 10 mn*

- Lorsque la problématique est établie, il vous faut trouver comment répondre à la question posée. Dans l'absolu, on vous demande votre avis et il s'agit bien sûr de le donner. Toutefois, on attend de vous une réponse argumentée : l'idéal est alors de montrer que votre opinion est le fruit d'une réflexion qui vous a amené(e) à envisager le point de vue opposé au vôtre.
- Il ne s'agit pas d'être exhaustif sur le sujet proposé : vous n'en avez matériellement pas le temps. On attend de vous que vous présentiez plusieurs arguments qui permettent de répondre au sujet. Il vous faut donc parvenir à trouver approximativement deux idées pour chaque point de vue envisagé.
- Dans le pire des cas, vous devez toujours présenter plusieurs idées qui répondent à la question posée. Même si, pris par le temps, vous peinez à envisager deux points de vue divergents sur le sujet, vous ne pouvez vous contenter d'une réponse qui ne soit constituée que d'un seul argument. Il faut en prévoir au moins trois.

Étape 3 : *Recherche d'exemples – 🕒 10 mn*

- Cette étape est en relation directe avec le travail effectué en cours et elle vous permet de montrer que, outre la maîtrise de la méthodologie, vous avez acquis une culture générale solide et variée. N'oubliez pas que l'intitulé même de la matière réunit l'expression et la culture générale.

- Vous devez associer chacun de vos arguments avec un exemple qui l'illustre de façon convaincante. Selon le sujet abordé, ces exemples peuvent être de natures fort diverses :
  - œuvres littéraires, que ce soit un roman, une pièce de théâtre, un essai… Dans tous les cas, vous devez être capable de citer son titre – souligné ! – et le nom de son auteur ;
  - œuvres cinématographiques, dont il faut aussi savoir donner des références précises, titre et nom du réalisateur, sans vous contenter du nom de l'acteur/actrice principal(e) ;
  - œuvres d'art, de quelque discipline qu'elles relèvent : peinture, sculpture, architecture… dont vous prendrez soin d'indiquer le titre et le nom de son créateur ;
  - émissions de télévision ou de radio, en précisant le nom de l'émission et le média sur lequel on peut la suivre ;
  - événements historiques, qu'il faut savoir dater, au moins approximativement ;
  - mouvements culturels, que vous devez être capable de nommer et de situer dans un contexte historique et/ou géographique ;
  - phénomènes de société…
- Dans tous les cas, il faut être capable de proposer un regard critique sur l'exemple que vous proposez et une analyse rapide, quelle que soit sa nature. Vous pouvez ainsi être amené(e) à citer des séries télévisées de façon tout à fait pertinente : si vous montrez que la production actuelle est révélatrice de comportements sociaux face aux médias, par exemple. En revanche, si les situations proposées dans ce type de productions sont assimilées dans votre propos à la réalité, vous ne serez guère convaincant(e).
- Idéalement, il faut vous efforcer de varier la nature de vos exemples : une copie citant une œuvre littéraire, un film et un phénomène de société sera valorisée par rapport à une autre n'utilisant des références que d'un seul type. De manière générale, les copies d'examens s'appuient le plus souvent sur des films, voire des séries télévisées, ou des phénomènes très actuels ; il est donc évident que celles qui font preuve d'une culture plus variée se distinguent de la masse.
- Vous pouvez enfin utiliser les documents du corpus comme références : vous y êtes même incités dans le sujet, en général. Il est donc parfaitement légitime de le faire. Veillez cependant à ne pas en abuser car l'absence de toute autre référence signifierait pour le correcteur que vous ne possédez aucune culture personnelle, alors que cette épreuve a justement pour but, entre autres, de vérifier que vous en avez.

Étape 4 : *Plan – ⏱ 10 mn*

- Le plan doit être composé de deux parties. Vous devez en effet donner votre avis, argumenté, sur la question posée et le meilleur moyen pour cela est de défendre votre opinion en montrant qu'elle est justifiée par le fait que vous avez auparavant envisagé l'opinion contraire.
- Chaque partie doit comporter au minimum un argument accompagné d'un exemple qui l'illustre. Dans l'absolu, il faut tâcher de présenter deux arguments pour chaque point de vue envisagé, ce qui vous permet une réflexion plus convaincante et également des références plus variées puisque vous aurez ainsi à proposer quatre exemples.
- Dans le cas extrême où vous n'auriez pas le temps de construire un plan digne de ce nom, veillez à prévoir trois arguments, là encore illustrés d'exemples, que vous vous efforcerez de hiérarchiser.
- Quant à l'organisation du plan, il vaut mieux terminer par la partie la plus convaincante de votre argumentation, que ce soit parce que l'idée en elle-même a davantage de poids, parce que l'exemple qui l'illustre est de meilleure qualité ou pour toute autre raison.

Étape 5 : *Rédaction de la conclusion – ⏱ 5 mn*

- Là encore, il est recommandé de rédiger la conclusion avant de commencer la rédaction du développement, pour les raisons précédemment invoquées mais aussi parce que, si vous avez des difficultés à terminer votre travail, vous vous garantissez ainsi la possibilité de proposer malgré tout une écriture personnelle conclue, donc *a priori* achevée.
- La conclusion comporte deux étapes :
    - un bilan qui répond à la question posée par le sujet, et doit correspondre à une phrase environ ;
    - puis une ouverture, qui doit être en lien avec ce bilan, représenter en quelque sorte sa suite logique et constituer une nouvelle piste de réflexion sur le thème abordé. Il faut tâcher d'éviter les questions factices et trop générales, en essayant par exemple de considérer le sujet sous un angle que vous n'avez pas eu le loisir d'explorer dans votre travail.

Étape 6 : *Rédaction de l'introduction – ⏱ 5 mn*

Vous devez ensuite rédiger l'introduction, qui est constituée de trois étapes :

- Il faut d'abord amener le sujet, toujours en évitant les généralités absurdes (« *Depuis la nuit des temps, l'être humain...* »), mais en montrant par exemple que le sujet s'inscrit dans un mouvement historique ou un contexte actuel.
- Vous devez ensuite poser la problématique, de préférence sous forme de question indirecte, en montrant que cette question est particulièrement pertinente dans le cadre que vous aurez posé lors de la première étape.
- Il faut enfin annoncer le plan, en vous efforçant, là encore, de soigner la formulation en évitant les lourdeurs de type « *Dans une première partie, nous verrons que...* ».
- D'une façon générale, l'introduction doit apparaître comme un tout cohérent, non comme une succession d'étapes ajoutées les unes aux autres sans lien logique.

Étape 7 : *Rédaction de l'écriture personnelle* – 🕒 *30 mn*

Cette dernière étape comporte des impératifs particuliers, différents de ceux de la synthèse. Reportez-vous à la partie suivante, qui traite de cette question.

Fiche D. Rédaction de l'écriture personnelle

I. Méthode à suivre

- Vous n'avez là encore pas le temps de rédiger un brouillon de votre écriture personnelle au préalable. Vous devez faire ce travail directement sur votre copie d'examen.
- Pour cela, vous suivrez le plan détaillé que vous aurez établi lors de votre travail de préparation. Cela vous confirme l'importance d'avoir prévu lors de cette étape tous les arguments mais aussi tous les exemples que vous allez exploiter.
- Il n'est en effet pas question que vous perdiez du temps en cours de rédaction pour trouver un exemple que vous n'auriez pas encore trouvé. Vous devez dans cette dernière ligne droite être toujours aussi efficace.

II. Consignes générales d'expression

- L'écriture personnelle vous demande de formuler un avis : vous avez tout loisir d'employer la première personne, que ce soit du singulier ou du pluriel. Il ne s'agit cependant que d'une possibilité, ne vous en faites pas une obligation.
- Vous pouvez, à juste titre, estimer qu'une formulation plus générale peut à l'occasion donner davantage de poids aux idées que vous avancez. Veillez toutefois à ne pas généraliser à outrance et ne prêtez pas à la majorité une opinion très partisane qui serait la vôtre.

- Pour être pleinement efficace, il faut adopter ici aussi une expression simple et claire. Vous devez une fois de plus montrer que vous maîtrisez la langue française et que vous êtes capable de l'utiliser pour transcrire vos idées de façon intelligible.

III. Mise en page de l'écriture personnelle

1. Introduction

- Les consignes restent les mêmes que pour la synthèse : l'introduction ne doit constituer qu'un seul paragraphe. Vous ne devez pas revenir à la ligne pour chacune des trois étapes qui la constituent.
- Afin de montrer la logique de votre démarche, tâchez d'utiliser un connecteur logique pour passer d'une étape à l'autre.
- Veillez à formuler la problématique sous forme de question indirecte (« *On est ainsi amené à s'interroger sur…* »). Rappelez-vous que l'interrogation indirecte ne comporte ni inversion du sujet, ni point d'interrogation final.
- Pour l'annonce du plan, tâchez de ne pas avoir recours aux formulations dont il a déjà été fait mention.
- De manière générale, même si vous êtes pris par le temps, ne négligez pas l'introduction : mieux vaut trois lignes qui énoncent le sujet et la façon dont vous comptez le traiter plutôt qu'un développement qui débute sans avoir été introduit.

2. Développement

- Les conseils donnés pour la synthèse restent valables : il faut séparer clairement le développement de l'introduction et de la conclusion : sautez par exemple quatre lignes avant et après le développement.
- Il faut séparer aussi les grandes parties entre elles : sautez un nombre de lignes inférieur, deux par exemple.
- Chaque partie doit au moins représenter un paragraphe clairement identifiable. Si vous êtes parvenu(e) à bien organiser votre travail et que vous disposez du temps nécessaire pour rédiger deux parties significatives, comportant chacune plusieurs arguments, veillez à bien constituer un paragraphe pour chaque argument, avec un alinéa clair.
- Vous devez, là encore, absolument éviter les « faux paragraphes », qui consistent à revenir à la ligne après chaque phrase. Votre capacité à structurer votre réflexion se révèle aussi dans l'usage que vous ferez des connecteurs logiques ainsi que dans le découpage de votre travail et entre pour une part non négligeable dans la note qui vous sera attribuée.

3. Conclusion

- La conclusion de l'écriture personnelle doit elle aussi constituer un seul paragraphe : pas d'alinéa pour l'ouverture.
- Tâchez cette fois encore de montrer que votre réflexion est pertinente et que la question que vous soulevez en ouverture est directement en rapport avec le travail que vous venez de mener.
- La remarque faite à propos de l'introduction est tout aussi valable pour la conclusion : ne la négligez pas. D'ailleurs, si vous avez suivi les conseils dispensés dans la fiche sur la préparation de l'écriture personnelle, vous aurez pris soin de la rédiger à l'avance. Vous proposerez alors un travail achevé et complet.

IV. Longueur du travail

- L'écriture personnelle n'a pas pour objectif de traiter totalement un sujet. Elle doit cependant vous amener à une réflexion qui se présente sous la forme d'un travail construit. N'oubliez pas qu'elle constitue aussi pour vous la seule occasion de montrer votre culture. Ainsi, elle doit représenter un minimum de deux pages, quatre au maximum. En-deçà, vous n'auriez pas le loisir de proposer un travail satisfaisant ; au-delà, vous consacreriez trop de temps à cette deuxième partie de l'épreuve, et auriez bâclé la synthèse.
- Sur l'ensemble, l'introduction doit correspondre à un paragraphe de cinq ou six lignes.
- Quant à la conclusion, trois ou quatre lignes suffisent le plus souvent.

V. Relecture

- Le chronométrage recommandé a pour but de vous laisser dix minutes sur les quatre heures d'épreuve. Ce temps doit être consacré à l'étape finale essentielle qu'est la relecture.
- Il s'agit d'un vrai travail ! Vous devez l'effectuer avec un stylo à la main, afin de corriger toute erreur que vous relèveriez :
    - l'orthographe, bien sûr ;
    - les oublis de mots qui peuvent compromettre gravement l'intelligibilité d'une phrase, voire d'un paragraphe ;
    - les maladresses d'expression, qu'il s'agisse d'erreur de construction ou de rupture dans la syntaxe ;

    - toute autre erreur que vous relèverez : lorsqu'on rédige, pris par le fil de ses pensées, on n'a pas toujours le recul nécessaire pour une expression rigoureuse et il n'est pas rare que l'on fasse des erreurs que l'on est par ailleurs capable de détecter et de corriger.

- Il est pour cela préférable de ne vous relire globalement, synthèse et écriture personnelle, qu'à la fin de l'épreuve : vous êtes davantage à même de porter sur votre travail un regard critique, sinon objectif, plutôt que lorsque vous venez juste de le terminer.

Adine Didierlaurent

LITTÉRATURE

Fiche n° 1

Cette histoire-là, Alessandro Baricco

2007, Gallimard (Folio)

■ L'auteur

Né en 1958 à Turin, philosophe de formation, musicologue, Alessandro Baricco obtient la reconnaissance pour son travail d'écrivain dès la parution de son premier récit, *Les Châteaux de la colère* (Prix Médicis étranger en 1995) puis rencontre un vif succès auprès du grand public avec *Soie*.

■ L'œuvre et son contexte

Dans *Cette histoire-là*, on retrouve l'univers de Baricco qui vit l'écriture comme une pratique jubilatoire avec une architecture romanesque qui se construit autour d'une narration plurielle rythmant le texte comme une partition. Pour ce récit en particulier, il s'agit d'évoquer la vie imaginaire d'Ultimo Parri, son parcours et sa trajectoire unique, à travers la réalité des événements du XXe siècle occidental qui s'apparente à une course effrénée.

■ L'œuvre en quelques mots

Comment le fils d'un paysan devenu garagiste au début du siècle découvre très tôt l'ivresse de la vitesse automobile, l'amour immodéré pour les courses folles ? Puis un peu plus tard, comment survit-il à l'horreur de la Grande Guerre, au désastre et à la honte de la retraite de Caporetto en 1917 ? Comment patiemment enfin, de l'autre côté de l'Atlantique, aux États-Unis dans les années 1920 et après la Seconde Guerre mondiale en Angleterre jusqu'à la course des Mille Milles en Italie dans les années 1950, Ultimo Parri poursuit, pugnace, son projet un peu fou de faire bâtir un circuit à 18 courbes ? *Cette histoire-là* répond à ces questions en retraçant l'itinéraire de ce personnage hors du commun, qui en dépit des circonstances extérieures, ne cesse de vouloir donner un sens à son existence par la réalisation d'un dessein précis, échafaudé et rêvé depuis son enfance : « construire une piste ».

■ Le thème dans l'œuvre

Le récit semble vouloir exposer à travers sa forme le travail de l'écriture comme Nicolas Boileau l'a exposé dans son *Art Poétique* : « Hâtez-vous lentement et sans perdre courage/Vingt fois sur le métier remettez votre ouvrage/Polissez-le sans cesse et le repolissez/Ajoutez quelquefois et souvent effacez ». En effet, la narration est prise en charge par différentes voix, omnisciente au départ, puis sous la forme d'une enquête, d'un « mémorial » qu'un père (le docteur A.) tient à écrire pour laver le déshonneur de son fils, soldat exécuté après sa désertion, ensuite à travers le journal intime fictif d'Elizaveta, jeune princesse russe en exil aux États-Unis, qui reprendra son texte fantasmé initial pour y restaurer la réalité des faits à ses quarante ans et pour le finir, au soir de sa vie. Tout cela est entrecoupé par un passage introspectif du petit frère d'Ultimo dont l'enchevêtrement des pensées montre à la fois le handicap mais aussi la joie d'avoir un trésor dans la poche, une petite pièce et de la terre, confiée par son frère, de la poussière, ramassée au sol et symbole d'une nouvelle liberté. En outre, au fur et à mesure que l'on progresse dans la lecture de ce roman, on apprend un détail, un mensonge, un fait s'effaçant devant un autre. L'intrigue se déroule par méandres et par énigmes, des mots sont éludés, des blancs et des retours à la ligne semblent vouloir instaurer un monde secret entre les mots lus et écrits. Un mouvement en plusieurs temps s'installe par intervalles. L'histoire quant à elle, se déroule selon ces fragments du jaillissement de ces voix multiples. Il est toujours plus ou moins question d'Ultimo raconté par d'autres. Par ses parents, par ses camarades soldats, par Elizaveta avec qui il répare des pianos, par son petit frère sur une piste d'avion en Angleterre. Depuis son enfance finalement, Ultimo « est né pour construire une piste », pour tracer la route des courbes, des virages, des contours, comme autant de « tentatives [de] résumer l'espace ». Comme son père, Libero Parri, Ultimo pense que « les gens ne sont vivants que quand ils arrivent à faire ce pour quoi ils sont nés. Avant et après, ils ne font qu'attendre et se souvenir. » C'est pourquoi Ultimo, après avoir vécu la fin de son enfance le jour de l'accident de son père, après avoir vécu « la meilleure part de lui-même otage d'une époque sans poésie », lors de la Première Guerre mondiale, cette « reddition définitive du monde devant la folie humaine » ; poursuit son rêve de construire un circuit pour automobiles. C'est pourquoi également Elizaveta, cherchera de son côté, toute sa vie, ce fabuleux circuit d'après le dessin qu'elle détient d'Ultimo lui-même transmis à ses parents pour elle, après son départ sans un mot laissé par lui, non pas pour « lire [s]a vie [...], mais [...] [pour] la vivre, à un rythme d'enfer ».

■ Tout est dit

« *Tout mouvement tend à l'immobilité et* [...] *seul le trajet qui conduit vers soi-même est beau.* »

■ Échos

- Luigi Russolo, *Automobile in corsa* (cf. fiche n° 81)
- Nicholas Ray, *La fureur de vivre* (cf. fiche n° 72)
- Philippe Besson, *Vivre vite* (cf. fiche n° 3)

Sonia Eismmann Nussmann

Fiche n° 2

Oh les beaux jours, Samuel Beckett

Happy Days **(titre original). Pièce créée à New York le 17 septembre 1961.**
En français, à Venise ; puis à Paris en 1963.
Première publication en anglais : *Happy Days*, New York, Grove Press, 1961.
Texte publié en français aux Éditions de Minuit depuis 1963.

■ L'auteur

Dramaturge et romancier irlandais, S. Beckett (1906-1989) incarne avec E. Ionesco le « théâtre de l'absurde » de la seconde moitié du XXe, caractérisé par une vision tragique de la condition humaine (*En attendant Godot*, 1952 ; *Fin de partie*, 1957). Il reçut le prix Nobel de littérature en 1969.

■ L'œuvre et son contexte

Cette pièce déroutante au décor unique (en deux actes, à deux personnages) dont le titre est emprunté à un vers du *Colloque sentimental* de Verlaine, a été écrite entre 1960 et 1961 et traduite en français par l'auteur en 1962. La comédienne Madeleine Renaud incarna une Winnie émouvante dans la mise scène de R. Blin au théâtre de l'Odéon à Paris en 1963.

■ L'œuvre en quelques mots

Dans un désert « d'herbe brûlée », Winnie est enterrée à mi-corps dans un petit mamelon, puis, jusqu'au cou (acte II). Willie, son taciturne compagnon est quasi mutique. Le temps s'écoule lentement et dans la plus parfaite monotonie. Cependant, la quinquagénaire se réjouit inlassablement du bonheur qu'elle éprouve à vivre chaque instant.

■ Le thème dans l'œuvre

L'immobilité contrainte, la rigidité des corps, l'inertie, caractérisent l'univers de cette pièce dépourvue de contexte spatio-temporel. Winnie, condamnée à des mouvements restreints est prisonnière du décor qui l'enserre inexorablement. Ses gestes répétitifs, rituel rassurant, se limitent à extraire de son sac divers objets et à manipuler son ombrelle. « *Coincé dans* [son] *trou* », Willie quant à lui, se déplace rarement. Finalement, comme le proclame Winnie : « *Quelle malédiction la mobilité* ! ». Monologues, soliloques et dialogues (peu nombreux) le plus souvent inconsistants alternent, dont le seul but est de meubler le silence, de combler le vide d'une existence désormais sans but et proche de la fin (« *Plus pour longtemps* »). Pour tenter d'échapper à cette perspective angoissante, Winnie égrène ses souvenirs tout en se raccrochant à l'idée de la permanence, mais celle-ci est source d'ennui : « *L'ombrelle sera de nouveau là demain, à côté de moi sur ce mamelon, pour m'aider à tirer ma journée.* » ; « *Avoir été toujours celle que je suis* », « *Hé oui, si peu à dire, si peu à faire, et la crainte si fort certains jours, de se trouver… à bout des heures devant soi* […] ». À l'image du décor, le temps se minéralise et prend une forme cyclique : « *Tout revient* », « *Oui, que vit-on jamais qu'on n'eût déjà vu* […] ». La récurrence presque obsessionnelle de la didascalie « *Un temps* » multiplie les pauses, ralentit une action déjà minimaliste. Les mêmes mots reviennent, tel un leitmotiv, et scandent le discours d'une Winnie vieillissante. Courageuse et digne malgré sa lente agonie, elle tente de résister à la mélancolie et persiste à célébrer les jours : « *Encore une journée divine.* », « […] *oh le beau jour encore que ça va être !* », « *Oh les beaux jours de bonheur.* », « *Oh le beau jour encore que ça aura été.* ». Entre farce et tragédie, le texte de Becket délivre un message existentiel pessimiste (« *A quoi ça rime* ? […] *fourrée jusqu'aux nénés dans le pissenlit* […] *ça signifie quoi ?* », « *Toi tu rimes à quoi, tu es censé signifier quoi ?* »). Malgré tout, en guise de résistance dérisoire au temps et à la mort, Winnie « chante doucement », à la fin de la pièce, l'air de la valse de *La Veuve joyeuse* (« *Heure exquise/Qui nous grise* »).

Tout est dit

« Pas mieux, pas pis, pas de changement. »

« Oui, il semble s'être produit quelque chose, quelque chose semble s'être produit, et il ne s'est rien produit du tout, c'est toi qui a raison, Willie. » (*Un temps*)

« Jamais rien qui change. »

Échos

- Jérôme Lèbre, *Éloge de l'immobilité*, (2018) (cf. fiche n° 46)
- Pierre Sansot, *Du bon usage de la lenteur*, (1998) (cf. fiche n° 51)

Christine Girodias-Majeune

Fiche n° 3

Vivre Vite, Philippe Besson

2014, Éditions Julliard (10/18 Univers Poche)

L'auteur

Avec *Son Frère*, roman paru en 2001 et adapté par Patrice Chéreau en 2003, Philippe Besson entre en Littérature pour ne plus la quitter, écrivant récits divers, théâtre et scénarii.

L'œuvre et son contexte

Vivre vite est le treizième roman de Philippe Besson. Il s'agit d'un récit chronologique, biographique et choral autour de la vie fulgurante de James Dean, depuis sa naissance jusqu'à sa mort.

L'œuvre en quelques mots

Selon Philippe Besson, avouant volontiers être venu à l'écriture pour vivre d'autres vies que la sienne, raconter James Dean par lui-même, à travers sa voix tout comme celle de ceux qui ont croisé son chemin de près ou de loin, a été comme une expérience fascinante d'approcher une personne ambivalente et ambiguë, un acteur incandescent devenu en trois films et un accident de voiture, une icône intemporelle de la jeunesse rebelle et éternelle.

Le thème dans l'œuvre

Tout appelle la vitesse dans ce récit. La forme d'abord, le fond ensuite. D'une part, la forme, le style. En effet, le récit est composé de façon kaléidoscopique, brève et concise en fonction de chaque voix convoquée pour raconter un moment passé et partagé avec « Jimmy ». D'ailleurs, chaque narrateur donne son point de vue mais aussi James Dean lui-même, que l'auteur n'hésite pas à faire intervenir pour revenir sur tel ou tel épisode de sa courte vie, en mettant particulièrement en lumière au fil du texte, sa passion précoce pour l'interprétation théâtrale, ses tous premiers débuts dans le milieu publicitaire et les séries TV, puis son entrée à l'*Actor's Studio* avec enfin son ascension fulgurante qui l'amène à tourner avec les plus grands, Kazan, Ray et Stevens alors qu'il n'a rien connu de la gloire et du triomphe en découlant vu sa fin tragique brutale. Quant au fond du récit, il s'ouvre sur les paroles de Mildred Dean, figure maternelle fantasque tant aimée, fauchée par un cancer alors que Jimmy n'avait que neuf ans et se ferme sur les propos de James Dean, qui « ne peu[t] pas bouger [...] sent[ant] le métal de la Spyder dans [s]es jambes. [S]on pied é[tant] coincé sous la pédale de frein» en se souvenant alors de sa promesse devant le cercueil de sa mère : «Tu vois maman, j'avais raison : nous n'aurons pas été séparés longtemps». Entre, il y a le récit de Philippe Besson, les voix des uns et des autres, chaque chapitre changeant de narrateur, tantôt un professeur, tantôt un ami, tantôt une connaissance, un acteur, un photographe, tantôt un réalisateur, un membre de la famille. Entre, on apprend comment très tôt, James Dean, ce jeune garçon de l'Indiana, pas très grand, voûté, les poings dans les poches, myope au regard rêveur qui ne voit personne dans sa bulle, grandit intensément, en filant et en s'enfuyant dans sa vie toujours plus vite, toujours plus fort, un peu comme «si ceux qui vont mourir ont la prémonition que leur existence sera brève».

Entre enfin, il y a la vie de James Dean et son destin : celui «d'être une étoile et de passer comme une comète». Ainsi, on découvre que James Dean se passionne pour l'art dramatique dès son plus jeune âge mais aussi que «son truc, c'était la vitesse», la moto et la course automobile. On apprend aussi qu'il est doté notamment d'«un caractère difficile, qui ne demande pas pardon», d'un «esprit de compétition», d'un «besoin de faire les choses rapidement» sinon «il s'ennuyait très vite. Se lassait si vite» des choses, comme des gens.

À travers ses diverses narrations s'arrêtant sur telle ou telle scène de la vie personnelle de James Dean, étroitement imbriquée avec sa vie professionnelle, on mesure à quel point James Dean, c'est l'Amérique des années 1950. Avec ce qu'il y a de pire : le Mac Carthysme et les dénonciations odieuses de Kazan par exemple ou bien encore la censure pudibonde. Mais aussi le meilleur : cette jeunesse rebelle qui prend le pouvoir en s'incarnant à travers son existence.

Tout est dit

«Pour moi, Jimmy, c'est un gamin qui détale dans la poussière, l'été» (Marcus Winslow, son oncle).

[James Dean] me criait : «La vitesse, il n'y a que ça!» (Marcus Winslow Jr., dit Markie, son cousin).

«Je tenais absolument à engager Jimmy. J'étais sûr qu'il saurait symboliser ces êtres qui se perdent avant même de s'être trouvés» (Nicholas Ray, réalisateur de *La Fureur de vivre).*

Échos

- Nicholas Ray, *La Fureur de vivre* (cf. fiche n° 72)
- Françoise Sagan, *Avec mon meilleur souvenir* «La vitesse» (cf. fiche n° 28)

Sonia Eismmann-Nussmann

Fiche n° 4

Le Désert des Tartares, Dino Buzzati

1940 édition originale, 1949 traduction française, 2004 (Livre de Poche)

L'auteur

Né en 1906, l'écrivain italien Dino Buzzati débute, après des études de droit, une carrière de journaliste pour le célèbre quotidien *Corriere de la Sera*, carrière à laquelle il ne renoncera jamais. Chroniqueur, critique d'art et journaliste de guerre, Dino Buzzati laisse une œuvre littéraire originale et foisonnante. Son premier roman *Barnabo des montagnes* témoigne de son désir de donner au quotidien une dimension fantastique, prégnante dans toute ses productions (*Le K*). *Le Désert des Tartares* marque le début de sa carrière littéraire internationale.

L'œuvre et son contexte

Lorsqu'il écrit *Le Désert des Tartares*, Dino Buzzati est correspondant militaire pour l'armée italienne, une mission photographique lui a été confiée en Afrique. Son roman toutefois n'est pas le récit de cet épisode bien qu'il s'en inspire. Si l'ouvrage évoque la guerre, nulle précision n'est donnée sur l'époque.

L'œuvre en quelques mots

Le Désert des Tartares reste une œuvre singulière, typique de l'écriture de Buzzati marquée par cette « inquiétante étrangeté » chère à Freud. Le jeune lieutenant Giovanni Drogo occupe un fort en plein désert avec sa garnison, dans un espace où les montagnes succèdent aux montagnes, en quête d'une bataille qui lui apporterait la gloire. Le lecteur attend ce combat qui ne viendra jamais et suit une aventure sans action.

Le thème dans l'œuvre

Dino Buzzati propose dans ce mystérieux roman l'épopée immobile d'un jeune lieutenant en quête d'un destin militaire glorieux. L'espace de l'œuvre est le fort Bastiani, un lieu frontalier, énigmatique et symbolique, hors du temps. Drogo, comme les soldats qui se rendent au fort, attend une bataille qui ne viendra jamais. En route pour prendre ses fonctions dans cette citadelle, le jeune homme rencontre son capitaine, ce dernier lui décrit le lieu dans un dialogue tout aussi mystérieux que l'espace lui-même : « *C'est un bout de frontière morte* [...] *Une frontiere qui ne donne pas de souci. De l'autre côté, il y a un grand désert.* [...] *Un désert effectivement, des pierres et de la terre desséchée, on l'appelle le désert des Tartares.* [...] *c'est surtout une légende. Personne ne doit être passé par là, même durant les guerres de jadis.* [...] ». L'espace convoité est ainsi décrit « *comme un lieu qui ne sert à rien* », « *un édifice inhospitalier* ». Le lecteur assiste, impuissant, aux prémices d'une guerre sans bataille qui le plonge dans la perplexité. L'inexistence de l'action laisse place au long cours du temps qui passe, à l'immobilisme du personnage, à la répétition des mêmes gestes et aux heures de garde marquées par une distorsion du temps troublante. L'inquiétude de Drogo grandit dans cet espace-temps distendu au même rythme que celle du lecteur déstabilisé : « *tout stagnait dans une mystérieuse torpeur* ». Qu'attendons-nous ainsi avec Drogo et les soldats de la garnison ? L'ennui s'installe et laisse place à la solitude d'un monde intérieur foisonnant. Drogo « *s'englue* » imperceptiblement dans la monotonie d'un univers forgé d'habitudes, comme dépossédé de sa propre volonté. Peu à peu, « *le véritable ennemi* » apparaît, il est nommé et de plus en plus présent : « *le temps qui passe* ». Nous voici plongés dans un univers tout à la fois inquiétant et fascinant, « *la désolation d'une lande inhabitée* » où rien ne se passe devient l'espace étrange d'une quête de sens universelle. Le véritable héros du roman finalement n'est pas Drogo, le militaire ambitieux, mais l'homme qui doit affronter la grande épreuve de la mort dans un espace qui ne lui laisse pas le choix. « *Inexplicablement, le temps s'était mis à s'enfouir de plus en plus vite, engloutissant un jour après l'autre. Il suffisait de regarder autour de soi et déjà la nuit tombait, le soleil disparaissait de l'autre côté pour éclairer un monde couvert de neige* ». L'angoisse de la fuite du temps s'accentue au fil des pages, « à toute vitesse », dans ce lieu menaçant qui oblige son hôte « *à attendre la mort* » mais aussi à s'y confronter. Le roman finalement suscite l'empathie émotionnelle du lecteur amené lui-aussi à s'interroger sur la fugacité de la vie et l'épreuve finale de la mort.

Tout est dit

« *Cependant, le temps passait, toujours plus rapide ; son rythme silencieux scande la vie, on ne peut s'arrêter même un seul instant, même pas pour jeter un coup d'œil en arrière. "Arrête ! Arrête !" voudrait-on crier mais on se rend compte que c'est inutile. Tout s'enfuit, les hommes, les saisons, les nuages ; et il est inutile de s'agripper aux pierres, de se cramponner au sommet d'un quelconque rocher, les doigts fatigués se desserrent, les bras retombent inertes, on est toujours entraîné dans ce fleuve qui semble lent, mais qui ne s'arrête jamais.* »

Échos

- *Le Désert des Tartares*, adaptation cinématographique de Valerio Zurlini, 1976
- Jérôme Lèbre, *Éloge de l'immobilité* (c.f fiche n° 46)
- Julien Gracq, *Un Balcon en forêt* (cf. fiche n° 85)
- Ivan Gontcharov, *Oblomov* (cf. fiche n° 12)
- Herman Melville, *Bartleby* (cf. fiche n° 21)

Alexandra Masini-Beausire

Fiche n° 5

La Prose du Transsibérien et de la petite Jehanne de France, Blaise Cendrars

1913, Les Hommes nouveaux (Belin, 2018)

■ L'auteur

Né en 1887, Frédéric Louis Sauser, dit Blaise Cendrars, est un écrivain français d'origine suisse. Gravement blessé pendant la Première Guerre mondiale, il perd son bras droit. Son œuvre exalte l'aventure et le monde moderne, comme en témoignent sa poésie et ses romans, tels que *L'Or* ou *Moravagine*.

■ L'œuvre et son contexte

Écrivain « aux semelles de vents », Cendrars interrompt ses études de médecine pour voyager à travers le monde. En 1911, lors d'un séjour aux États-Unis, il rédige *Les Pâques à New York*. En 1913, après un voyage en Russie, il publie à Paris *La Prose du Transsibérien et de la petite Jehanne de France*, son plus célèbre poème composé de 446 vers.

■ L'œuvre en quelques mots

La Prose du Transsibérien relate le voyage du poète-narrateur en compagnie de Jeanne, « la petite prostituée », dans le Transsibérien allant de Moscou à Kharbine. Appartenant à une série de poèmes concernant la thématique du voyage et de la rêverie poétique, il célèbre l'alliance de la vie moderne et de la poésie libérée de toutes les contraintes.

■ Le thème dans l'œuvre

« Les trains roulent en tourbillon sur les réseaux enchevêtrés » écrit Blaise Cendrars au vers 313 de son poème. Au début du XXe siècle, la vitesse du monde moderne et les progrès techniques, dont le train est le symbole, fascinent l'écrivain.

Ainsi l'auteur s'attache à reproduire, en affirmant une nouvelle poétique, le rythme de la marche du train, avec ses élans et ses arrêts. En effet, l'utilisation du vers libre permet l'alternance de vers longs comme « Le monde s'étire s'allonge et se retire comme un accordéon qu'une main sadique tourmente », pouvant suggérer la lenteur et la monotonie du voyage, avec des vers monosyllabiques comme « Chocs », soulignant au contraire un mouvement brusque. La reprise en anaphore des vers « Le train fait un saut périlleux et retombe sur toutes ses roues/Le train retombe sur ses roues/Le train retombe toujours sur toutes ses roues » fait ressentir au lecteur les saccades du train en mouvement. À ce rythme s'associent les assonances en [ou] du vers « Le broun-roun-roun des roues » qui transcrivent le bruit du train. La dédicace « aux musiciens » que Cendrars ajoute au poème en 1919 fait écho à la mélodie qui s'élève du poème. L'auteur semble préfigurer l'œuvre symphonique d'Arthur Honegger, *Pacific 231*, véritable parcours musical à bord de la célèbre locomotive éponyme.

La vitesse du train est par ailleurs suggérée par la superposition des images. L'accumulation et la juxtaposition de noms de villes étrangères comme « Tomsk Tcheliabinsk Kainsk Obi Taïchet Verkné Oudinsk » donnent l'impression au lecteur que le paysage défile sans cesse. De même la vision des pigeons se substitue sans transition à celle du « vieux moine » : les images se succèdent dans un fondu enchaîné dynamique apportant de la vivacité au voyage.

À Pierre Lazareff qui lui demandait s'il avait réellement pris le Transsibérien, le poète répondit « Qu'est-ce que ça peut vous faire puisque je vous l'ai fait prendre à tous ? ». Explorateur du monde et de toutes les ressources de la poésie, Cendrars s'affranchit, après Apollinaire, des contraintes du vers et de la ponctuation afin d'accorder l'expression du voyage avec des rythmes nouveaux.

■ Tout est dit

« J'ai vu les trains silencieux les trains noirs qui revenaient de l'Extrême-Orient et qui passaient en fantôme/Et mon œil, comme le fanal d'arrière, court encore derrière ses trains »

« Et l'Europe toute entière aperçue au coupe-vent d'un express à toute vapeur »

■ Échos

- *Blaise Cendrars/Couleurs simultanées de Sonia Delaunay*, Miriam Cendrars, PUF, 2011
- Émile Zola, *La Bête humaine* (cf. fiche n° 34)
- Victor Hugo, *Voyage en Belgique* (cf. fiche n° 10)

Valérie Lambert

Fiche n° 6

Courir, Jean Echenoz
2008, Les Éditions de Minuit

■ L'auteur

Jean Echenoz, né en 1947, est un écrivain français qui, avec plus de 17 ouvrages, compte une dizaine de prix littéraires dont le prix Médicis pour *Cherokee* (1983) et le prix Goncourt pour *Je m'en vais* (1999). La critique évoque souvent son écriture minimaliste qui «*évite la complexité au profit de la brièveté, de la simplicité et de la sobriété*» (Fieke Schhots). L'œuvre d'Echenoz est marquée par des romans dits «géographiques», une véritable conquête des espaces marqués par des personnages en continuel mouvement.

■ L'œuvre et son contexte

Courir fait partie des romans biographiques d'Echenoz. En 2008, il propose à son lecteur le récit de la vie du grand athlète tchécoslovaque Emil Zatopek. Entre 1949 et 1955, le coureur bat 18 records du monde avec des performances qui ont marqué à jamais l'histoire de l'athlétisme. Le romancier s'attaque ici à un homme qui fascine : «*Il me paraît toujours être, justement, une légende* […] *son nom reste encore familier comme une image de la vitesse*».

■ L'œuvre en quelques mots

Courir propose le portrait d'un athlète légendaire, une véritable machine surnommée «la locomotive Tchèque». Toutefois, il ne s'agit pas d'une biographie mais d'un roman qui permet à son auteur de prendre des libertés. Echenoz raconte la performance sportive, la mécanique interne du corps qui le pousse à dépasser ses propres limites. Au rythme d'une écriture en course, l'écrivain dresse, «à toute vitesse», le portrait d'un homme peu commun à l'épreuve des compétitions, des victoires et des nouveaux défis.

■ Le thème dans l'œuvre

La vitesse est sans conteste le thème central de cette œuvre qui met à l'honneur le coureur de fond le plus rapide du monde. Le roman se campe dans un paradoxe, Émile (prénom auquel l'auteur ajoute le E français) est tout ce qu'il y a de plus banal, il manque même de style, a parfois des mimiques grotesques, pourtant, les performances de son corps se révèlent spectaculaires. Émile se met à courir par hasard, il est ouvrier et se lance dans l'athlétisme à la demande de son entreprise et devient athlète d'état pour son pays. La course finira par « *remplir sa vie* ». « *Ce nom de Zatopek qui n'était rien, qui n'était rien qu'un drôle de nom, se met à claquer universellement en trois syllabes mobiles et mécaniques, valse impitoyable à trois temps, bruit de galop, vrombissement de turbine, cliquetis de bielles ou de soupapes scandé par le k final, précédé par le z initial qui va déjà très vite : on fait zzz et ça va tout de suite vite, comme si cette consonne était un starter. Sans compter que cette machine est lubrifiée par un prénom fluide : la burette d'huile Émile est fournie avec le moteur Zatopek* ». Derrière « *ce type comme tout le monde* » à la foulée apparemment maladroite « *courte, heurtée, inégale, saccadée* » et au visage trop expressif quand il court, apparaît un corps performant qui fascine par sa vitesse et son endurance. Le coureur de fond n'apparaît nullement comme un héros, il est un homme ordinaire capable de performances spectaculaires, sorte d'anti-héros ou peut-être de héros qui s'ignore. L'écriture se lance dans la même course folle que l'athlète, insaisissable et infatigable, elle tente de saisir la magie d'un corps qui évolue « à toute vitesse ». Le roman offre à son lecteur un véritable éloge du mouvement, le corps souffre, s'affiche dans l'effort mais semble capable de s'envoler, presque à ses dépens. Le corps ambitionne ici l'exploit, le dépassement de ses propres limites. Le romancier peint ici le goût de l'effort et embarque son lecteur dans la jubilation de cette course effrénée du roman qui n'excède pas les 140 pages. Cette brièveté de l'ouvrage participe aussi à la jubilation du lecteur pris dans sa propre course, elle procure une véritable ivresse de la lecture.

■ Tout est dit

« Loin des canons académiques et de tout souci d'élégance, Émile progresse de façon lourde, heurtée, torturée, tout en à-coups. Il ne cache pas la violence de son effort qui se lit sur son visage crispé, tétanisé, grimaçant, continûment tordu par un rictus pénible à voir. Ses traits sont altérés, comme déchirés par une souffrance affreuse, langue tirée par intermittence, comme avec un scorpion logé dans chaque chaussure. Il a l'air absent quand il court, terriblement ailleurs, si concentré que même pas là, sauf qu'il est là plus que personne et, ramassée entre ses épaules, sur son cou toujours penché du même côté, sa tête dodeline sans cesse, brinquebale et ballotte de droite à gauche. »

■ Échos

- « Emil Zatopek, La locomotive humaine », Emission France Inter « Affaires sensibles » animée par Fabrice Drouelle, France Inter, 19 avril 2018, https://www.franceinter.fr/emissions/affaires-sensibles/affaires-sensibles-19-avril-2018
- *Le Goût de courir*, ouvrage collectif, Mercure de France, 2011
- Usain Bolt, *Plus rapide que l'éclair, ma biographie*, Flammarion, 2016

Alexandra Masini-Beausire

Fiche n

La première gorgée de bière, Philippe Delerm

1997, L'Arpenteur (Folio)

L'auteur

Fils d'instituteurs, Philippe Delerm est né en 1950. Après des études de Lettres, il sera longtemps professeur de français en Normandie jusqu'à l'immense succès de *La première gorgée de bière et autres plaisirs minuscules*, en 1997. En retraite depuis 2007, il se consacre à présent entièrement à l'écriture de romans et recueils de textes courts.

L'œuvre et son contexte

Cet ensemble de textes très courts connaît un immense succès critique et public dès sa sortie. Jusqu'alors l'auteur qui avait connu des difficultés à se faire éditer, s'était contenté d'un succès d'estime. Le format inhabituellement bref de ces écrits correspond peu à la tradition littéraire française plus portée sur le roman, mais l'incitation à redécouvrir son quotidien d'un regard neuf avait trouvé un vrai écho lors de sa parution.

L'œuvre en quelques mots

34 textes consacrés aux « plaisirs minuscules » que la vie nous propose composent ce recueil marqué par la nostalgie et l'émerveillement devant le quotidien et l'anodin.

Le thème dans l'œuvre

Le singulier retentissement de l'ouvrage que Philippe Delerm fait paraître en 1997 tient notamment au caractère très personnel que son auteur entretient avec le temps qui ne correspond plus du tout à ce qui est en usage à la fin du XXe. Loin de la vitesse, du zapping et de l'agitation qui le caractérisent, il s'emploie, à l'inverse à suspendre le temps sur « les plaisirs minuscules » qui nous entourent. Si certains déplorent qu'il évoque une France d'une autre époque, d'autres se délectent de l'ancienne temporalité qu'il célèbre. En effet, il propose de renouer avec le rythme d'une autre époque, plus proche de rythme naturel des saisons, de la nature et des plaisirs qui ne coûtent rien ni ne supposent de connexion internet ; plus authentiques jugent beaucoup. La lenteur est donc au cœur de ce petit opuscule et l'auteur, par ces textes courts, simples mais jamais didactiques indique quatre façon de redonner du sel au quotidien. C'est ainsi qu'il encense le prima vérisme dans plusieurs textes dont celui qui donne son titre au recueil : « La première gorgée de bière » en précisant : « C'est la seule qui compte. Les autres, de plus en plus longues, et de plus en plus anodines » banalisent le plaisir qu'elles apportent. Animé de la même volonté de revaloriser ces moments auxquels on ne prête plus guère attention, il encense les instants inestimables dont ou ne remarque plus la valeur ou l'intérêt. Il est selon lui des minutes plus précieuses que les autres. Dans « Le cinéma » il rappelle qu'à la fin d'une séance, il faut « surtout ne pas laisser tomber tout de suite les mots qui vont casser, juger, noter. », il faut attendre avant de se prononcer et savourer encore, quelques minutes après qu'il a fini, les émotions d'un film. Le dimanche retient en particulier son attention. Il qualifie de « longue lisière » dans « Le dimanche soir » cette singulière journée qui voit l'écoulement des heures se ralentir faute de contraintes professionnelles, faute de contraintes tout court. Dans la même célébration des instants plus chéris que d'autres, au cours desquels la vitesse semble s'être alentie, il se réjouit des « quelques secondes où l'on sent que la proposition va venir » il s'agit du texte « L'invité surprise ». Le troisième moyen pour réapprendre à savourer l'existence qui n'est ordinaire qu'en apparence est la saisonnalité. « Le pull d'automne », « l'odeur des pommes », « On pourrait presque manger dehors, « Aller aux mûres », « Le Tour de France », « Le jardin immobile [...] au creux du mois d'août, au début de l'après-midi » sont autant d'occasions d'apprécier plus encore les passages des saisons et les sensations variées qu'elles provoquent. Enfin, l'auteur valorise la ritualisation des actions ou faits répétés régulièrement mais avec délectation. Ainsi, « le paquet de gâteau du dimanche matin », « Prendre un porto », « Le journal du petit-déjeuner », « Le bibliobus » dont « On connaît toutes les dates de l'année à l'avance. » se constituent en quatrième moyen de ne pas céder aux sirènes de la vitesse dans un monde qui, lui ayant donné trop d'importance, trop de valeur, peine à se réjouir de tous « les plaisirs minuscules » abondants, et à portée de chacun qui nous cernent et devraient nous réjouir.

Tout est dit

« C'est rassurant cette mainmise sur le temps. » (« Le bibliobus »)

« On naît bicyclette ou vélo, c'est presque politique. »

Échos

- Philippe Delerm, *Quelque chose en lui de Bartleby*
- Jean Giono, *L'homme qui plantait des arbres* (cf. fiche n° 11)
- Ivan Gontcharov, *Oblomov* (cf. fiche n° 12)
- Herman Melville, *Bartleby* (cf. fiche n° 21)
- Georges Pérec, *L'homme qui dort* (cf. fiche n° 26)
- Christophe André, *Méditer jour après jour* (cf. fiche n° 38)
- Tristan Garcia, *La vie intense* (cf. fiche n° 43)

Hélène Bieber

Fiche n° 8

La Puce à l'oreille, Georges Feydeau

créé au Théâtre des Variétés le 2 mars 1907 (Poche 1968)

L'auteur

Contemporain de Courteline et disciple de Labiche, Georges Feydeau, né le 8 décembre 1862 et mort le 5 juin 1921, est un auteur dramatique, peintre et collectionneur d'art, surtout connu pour ses nombreux vaudevilles. Fils de l'écrivain Ernest Feydeau, il se pensait aussi l'enfant de Napoléon III, ou du demi-frère de l'Empereur, le duc de Morny… bref inscrit dans une problématique de tromperie galante dès le début de son existence.

L'œuvre et son contexte

Cette comédie en trois actes et deux décors, basée sur des quiproquos et des malentendus entre les personnages qui se suspectent tous mutuellement d'adultère, appartient à la « grande période », entre *La main passe* (1902) et *Occupe-toi d'Amélie* en 1908. Après le succès de *Tailleur pour dames* en 1886, Feydeau avait en effet connu une moindre audience, critique et populaire, avant la consécration de 1892 avec *Monsieur chasse !*, *Champignol malgré lui* et *Le Système Ribadier* ; sacré « roi du vaudeville », il enchaîne alors les réussites.

L'œuvre en quelques mots

Victor-Emmanuel Chandebise, directeur d'une compagnie d'assurances, est frappé d'impuissance et n'honore plus sa femme Raymonde. Celle-ci le soupçonne alors d'adultère et décide de lui tendre un piège en lui faisant donner rendez-vous anonymement dans un hôtel de petite vertu – le Minet Galant – à Montretout. Chandebise ne sait pas que le garçon d'étage, Poche, est son sosie, et comme il mène une vie rangée, il cède sa place à son camarade Tournel qui est secrètement amoureux de Raymonde, tandis que cette dernière y envoie son amie Lucienne, qui a écrit le mot « enflammé » à Chandebise, et dont le mari, Carlos Homenidès de Histangua, est un jaloux invétéré. Portes qui claquent, amants dans le placard, étrangers exotiques et cavalcades éperdues… l'intérêt est ailleurs que dans l'intrigue.

Le thème dans l'œuvre

Le comique délirant est essentiellement fondé sur la rapidité des quiproquos qui s'installent à cause de la ressemblance extrême entre deux personnages, Chandebise et Poche. Le spectateur, qui sait qu'il s'agit de deux caractères qui n'ont rien à voir l'un avec l'autre, a toujours une avance de compréhension : il saisit pourquoi il est inutile pour Raymonde, Tournel ou Camille de s'expliquer devant Poche. Un autre type de burlesque technique vient s'ajouter par le moyen d'un lit tournant, qui plonge les « déjà couchés » et les « encore debout » dans des déboires sans nombre. Quand trop de couples réclament la même chambre, la mécanique s'emballe – avec d'autant plus de fièvre que des « étrangers » (et un bègue) viennent ajouter au trouble. LLes effets comiques sont donc traditionnellement ceux des pantalonnades de la IIIe République, cocufiage universellement craint ou espéré, hôtel de charme, stéréotypies de l'étranger brutal ou ridicule (« il ne sait pas notre langue »), dignité tant que bien que mal rafistolée à grand renfort de « Ciel ! mon mari ! » et autres répliques d'anthologie : « mais elle a beau dire, quand on veut mourir, on ne choisit pas les moules… c'est trop aléatoire ». Donc, si le fond ne brille pas par l'originalité, c'est dans la dramaturgie étourdissante qu'il faut trouver le génie de cette pièce. Les didascalies indiquent que les personnages ont des places numérotées, sur le praticable qu'ils ne cessent d'arpenter frénétiquement, et les détails minutieux du décor « à tournette » occupent au moins une page de didascalies avant l'acte II. Afin de protéger l'intimité des clients adultères, un lit tournant est en effet en permanence occupé par Baptistin, l'oncle de Ferraillon… ainsi, un simple contact sur une fausse sonnette, et le lit pivote pour ne plus présenter au conjoint furieux qu'un innocent vieillard se plaignant de ses rhumatismes. Si on ajoute la maquerelle sur le retour « trop serrée dans son corset, très peinte et très bijoutée », la bonne impertinente et les relents pestilentiels de l'aviné de service, on a le panel complet des décrépitudes et des tares de la petite-bourgeoisie à la Belle Époque. Vertigineux kaléidoscope de personnages, de situations embrouillées et d'erreurs indémêlables, la mise en espace de cette pièce s'apparente donc à une horlogerie de précision, où tous doivent monter, descendre, pivoter, tomber, courir, entrer et sortir à la seconde près, tout en déblatérant un texte sinon dense du moins abondant. Nous sommes déjà dans le rythme du *slapstick* américain, où vont s'illustrer Charlot et Mack Sennett, à partir de 1912.

■ Tout est dit

Ferraillon : « Vous saurez que c'est une maison de luxe ! Un hôtel… comme il faut ! Où il ne vient que des gens mariés. » Eugénie : « oui, mais pas ensemble. » – F. : « Ils ne le sont que davantage, puisqu'ils le sont chacun de leur côté »

■ Échos

- Éric-Emmanuel Schmitt, « *Des tragédies à l'envers* », *essai sur Georges Feydeau, Georges et Georges*, Paris, Le Livre de poche, 2014
- Collectif, *Georges Feydeau, Les Nouveaux Cahiers de la Comédie-Française,* La Comédie-Française/L'Avant-scène théâtre, Paris, novembre 2010

Isabelle Casta

Fiche n° 9

Madame Bovary, Gustave Flaubert

1856, Éditions Michel Levy Frères

L'auteur

Né en décembre 1821 en province, Flaubert trompe son ennui en s'adonnant à la lecture et découvre la littérature. Au lycée, il commence à écrire des textes mélancoliques et suit des études de droit à Paris interrompues par un problème de santé. Il devient un écrivain connu pour sa grande culture et sa force de travail. Ses productions reflètent ses exigences esthétiques, chef de l'école réaliste, il entend peindre la réalité sociale et historique de son temps.

L'œuvre et son contexte

Issu du courant littéraire réaliste, *Madame Bovary* fait scandale au milieu du XIXe siècle en réaction à l'avènement du Second Empire. Le roman est typique du courant réaliste qui critique l'hypocrisie de la classe bourgeoise. La morale religieuse a considéré cette histoire comme une apologie de l'adultère. En 1857, Flaubert est jugé pour « outrage à la morale publique et religieuse et aux bonnes mœurs ». Il sera acquitté mais blâmé par la critique pour « le réalisme vulgaire et souvent choquant de la peinture des caractères ». Le roman toutefois connaît un grand succès en librairie.

L'œuvre en quelques mots

Madame Bovary, fille d'un riche fermier, représente la femme bourgeoise de l'époque. Son époux, Charles Bovary est officier de santé et veuf. Élevée dans un couvent, Emma s'est nourrie de lectures et vit dans un monde qu'elle se plaît à rêver. Installée dans une petite ville de campagne, la naissance de sa fille la distrait à peine de sa vie monotone. Très vite, elle prend un amant, Rodolphe, qui s'impose comme un lâche et l'abandonne. Après une crise de mysticisme, Emma entretient une nouvelle liaison avec Léon et s'endette. Ses deux amants finiront par la laisser esseulée dans une triste réalité qui ne laisse plus aucune place au rêve.

Le thème dans l'œuvre

Flaubert dresse le portrait d'une anti-héroïne tragique qui refuse la triste réalité de sa condition. « *Madame Bovary, c'est moi !* » est certainement la citation de Flaubert la plus connue, les questionnements d'Emma seraient-ils aussi ceux de son auteur ? « *Est-il possible de vivre dans le monde qui nous est imparti ?* » s'interroge l'écrivain. La sombre destinée d'Emma nous laisse à penser que non. Emma semble vivre dans un monde à deux vitesses : actrice et spectatrice du monde tout à la fois. La vie semble bien souvent se dérouler sans elle pour laisser place à l'intensité d'une vie intérieure qui la rend contemplative. Son immobilisme physique en société s'explique par ses rêveries, elle se nourrit d'un monde onirique puisé dans les livres. Le mariage apparaît comme une déception profonde et la figure du mari semble inapte à nourrir l'imagination de son épouse : « *La conversation de Charles était plate comme un trottoir de rue, et les idées de tout le monde y défilaient dans leur costume ordinaire, sans exciter d'émotion, de rire ou de rêverie* ». L'adultère s'apparente alors pour Emma à la quête d'un amour sublimé par les livres : « *alors elle se rappela les héroïnes des livres qu'elle avait lus, et la légion lyrique de ces femmes adultères se mit à chanter dans sa mémoire avec des voix de sœurs qui la charmaient* ». Alors même que l'adultère est perçu comme un tabou dans la société de l'époque, un acte amoral, il apparaît pour Emma comme salvateur et susceptible de donner à sa vie l'intensité et la grandeur attendue. Perdue dans la lenteur d'une rêverie quotidienne, Emma perçoit ses liaisons interdites avec Rodolphe et Léon comme un moyen de s'inscrire dans une durée épanouissante. Flaubert dira d'ailleurs que « *l'adultère est en soi une figure de la mobilité* ». Toutefois, les déceptions occasionnées par ces échecs amoureux donneront lieu à des crises de mysticismes profondes qui seront encore une occasion de rêverie marquée par l'immobilité : « *Quand elle allait à confesse, elle inventait de petits péchés, afin de rester là plus longtemps, à genoux dans l'ombre, les mains jointes, le visage à la grille sous le chuchotement du prêtre. Les comparaisons de fiancé, d'époux, d'amant céleste et de mariage éternel qui reviennent dans les sermons lui soulevaient au fond de l'âme des douceurs inattendues* ». Emma s'adonne à une forme de paresse active proche de la volupté, derrière cette inertie apparente liée à l'ennui semble en effet se dégager une énergie de la passion intense suscitée par l'imagination.

■ Tout est dit

« Avant qu'elle se mariât, elle avait cru avoir de l'amour ; mais le bonheur qui aurait dû résulter de cet amour n'étant pas venu, il fallait qu'elle se fût trompée, songeait-elle. Et Emma cherchait à savoir ce que l'on entendait au juste dans la vie par les mots de félicité, de passion et d'ivresse, qui lui avaient paru si beaux dans les livres. »

■ Échos

- Peinture d'Albert Fourié, *La Mort de Madame Bovary*
- *Neige de printemps*, roman de Yukio Mishima
- *La vie intense*, Tristan Garcia (cf. fiche n° 43)
- *2046, Wong Kar-Wai* (cf. fiche n° 76)
- *Mrs Dalloway*, Virginia Woolf (cf. fiche n° 35)

Alexandra Masini-Beausire

Fiche n° 10

« *Voyage en Belgique* », Victor Hugo

1837, (Hachette Livre BNF, 2013)

■ L'auteur

Romancier, dramaturge et poète prolifique du XIXe siècle, celui que l'on a nommé l'homme-fleuve pour sa longévité (1802-1885) s'est aussi fait chantre de la modernité dans son œuvre et a affirmé être « ébloui » par Bruxelles la belle capitale qu'il avait découverte lors d'une escapade en train avec Juliette Drouet.

■ L'œuvre et son contexte

C'est avant tout pour témoigner de son admiration pour la Belgique que Hugo écrit *En voyage* en 1837. Il célèbre dans cette œuvre la beauté et la rapidité du train, ce nouveau moyen de locomotion, symbole de modernité et de prouesse technique à l'époque. Un contemporain de Hugo, Émile Zola, va lui aussi s'intéresser à la machine ferroviaire – dans son roman *La Bête humaine* – mais sur le mode négatif, la locomotive représentant pour lui l'asservissement de l'Homme à la machine et le poids de la fatalité sur le peuple.

■ L'œuvre en quelques mots

Au XIXe siècle, la Belgique fait figure en Europe de modèle politique puisqu'une révolution y a fait naître une monarchie parlementaire se souciant nouvellement des libertés publiques. C'est pourquoi Hugo s'y rend régulièrement, voire s'y exile (pour fuir le pouvoir français contre lequel il s'oppose). Il a pour habitude de circuler en diligence, mais de plus en plus souvent en train, dont il célèbre la vitesse qui « avale les kilomètres », symbole de la modernité d'un monde qui change.

■ Le thème dans l'œuvre

L'œuvre entière de Victor Hugo témoigne de son goût pour les voyages, lui le boulimique de découvertes qui écrivait à sa femme de Bruxelles en 1834 : « Puisque j'y suis, il faut que je voie tout ». *Voyage en Belgique* constitue le récit d'un voyageur et symbolise l'escarcelle dans laquelle il ramène notes, peintures et autres dessins. Ces propos accompagne son itinéraire dans le Nord de la France jusqu'en Belgique.

Il se pose en témoin des évolutions techniques de son temps et, notamment, du chemin de fer qui connaît son essor à travers la machine à vapeur : « Le convoi qui allait à Bruxelles a rencontré le nôtre. Rien d'effrayant comme ces deux rapidités qui se côtoyaient, et qui, pour les voyageurs, se multipliaient l'une par l'autre. » La plume poétique de Hugo se fait ici langage de la vitesse. Le train représente pour l'association entre la modernité croissante et la fulgurance de la vie. On retrouve avec le portrait terrifique de ces «deux rapidités» l'image monstrueuse du train comme «bête humaine», machine à broyer l'homme, qu'a développée Zola dans son roman éponyme.

Ces voyages en Belgique répétés (plus de quatorze...) sont pour Victor Hugo l'occasion de saisir le lien entre la machine et l'Homme, de percevoir la modernité inhérente au train, qui permet le transport d'individus en nombre, en masse, de manière rapide, multidirectionnelle, quasi instantanée et est associée à une force de la nature, celle du vent : «Il y avait de chaque côté soixante wagons, plus de mille personnes ainsi emportées, les unes au nord, les autres au midi, comme par l'ouragan.»

Mais Hugo n'offre pas une vision si apocalyptique de ce moyen de transport dont la vélocité renvoie davantage pour lui à l'élan vital qu'à la peur de l'engloutissement. En effet, ce «cheval de fer» comme il le nomme, n'a pas une utilité juste matérielle, mais peut être vecteur de beauté, voire d'art : «Où nos ancêtres eussent vu la vie, nous voyons la matière. Il y a dans une machine à vapeur un magnifique motif pour un statuaire». Le train représente pour notre auteur un prodige de modernité, capable d'exploits surhumains, tant apte à soulever et déplacer des foules que d'une incroyable rapidité : «On comprend qu'il ne faut pas moins que cette bête prodigieuse pour traîner ainsi mille ou quinze cents voyageurs, toute la population d'une ville, en faisant douze lieues à l'heure». Ainsi, la machine symbolise la modernité galopante qui emporte les individus dans un grand vent de liberté : la particularité de la vision de Hugo réside dans le fait qu'il associe prouesses techniques et libération humaine, gage de plus d'égalité entre les individus.

Tout est dit

Il est vrai qu'il ne faut pas voir le cheval de fer; si on le voit, toute la poésie s'en va. À l'entendre c'est un monstre, à le voir ce n'est qu'une machine. Voilà la triste infirmité de notre temps; l'utile tout sec, jamais le beau.»

Échos

- *La prose du Transsibérien et de la petite Jehanne de France*, Blaise Cendrars, (cf. fiche n° 5)
- *Études photographiques*, «Vues du train», n° 1, novembre 1996 (cf. fiche n° 41)
- *La Bête humaine*, Émile Zola (cf. fiche n° 34)

Laetitia Magnani

Fiche n° 1

L'homme qui plantait des arbres, Jean Giono

1954, Vogue (États-Unis), 1983, Folio Cadet Gallimard

■ L'auteur

Jean Giono s'est rarement éloigné de Manosque dans les Alpes-de-Haute-Provence, où il naît en 1895 et meurt en 1970. Autodidacte, il a 35 ans quand paraît son premier roman *Colline*. Avec ses deux grands cycles romanesques – le cycle dit « du hussard » et l'ensemble plus noir des *Chroniques – il s'impose dans* la littérature française où il continue d'occuper une place primordiale.

■ L'œuvre et son contexte

« C'est un de mes textes dont je suis le plus fier, » disait Giono en évoquant ce bref récit de fiction paru une première fois aux États-Unis dans *Vogue (The man who planted hope and grew happiness),* qui lui vaut un vif succès auprès des Américains, jamais démenti depuis. Publié en France en 1973 dans la *Revue forestière française, L'homme qui plantait des arbres* devient vite un classique de la littérature jeunesse.

■ L'œuvre en quelques mots

En Haute-Provence, un berger solitaire plante quoticiennement une centaine de glands afin que sa région désertée retrouve verdure et fraîcheur. Grâce à son travail lent et constant, une impressionnante forêt de chênes croît avec le temps. À travers ce récit, l'auteur espérait simplement *« Faire aimer à planter des arbres »*.

■ Le thème dans l'œuvre

« Pour que le caractère d'un être humain dévoile des qualités vraiment exceptionnelles, il faut avoir la bonne fortune de pourvoir observer son action pendant de longues années. » Ainsi commence *L'homme qui plantait des arbres* que Jean Giono écrit à 54 ans, l'âge de son héros, le berger Elzeard Bouffier. La question du temps s'avère centrale dans ce bref récit qui s'étire sur près de 30 ans. Trois décennies au cœur d'une France encore rurale, marquée par les atrocités de la guerre : l'histoire commence en effet sous le soleil estival de l'année 1913 à l'aube de la Grande Guerre et se termine en 1947, à la mort de Elzeard Bouffier, presque centenaire.

Cent ans, le temps d'une vie, le temps aussi pour un chêne – le roi des arbres – de naître, grandir et atteindre sa majesté. Le berger aura ainsi consacré la plus grande partie de son existence à planter une forêt. Avec patience, détermination, jour après jour, gland après gland, il redonne vie à une terre abandonnée. Un résistant à sa manière, avec pour allié, le temps. De sa patience, ses silences et sa solitude émane une sagesse qui semble millénaire, transmise croit-on deviner de génération en génération. La lenteur marque le quotidien d'une vie à part, indifférente au chaos insistant de deux conflits mondiaux. Au fil des jours, la forêt croît, l'eau des ruisseaux coule de nouveau et un village voisin se repeuple.

Quel sens donner à cette fiction, à la croisée du conte, de la fable et du récit biblique ? Laissons, pour nous éclairer, la parole au narrateur – double de l'auteur – qui clôt ainsi ce récit intemporel : « *Quand je réfléchis qu'un homme seul, réduit à ses simples ressources physiques et morales, a suffi pour faire surgir du désert ce pays de Chanaan, je trouve que, malgré tout, la condition humaine est admirable. Mais, quand je fais le compte de tout ce qu'il a fallu de constance dans la grandeur d'âme et d'acharnement dans la générosité pour obtenir ce résultat, je suis pris d'un immense respect pour ce vieux paysan sans culture qui a su mener à bien cette œuvre digne de Dieu* ».

Tout est dit

« Il s'était retiré dans la solitude où il prenait plaisir à vivre lentement, avec ses brebis et son chien. »

« Le berger qui ne fumait pas alla chercher un petit sac et déversa sur la table un tas de glands. Il se mit à les examiner l'un après l'autre avec beaucoup d'attention, séparant les bons des mauvais. »

« La société de cet homme donnait la paix. »

Échos

- Marc Desportes, *Paysages en mouvement* (cf. fiche n° 40)
- David Le Breton, *Marcher – Éloge des chemins et de la lenteur* (cf. fiche n° 45)

Flore d'Arfeuille

Fiche n° 12

Oblomov, Ivan Gontcharov

1859

L'auteur

Gontcharov est un auteur russe né en 1812 et mort en 1891. Issu d'une famille de riches propriétaires négociants en grains, il perd son père à sept ans. Après des études à l'école commerciale de Moscou puis à l'Université de Moscou (Lettres), il devient traducteur au Ministère des Finances. Il poursuit sa carrière dans divers Ministères tout en initiant une activité d'écriture.

L'œuvre et son contexte

Oblomov forme avec *Une Histoire ordinaire* (1847), le premier roman de Gontcharov et *Le Ravin*, une trilogie. Publié par l'éditeur des *Mémoires nationaux russes* en 1859, il est immédiatement salué comme un chef-d'œuvre, Tolstoï y voyant même une œuvre capitale. Son héros, Oblomov, devient alors un véritable mythe littéraire russe, au même titre que Don Juan, Faust ou encore Don Quichotte.

L'œuvre en quelques mots

Le roman relate l'histoire d'Oblomov qui passe ses journées allongé dans sa chambre, dans une maison mal entretenue, portant des vêtements négligés. Cette attitude a créé un nouveau mot dans la langue russe, « l'oblomovstchina », l'oblomovisme, c'est-à-dire l'art de ne rien faire, de ne vivre que dans l'instant présent de manière quelque peu mélancolique.

Le thème dans l'œuvre

Nous apprenons à la toute fin du récit, que c'est Stolz, l'ami d'Oblomov, qui, après la mort de celui-ci, raconte cette histoire à un écrivain pensant que « *peut-être un jour ça servira à quelqu'un* ». Sa conclusion résume ainsi la vie de son ami : « *Pourtant, il n'était pas plus bête que les autres, son âme était pure et limpide comme du verre ; noble, tendre et – perdu !* ». Le roman s'ouvre sur le personnage d'Oblomov étendu sur son lit. S'ensuit une présentation intrigante : ce « héros » à la « physionomie agréable », âgé de 32-33 ans – ou plutôt cet anti-héros – aime se vêtir d'une robe de chambre orientale. Il est en outre caractérisé par sa gentillesse, par sa douceur. Le narrateur n'hésite pas à évoquer une « *âme qui rayonn[e], si ouverte et si limpide, dans les yeux, dans le sourire, dans chaque geste de la tête et de la main* ». Mais ces caractéristiques positives sont contrebalancées par un « *caractère de négligence* » qui se dégage de la maison. Ceci parce qu'Oblomov conserve quasiment toujours la position allongée, une position qui est « *son état normal* ». Il ne sort en effet quasiment pas de chez lui, et, il reste dans sa chambre « *qui lui ser[t] de chambre à coucher, de cabinet et de salon* ». Et ceci le satisfait, il rêve d'une existence hors du monde, totalement recentré sur lui-même, sur sa personne et ses propres pensées : « *Il éprouva un sentiment de paisible joie à l'idée que lui, de neuf à trois, de huit à neuf, il pouvait rester sur son divan ; il était fier de ne pas avoir de rapport à rendre, ni de papiers à rédiger ; fier de pouvoir donner libre cours à ses sentiments, à son imagination* ». Mais, ce qui pourrait passer pour une simple paresse, une évidente procrastination, est une métaphore. Cet homme totalement désœuvré, que Gontcharev peint avec une grande tendresse, incarne d'une certaine façon un temps révolu. En effet, au moment de la publication du roman, la Russie est en pleine transformation. L'abolition du servage bouleverse profondément la société et Oblomov, riche propriétaire terrien qui cultive la nostalgie du passé, va ainsi incarner cette Russie patriarcale en train de disparaître. Ni Stolz, son ami qui est son antithèse, car il est vif, il entreprend des actions, il voyage, il réfléchit, ni Olga, incarnant la passion subite, le coup de foudre, ne vont parvenir à le détourner de son objectif. Il en mourra…

■ Tout est dit

« *Je n'ai écrit que ce que j'ai vécu profondément, ce que j'ai pensé, senti, aimé, vu, connu de près, en un mot, j'ai écrit ma vie et ce qui est venu se greffer* » (Gontcharev).

« *La maison des Oblomov, naguère riche et connue dans le pays, avait commencé, […], à s'appauvrir et à dégénérer de plus en plus, jusqu'à se perdre enfin insensiblement parmi les maisons de la noblesse récente. Seuls les serviteurs aux cheveux blancs gardaient et transmettaient aux autres le souvenir fidèle d'un passé qu'ils chérissaient comme une relique.* »

■ Échos

- Jean Blot, *Ivan Gontcharev ou le réalisme impossible*, 1984
- *Quelques jours de la vie d'Oblomov*, de Nikita Mikhalkov, 1979
- *Oblomov*, film de Guillaume Gallienne, 2017
- *Bartleby*, Herman Melville (cf. fiche n° 21)
- *Alexandre le bienheureux*, film d'Yves Robert

Virginie Lupo

Fiche n° 13

« La presqu'île », Julien Gracq

1970, Librairie José Corti (Pas d'édition de poche)

L'auteur

De son vrai nom Louis Poirier, Julien Gracq (1910-2007) est un romancier français publié dans la prestigieuse édition de la Pléiade. Brillant élève, ce normalien et agrégé de géographie se met tardivement à l'écriture de fiction. Son premier roman *Au château d'Argol*, publié en 1938, très influencé par le Romantisme allemand et les surréalistes, le fait connaître. Son roman *Le Rivages des Syrtes*, paru en 1951, lui vaut le prix Goncourt qu'il refuse comme il refusera toujours les honneurs et les appartenances.

L'œuvre et son contexte

La nouvelle intitulée « La presqu'île » est issue du recueil éponyme qui contient deux autres textes : « La route » et « Le roi Cophétua » qui signent la fin de l'écriture fictionnelle du romancier. L'auteur renoue en effet avec sa passion pour l'évocation des paysages familiers comme la Bretagne. Il s'emploie à déployer le regard d'un topographe et géographe.

L'œuvre en quelques mots

« La Presqu'île », relate l'attente de sa maîtresse par Simon. En dépit du fait qu'Irmgard a annoncé une arrivée « très peu probable » au train de 13 heures dans une lettre, le personnage patiente en gare. Au train dont personne ne descend succède l'errance du personnage qui attendra jusqu'au train du soir, celui de 19 h 53. Et c'est l'occasion d'une évocation des paysages de l'attente : la presqu'île de Guérande en Bretagne, renommée ici Coatligen.

Le thème dans l'œuvre

On peut dire que c'est un récit dans lequel il ne se passe rien. Rien d'autre que l'attente qui dure quelques heures du train de 13 heures au train de 19 h 53. Le début de la nouvelle se situe dans une salle d'attente de gare où pourtant Simon se dit « On n'attend vraiment personne ici ; elle ne viendra pas ». Très vite advient le « *climax* » du récit : la femme attendue ne descend pas du train. Simon quitte alors la gare pour s'embarquer à bord de sa voiture sur les routes de la presqu'île qu'il a fréquentées assidûment enfant : « il vit devant lui son après-midi s'étendre libre, vacante et remuée, un peu solennelle, comme les lourds nuages blancs ballonnés qui commençaient à monter par-dessus la crête de la route. » Il visite le relais de

Pen-Bé» «faux petit château Louis XIII» «un castel sommeillant» dans lequel tricote une vieille dame «pour la petite éternité de l'heure de la sieste.» Tout est alenti, ralenti dans ce récit d'actions ténues ou minuscules faites de déplacements à pied ou en voiture sans jamais aucune destination ni but précis autre que d'occuper le temps. C'est l'occasion pour l'auteur de montrer comment fonctionnent les vecteurs du souvenir. Ainsi la visite de ce petit château est-elle l'occasion que remontent à la surface de sa mémoire ««les salons ombreux et faiblement moisis des maisons de campagne de son enfance». Les sens de Simon semblent devenir alors ultrasensibles. Les bruits d'ordinaire imperceptibles résonnent fortement : «dans les moments de silence complet, il percevait parfois le menu bruit de cosse éclatée de la queue qui se détachait, et il suivait de l'œil la molle spirale plumeuse de la feuille fripée qui glissait sans bruit.».Et paradoxalement, l'absente occupe toutes les pensées de Simon, tout comme le temps vacant déborde d'idées de représentations et de souvenirs : «Irmgard était déjà là – mieux que présente, disponible – puisqu'il allait pouvoir peupler à l'aise, loin d'elle, son après-midi de tout un affairement précurseur, border partout et de si près son absence qu'elle en deviendrait plus vivante qu'elle.» L'auteur montre le phénomène bien connu des pensées en marche : toutes les appréhensions de l'espace préfigurent les variations d'humeur de celui qui les contemple : la lande enchanteresse des anciens contes de l'homme amoureux devient «lèpre» aux yeux de l'homme «brusquement déprimé» lorsqu'il songe «qu'Irmgard pourrait n'être pas au train».

Pour autant ce récit sans action n'est pas vide mais plein des souvenirs, des projets et des fantasmes du personnage sur Irmgard. D'un point de vue narratologique, on peut affirmer que les pauses descriptives se convertissent ici en événements romanesques, car la description des paysages devient l'action en ce qu'elle donne à voir l'évolution des sentiments de Simon envers sa maîtresse.

Une fois installé dans un hôtel, fleurs achetées et arrivée imminente du train du soir, Simon ne ressent plus qu'un «sentiment de sécurité neutre et un peu abstraite» à la vue de celle qu'il a espérée, rêvée et fantasmée toute l'après-midi.

Tout est dit

«Il faudrait que cette heure ne finisse jamais»

«Simon avait plaisir à écouter le martèlement de son pas qui sonnait sur l'asphalte sec»

Échos

- *Le Désert des Tartares*, Dino Buzzati (cf. fiche n° 4)
- *Un Balcon en forêt*, Julien Gracq (cf. fiche n° 14)

Hélène Bieber

Fiche n° 14

Un Balcon en forêt, Julien Gracq

1958, Éditions Corti

L'auteur

Julien Gracq est né en 1910 à Saint-Florent-le-Vieil, dans la Loire, et mort en 2007. Diplômé de l'École Normale Supérieure en 1930, il devient professeur d'histoire-géographie puis Maître de Conférences à l'Université de Caen. Sa passion pour la géographie physique transparaît dans l'écriture de ses romans, tout comme l'influence de l'esthétique surréaliste. Il est aussi connu pour plusieurs essais de théorie littéraire, tels *La Littérature à l'estomac* (1950), *Lettrines I et II* (1967 et 1974), *En lisant en écrivant* (1980) et *Carnets de grand chemin* (1992). Peu friand des distinctions académiques, il a refusé le Prix Goncourt décerné en 1951 au *Rivage des Syrtes*.

L'œuvre et son contexte

Un Balcon en forêt n'est pas à proprement parler un roman mais un récit de guerre qui a pour cadre les Ardennes françaises, lors de l'assaut de l'armée allemande en 1939-1940. Mobilisé, pour sa part, à Dunkerque, Gracq confère une extraordinaire précision à son récit, dont les noms sont une transposition du réel : le patronyme Grange ressemble à celui l'auteur. Quant au toponyme Moriarmé, dont l'origine latine (*morior*, mourir) et le préfixe (-armé, *sous les armes*) ne cachent rien de l'issue du récit, il renvoie à la commune de Monthermé. Qualifiée de fiction réaliste par la critique, l'œuvre ne rompt pourtant pas, selon l'auteur, avec l'inspiration onirique des romans précédents. Elle a été adaptée au cinéma par Michel Mitrani, en 1979.

L'œuvre en quelques mots

Le récit raconte la perdition de l'aspirant Grange, affecté en octobre 1939 à quelques kilomètres de la petite ville de Moriarmé, vers la frontière belge, au-dessus de la Meuse. Après plusieurs mois d'attente dans une maison forte, furtivement interrompus par la liaison du protagoniste avec Mona, une jeune femme d'une étrange beauté, Grange et ses compagnons reçoivent de plein fouet l'assaut allemand, en juin 1940. Blessé, Grange se réfugie dans un village déserté et attend sa fin.

Le thème dans l'œuvre

Ce récit d'environ 250 pages met en scène l'attente. Celle d'une guerre qui n'arrive pas. Isolé dans un blockhaus, à une demi-lieue d'un hameau nommé Les Falizes, Grange sombre dans l'oisiveté. La vie de ses compagnons d'armes, Hervouët, Gourcuff et le caporal Olivon est, comme la sienne, suspendue à l'irruption d'un événement militaire. Dans cette sorte de bout du monde que les communications radio n'atteignent pas, le temps semble tourner au ralenti et se réduire à une unité de mesure quotidienne : celle de la « longue journée blanche » de Grange, consacrée à la lecture et à l'écriture. Seul le signal de ravitaillement vient interrompre cette monotonie, un jour sur deux. Le cycle des saisons ne trompe pas non plus l'attente du protagoniste : l'inaction militaire lui fait penser à d'absurdes grandes vacances, à une armée qui dormirait comme « la Belle au Bois dormant ». Ce sont pourtant ce désœuvrement et cet exil dans un hors-temps qui permettent à Grange une découverte initiatique de la nature et un nouveau rapport au temps, qui se décline poétiquement sous la plume méticuleuse de l'auteur. Lors de son voyage en direction de Moriarmé, le personnage observe sans émotion l'écoulement lent de la Meuse et l'immensité de la forêt dans laquelle s'enfonce le train. Mais peu à peu, le contact permanent avec les sous-bois favorise les expériences sensibles, en marge de la rumeur soldatesque, et révèle à Grange un large spectre de bruits et de mouvements qui sont autant de fractionnements du temps et finissent paradoxalement par animer celui-ci : du bruit calme de l'eau au sifflement de l'oiseau, en passant par l'infime agitation des feuilles des arbres, la forêt, cernée par la brume, est un lieu où le protagoniste cherche à se perdre, à s'abstraire lentement du réel et à rêver. Le récit de Julien Gracq donne tout son sens au mot « passe-temps » : dans un monde engourdi par l'ennui, le protagoniste finit par attendre la mort, sereinement.

Tout est dit

« On eût dit que l'existence au fortin avait trouvé son rythme une fois pour toutes. C'était une vie presque paysanne, qui végétait très ralentie à l'extrême point d'un des nerfs les moins alertés parmi le grand corps de la guerre »

« Rien dans cette guerre ne ressemblait aux autres ; c'était une dégénérescence molle, un crépuscule mourant, indéfiniment prolongé, si prolongé qu'on pouvait rêver malgré soi, après cette étrange demi-saison, cette plongée dans la lumière de nuits blanches, d'un jour neuf se soudant à l'autre sans solution de continuité »

Échos

- *L'Homme qui plantait des arbres* de Jean Giono (cf. fiche n° 11)
- *Le Rivage des Syrtes* de Julien Gracq
- « La presqu'île », Julien Gracq (cf. fiche n° 13)

Bénédicte Peralez Peslier

Fiche n° 15

L'hiver aux trousses, Cédric Gras

2015, Éditions Stock (édition de poche 2016)

■ L'auteur

Cédric Gras est un écrivain géographe, né en 1982. Il a suivi des études de géographie partout dans le monde tout en s'adonnant à l'alpinisme. C'est un voyageur invétéré ; il a exploré les plaines mongoles, le plateau tibétain, les Andes et le Népal. Il a créé plusieurs Alliances françaises en Russie.

■ L'œuvre et son contexte

Récompensé par une bourse du Centre franco-russe, il est missionné en 2010 pour étudier l'Extrême-Orient sibérien. Son œuvre, composée en 2015, relate son parcours sur une année entière, entre Yakoutsk et Vladivostok. L'ouvrage *Trois printemps en une année*, découvert pendant son doctorat, lui inspire *l'Hiver aux trousses*, sa quatrième œuvre.

■ L'œuvre en quelques mots

Cet essai relate les pérégrinations de l'auteur en Extrême-Orient russe, qui emprunte divers moyens de transport comme les camions, les canots de chasseurs ou des remorqueurs. Ce périple se passe précisément en automne, pour mieux découvrir les contrées russes les plus septentrionales. Cela lui permet également de montrer la décadence de l'empire russe.

■ Le thème dans l'œuvre

Le narrateur se déplace dans l'Extrême-Orient russe avec lenteur ; on retrouve divers mots comme « l'ennui divin », « musardait », « errait » « flâne » ou encore « déambulais ». Même si le narrateur n'aime pas la vitesse « j'ai trop déchanté sur les lignes d'arrivée » ; il s'agit quand même « d'une course effrénée vers le sud » car son « entreprise est une fuite de l'hiver ». Il s'agit donc d'une course contre le temps puisque son projet est de retrouver au long de son parcours trois automnes en une année : « L'automne n'en n'était qu'à son préambule. Je l'avais dépassé. » même s'il est conscient que le temps est plus fort que lui « le temps était allé plus vite que mon allure ». Ce paradoxe entre la vitesse et la lenteur se retrouve tout au long de cet essai : « On mourrait d'y résider, on jouit d'y transiter. » Tout est lent dans cet essai, les hommes, la nature « la palette de pigments foliaires se composait sans hâte » ; les infrastructures comme les moyens de transport ; « nous roulâmes aussi vite que le permettait un engin Oural des années 1980. » ou encore les jours « dans la langueur d'un long dimanche ». Pour le narrateur, le temps semble être arrêté à une seule et unique saison lorsqu'il déclame « mon automne éternel ». Le narrateur désire avant tout une certaine torpeur, voire langueur puisque selon lui « contempler la nature devrait être la religion de tous les hommes. » En fait, il s'agit de s'adapter et d'adapter ses pérégrinations au rythme de la nature : « je suivais le mouvement lent et vulnérable, contraint de contourner les anses ». Cela lui permet d'ailleurs de laisser voguer ses pensées : « avec la marche, je me remémorais ». La seule notion de vitesse, présente dans cette œuvre met en exergue la décadence rapide de cette région, abandonnée de tous : « dans la nuit de l'hiver, des tribus entières gelaient, pétrifiées » ou encore « l'exode commença avec une rapidité fulgurante. » Le narrateur est même empreint de ce qu'il nomme une certaine « nostalgie du futur » ; il souhaiterait même faire « ressusciter l'automne à plusieurs reprises » tout en sachant pertinemment que le temps est plus fort que lui « J'étais talonné par l'avant-garde du général Hiver ».

Tout est dit

« Si quelque génie m'avait offert de prononcer un vœu, j'aurais souhaité poursuivre les crépuscules et aller avec les orages »

« Aussi dur que j'aie pu marcher, naviguer ou tressauter, ce voyage n'avait été qu'une flânerie sous le couvert chatoyant des forêts »

Échos

- *Dans les forêts de Sibérie*, Sylvain Tesson, Prix Médicis 2011
- *Sur les chemins noirs*, Sylvain Tesson (cf. fiche n° 31)
- *L'usage du monde*, Nicolas Bouvier paru en 1963
- *Marcher- Éloge des chemins et de la lenteur*, David Le Breton (cf. fiche n° 45)

Isabelle Clochard

Fiche n° 16

Sur la route, Jack Kerouac

1957, Viking Press (Folio)

L'auteur

Écrivain et poète américain, Jack Kerouac (1922-1969) est un auteur emblématique de la littérature américaine des années 1960. Avec Allen Ginsberg et William Burroughs, il crée la « *Beat Generation* », mouvement littéraire et artistique qui s'inscrit contre l'Amérique puritaine et conformiste des années 1950.

L'œuvre et son contexte

En 1947, Kerouac fait la connaissance, par l'intermédiaire de Ginsberg, de Neal Cassady (1926-1968), lui-même poète et auteur américain. Kerouac voit en lui l'image-même de la liberté, de l'amour de la vie. Il le prend pour modèle pour créer son personnage de Dean Moriarty : grand séducteur à la vie dissolue, « *né sur la route* », il incarne en effet selon lui le type du héros de son roman.

L'œuvre en quelques mots

Lorsque *Sur la route* paraît en 1957, Jack Kerouac devient immédiatement une icône, le représentant de la « *Beat Generation* ». Une légende veut qu'il ait écrit son livre en 3 semaines : en réalité, il commence à l'écrire en 1948 et il y en a plusieurs versions. En 1951, il retape ses différentes versions sur le fameux rouleau de 36 m en effectivement 3 semaines.

Le thème dans l'œuvre

Sur la route est le roman emblématique d'un mouvement : la « *Beat Generation* ». Ce terme de « *Beat* » a initialement déplu à Jack Kerouac qui en a ensuite revendiqué une des acceptions. Car le terme en comporte trois : la première évoque une génération de losers, « nous sommes des écrasés », ont-ils coutume de répéter ; la seconde acception est liée au jazz, au tempo que l'on retrouve dans l'écriture ; la troisième, celle que revendique Jack Kerouac, signifie la génération de la béatitude.

Dans son Journal du 23 août 1948, Kerouac évoque son roman en cours : « *Sur la route, qui m'occupe l'esprit en permanence, est le roman de deux gars qui partent en Californie en auto-stop, à la recherche de quelque chose qu'ils ne trouvent pas vraiment, au bout du compte, qui se perdent sur la route, et reviennent à leur point de départ plein d'espoir dans quelque chose d'autre* ». Si le titre du roman évoque les déplacements, les voyages effectués par Kerouac, c'est pourtant, plus que le voyage lui-même, le mouvement que recherche l'auteur, un mouvement qui va stimuler son écriture : la route est donc le moyen idéal d'y parvenir. L'œuvre relate les différents voyages effectués par Kerouac, entre 1947 et 1951, entre la côte Est et la côte Ouest. Les premiers voyages ont toujours pour but d'aller retrouver un ami : on saute dans une voiture – volée ou achetée par Neal car Kerouac n'a jamais vraiment su conduire et on file pour rendre visite à un ou des ami(s). Les voyages ont donc un objectif et une destination précise, mais ils permettent aussi de brosser des portraits de personnes rencontrées au fil des kilomètres. Car son grand sujet est de représenter les gens, de faire des portraits de personnes, des portraits de l'Amérique. Une Amérique qu'incarne justement Neal Cassady, le héros américain au sens pur. Il est en effet l'homme de l'Ouest qui arrive de Denver, qui sort d'une maison de correction, qui a une vie sulfureuse : il a vécu une enfance douloureuse, entre un père alcoolique et une mère qui l'abandonne peu de temps après sa naissance. Mais Cassady cherche à s'élever, il veut apprendre à écrire. C'est donc cette rencontre qui donne à Kerouac l'envie de s'élancer sur la route et c'est Cassady qui va irriguer le roman de Kerouac. Car ce que l'auteur chercher à faire partager au lecteur, c'est la fièvre de vivre, la fièvre d'exister qu'il a rencontrée chez Cassady. Cette fièvre que l'on retrouve dans le rythme, le tempo de l'écriture de cet amoureux de jazz, et notamment des notes de Charlie Parker. Son roman est une véritable célébration de la vie…

Tout est dit

« *Il y a une chose que je sais faire, c'est écrire des histoires* », Kerouac.

« *C'est tellement difficile de prendre la bonne décision, au jour le jour, dans ce monde fébrile et imbécile.* »

Échos

- Lire *Kerouac et la Beat Generation. Une Enquête*, Jean-François Duval, PUF, 2012
- *Correspondance 1944-1969 Jack Kerouac – Allen Ginsberg*, Gallimard, 2014

Virginie Lupo

Fiche n° 17

La lenteur, Milan Kundera

1995, Gallimard (Folio)

■ L'auteur

Il est né en 1929 à Brno. Il arrive en 1975 en France et il obtient la nationalité française en 1981. Il écrit en français et ses romans montrent une vision critique de l'homme et de tous ses comportements. Son ouvrage le plus connu, en 1982 est *l'Insoutenable légèreté de l'être*, adapté au cinéma avec Juliette Binoche.

■ L'œuvre et son contexte

Il s'agit du 7e roman de Kundera et le 2e, après *l'Immortalité,* dont l'action se passe en France. L'auteur a l'habitude de composer des récits mixtes qui sont fondés sur des situations romanesques mais qui sont, surtout, le prétexte à philosopher et à proposer des réflexions d'ordre moral sur la condition humaine, vue de manière très pessimiste.

■ L'œuvre en quelques mots

Ce roman, qui n'en est pas vraiment un, raconte l'histoire de Milan Kundera et de sa femme Vera partis en voyage quelques jours. Dans un château, ils assistent à un colloque d'entomologistes. Les petits drames du colloque, jalousies et histoires passionnelles avortées, donnent à l'auteur la base d'une histoire cruelle et mordante à propos de la petitesse de l'être humain. Il met en relation cette vision étriquée du monde moderne avec le récit de l'écrivain libertin Vivant Denon, dont l'action se déroule dans le même château. Ainsi les divers récits en s'entremêlant font naître la réflexion.

■ Le thème dans l'œuvre

Le thème de la lenteur est vu comme le contrepoint de la vitesse mais aussi le corollaire de l'immobilité et de l'impuissance. Ici il affirme les liens entre la lenteur et la mémoire. L'homme moderne, fasciné par la vitesse, a oublié la lenteur et ses bienfaits. La lenteur est donc le moyen de sauvegarder la mémoire et de permettre à l'homme de vivre avec son passé, sans qu'il soit trop présent.

Kundera et sa femme Véra font aussi partie des personnages ; l'auteur propose une vision de son couple assez négative presque caricaturale. Vera se réveille toutes les nuits et raconte ses rêves sous forme de prophéties, et après chaque prédiction, elle se rendort. Elle le prévient qu'il ne doit pas écrire un roman. L'auteur rejoint ainsi la lignée des grandes narrations, y compris celles de la Bible, à propos du pouvoir des songes, afin de pouvoir montrer que le sommeil est aussi un temps de vie, presque magique. Les personnages sont nostalgiques et le récit enchâssé, « racontée à la première personne par le chevalier » permet de revenir à une époque libertine et riche en expériences. L'époque moderne avec son trop-plein d'actions, d'événements et de diversions superflues envie le passé et sa façon de vivre pleinement l'instant présent notamment à travers des aventures sexuelles. Le récit de Vivant Denon, au cœur de l'ouvrage, permet à Kundera de fustiger l'époque contemporaine et de montrer les difficultés relationnelles entre les individus.

La société d'entomologistes est un microcosme qui, à l'instar des bêtes qu'ils observent, mérite d'être étudié. Kundera prend la posture d'E. Zola qui se montre lui aussi sous ce jour. Il s'agit de se comporter comme un scientifique capable d'observer les individus et d'en tirer des conclusions sur leur mode de vie. Cette position neutre et froide est l'occasion de juger et de se moquer des travers sociétaux. Ni l'un ni l'autre n'est tendre avec ses contemporains et Kundera, par exemple, dresse un portrait très cruel de la société des aristocrates, qui au lieu de profiter de la vie et de ses plaisirs sensuels, se révèlent frigides et impuissants.

La conclusion du roman se termine par un « rire » moqueur, que l'on retrouve bien souvent dans l'œuvre de Kundera, notamment dans *Risibles amours* et dans *La Plaisanterie*. La phrase du Marquis résume bien la condition ridicule de l'homme : « Tu ne sens donc pas tout le comique de ton rôle ? ». Ainsi l'homme est bel et bien condamné à jouer un rôle sur une scène de théâtre où quelqu'un le manipule. Cette « nuit curieuse, très curieuse, incroyable » a permis la fusion de deux époques, où l'homme n'apparaît pas plus glorieux dans l'une comme dans l'autre.

Tout est dit

« La vitesse est la forme d'extase dont la révolution technique a fait cadeau à l'homme. »

« Il y a un lien secret entre la lenteur et la mémoire, entre la vitesse et l'oubli. »

« Il est fatigué à en mourir. Il a envie de s'allonger sur le lit et de dormir mais il ne peut prendre le risque de ne pas se réveiller à temps. Il doit partir dans une heure, pas plus tard. »

Échos

- Pierre Sansot, *Du bon usage de la lenteur* (cf. fiche n° 51)
- Jérôme Lèbre, *Éloge de l'immobilité* (cf. fiche n° 46)

Agnès Felten

Fiche n° 18

« Le Lièvre et la Tortue », *Fables*, Jean de La Fontaine

1668 – 1693, Claude Barbin

L'auteur

Né en 1621 à Château-Thierry, Jean de La Fontaine est le fils d'un conseiller du roi maître des Eaux et Forêts et des chasses. Formé chez les oratoriens, il devient avocat puis hérite des charges de son père, intègre le cercle du surintendant Fouquet et se met à écrire des poèmes notamment. La disgrâce de son protecteur, arrêté en 1661, l'éloigne de Versailles mais il continue à écrire avec une réussite qui ne se démentira plus.

L'œuvre et son contexte

En 1665, sa série de *Contes et Nouvelles en vers* connaît le succès et il publie ses premières fables protégé par Mme de La Sablière. Il consacre les années qui suivent à l'écriture dont celle de nombreuses éditions des *Fables* dont il étalera la parution sur près de trente années. Elles restent un des grands succès de librairie du XIIe siècle.

L'œuvre en quelques mots

Recueil de 246 pièces en vers dont 240 fables numérotées et titrées réparties en 12 livres, nombre de fables empruntent leur schéma aux poètes antiques Ésope et Phèdre. Ces courtes fables versifiées mettent en scène des animaux, des humains et des dieux de l'Antiquité ou bien des allégories dans le but de dégager une morale au moins, souvent placée en fin de texte.

Le thème dans l'œuvre

Dixième fable du livre VI, « Le Lièvre et la Tortue », est un des textes les plus connus de l'auteur. Il s'agit d'une réécriture de celle d'Ésope « La tortue et le lièvre ». La Fontaine met en scène un lièvre et une tortue, respectivement allégorie des caractères humains de la précipitation et de la lenteur, qui décident de faire la course. Le Lièvre, sûr de sa rapidité, laisse tellement d'avance à la tortue avant de s'élancer qu'il perd finalement la course. Le piquant tient au fait que c'est la tortue qui engage le pari avec l'animal connu pour sa rapidité que le fabuliste souligne encore d'une hyperbole « n'avait que quatre pas à faire ». D'emblée, le terme « gageure » pour désigner le défi fou lancé par la tortue l'annonce tout comme la morale devenue célèbre et placée en premier vers : « Rien ne sert de courir, il faut partir à point » dont l'alexandrin avec coupure à l'hémistiche souligne la puissance du constat. L'humour du récit tient aussi aux jeux de métrique et de versification auxquels se livre l'auteur. Il place en effet plusieurs effets d'enjambement malicieux pour mieux souligner la prétention du lièvre : « Croit qu'il y va de son honneur/De partir tard » : le rejet met ici en valeur la faute du lièvre, à savoir l'arrogance. « Il partit comme un trait ; mais les élans qu'il fit/Furent vains : la Tortue arriva la première. » L'impuissance du lièvre est encore soulignée par le contre-rejet. Au-delà de l'éloge de la lenteur, de la réflexion et de la ténacité, le lecteur attentif peut trouver un autre sens à la fable « Le Lièvre et la Tortue », une morale nouvelle ou secondaire qui n'est pas explicitée. Il peut en effet comprendre que les nobles, qui sont riches de naissance, sont ceux qui « partent à point » représentés par la tortue tandis que le peuple, défavorisé et exploité par la noblesse, serait lui représenté par le lièvre. Ainsi, la noblesse « gagne dans la vie », même sans aucun talent particulier car elle est bien partie, bien née, alors que le peuple, même doté de qualités avérées, ne pourra jamais surpasser cette noblesse faute d'être bien né. Ainsi, La Fontaine dénoncerait dans cette fable l'injustice sociale fondamentale : les privilèges de l'aristocratie.

Tout est dit

« Rien ne sert de courir, il faut partir à point. »

« Aller son train de Sénateur./Elle part, elle s'évertue ;/Elle se hâte avec lenteur »

Échos

- « Le Corbeau et le Renard », *Fables*, Jean de La Fontaine
- « La Grenouille qui veut se faire aussi grosse que le Bœuf », Fables, Jean de la Fontaine

Hélène Bieber

Fiche n° 19

« Ode », *Les Poésies de A. O. Barnabooth*, Valéry Larbaud

1966, éditions Gallimard

L'auteur

Écrivain et poète français, né et mort à Vichy sous la Troisième République, Valéry Larbaud est le fils de Nicolas Larbaud, propriétaire de la source Vichy Saint-Yorre. Grâce à la fortune de sa famille, il voyage dans toute l'Europe, et fréquente les grands écrivains de son temps. Dandy, polyglotte, traducteur, il est atteint d'hémiplégie et d'aphasie à l'automne 1935.

L'œuvre et son contexte

Valéry Larbaud publie en 1913 le recueil de poésie *Poésies de A. O. Barnabooth*, avant le cataclysme de la Grande Guerre. Le poète fait partie des voix de la modernité qui ont libéré le vers, comme Guillaume Apollinaire. Archibald Olson Barnabooth, est, d'une certaine façon, son *alter ego*, qui parcourt le monde, en train et en bateau. Cet ouvrage est comme un journal de bord, dans lequel il livre ses impressions de voyage.

L'œuvre en quelques mots

Ce poème de trente-trois vers libres qui s'intitule « Ode » figure dans la première partie du recueil « Les Borborygmes ». Valéry Larbaud fait l'éloge du voyage en train. Au tournant du XXe siècle, les trains de luxe voient le jour, avec l'Orient Express et le Transsibérien. Pour le poète, c'est l'occasion d'explorer, comme dans un rêve, le continent européen.

Le thème dans l'œuvre

Selon Valéry Larbaud, le train glisse entre les villes… et les paysages, avec rapidité, facilité, et volupté. À bord des wagons, le bonheur est là, sous les yeux du voyageur, tant le décor est féérique, magique et fantastique ! On voyage dans un « train de luxe » (vers 3), avec ces « couloirs de cuir doré » (vers 4), ces « portes laquées » (vers 5) et ces « loquets de cuivre lourd » (vers 5). Le train montre également des signes extérieurs de richesse avec les « wagons jaunes à lettre d'or » (vers 26). Le passager, lui, est assurément un « millionnaire » (vers 6) et un mondain, comme la « belle cantatrice aux yeux violets » (vers 16 et 17), qui chante dès « 8 heures du matin à l'automne » (vers 16). Mais face à ce spectacle, le poète est un « enfant qui ne veut rien savoir » (vers 32), et espère « éternellement des choses vagues » (vers 33). On se laisse, ainsi, séduire par cette Europe, même dans la nuit éclairée par la Fée Électricité, lorsqu'on entre dans les capitales de l'Europe, « Vienne » (vers 8) ou « Budapesth » (vers 8). Dans ce voyage ferroviaire, on respire la « douceur de vivre » (vers 11), avec les « locomotives des rapides » (vers 25), et l'on est bercé par les « vibrantes voix de chanterelle » (vers 22) et le bruit d'harmonica (vers 10).

Dans la fenêtre de la « cabine » (vers 12), les grands espaces défilent. Ils sont une suite d'images, comme des cartes postales, qui s'écrivent avec des noms exotiques. À l'est, on voyage dans la « Sibérie et les monts du Samnium » (vers 18), la « Bulgarie pleine de roses » (vers 28), ou encore les « solitudes montagnardes de la Serbie » (vers 27). Plus au sud, on trouve la « Castille âpre et sans fleurs » (vers 19), et la « mer de Marmara sous une pluie tiède » (vers 19). Hélas, dans ces beaux et grands paysages qui s'offrent à l'œil du passager, on découvre quelques fautes de goût, comme les « bergers » (vers 13), qui sont « vêtus de peaux de moutons crues et sales » (vers 15). Bref, face à la beauté du monde, et parfois sa laideur, le train constitue pour Archibald Olson Barnabooth, un asile de paix, tout comme ce pseudonyme anglo-saxon, pour Valéry Larbaud. Au final, on suit, fidèlement, le poète, à bord de cet Orient-Express, dans ses mouvements, à travers son poème, et sa littérature.

Tout est dit

« J'ai senti pour la première fois toute la douceur de vivre,/Dans une cabine du Nord-Express », Valéry Larbaud.

Échos

- Blaise Cendrars, *La Prose du Transsibérien et de la petite Jeanne de France*, 1913 (cf. fiche n° 5)
- Agatha Christie, *Le crime de l'Orient-Express*, 1934
- Valéry Larbaud, *A. O. Barnabooth. Son Journal Intime*, 1922
- Émile Zola, *La Bête humaine* (cf. fiche n° 34)

Nicolas Grenier

Fiche n° 20

Les forçats de la route, Albert Londres

1924, Arléa (Arléa poche)

L'auteur

Albert Londres est né en 1884 à Vichy. Il commence sa carrière journalistique en région, avant d'entrer au *Petit Parisien.* Son premier grand article sur l'incendie de la cathédrale de Reims est publié en 1914. Son intérêt pour le sport cycliste se retrouve dans *Les forçats de la route* de 1924. Il meurt en 1932 dans l'incendie du bateau qui le ramène de Chine. Depuis 1933, le prix Albert Londres récompense chaque année le meilleur journaliste francophone.

L'œuvre et son contexte

Dans son ouvrage d'abord intitulé *Les martyrs de la route*, Albert Londres rend un vibrant hommage aux « géants de la grande boucle », en insistant tout particulièrement sur les souffrances des hommes en quête de gloire. Partant, comme les coureurs, du Havre le 22 juin 1924 au soir, le reporter « tricotera ses chroniques au cœur de la course « et télégraphiera chaque soir son article à son journal.

L'œuvre en quelques mots

Le Tour de France de 1924 compte 15 étapes qui permettent au lecteur de participer à la course cycliste, de faire la connaissance de quelques grands noms, celle des frères Pelletier, Henri et Francis ou encore d'Ottavio Bottechia, le vainqueur de cette 18e édition. Mais l'essentiel du livre est ailleurs, dans le vécu quotidien et les réflexions des participants croquées par le journaliste : là une crevaison, là une chute, là-bas un abandon…

Le thème dans l'œuvre

Même si l'ouvrage date de 1924, le sujet développé est toujours très actuel et conforme au thème. On y parle bien de vitesse, mais c'est d'abord celle du repas du premier soir : « ils foncent sur des sacs tout préparés, se jettent sur des bols de thé, me pressent les flancs »…Leur seul but : courir… intensément, « sans vouloir respirer ». Partout déjà, sur les bords des routes, des spectateurs les pressent eux aussi d'aller plus vite : « Vas-y Henri… Vas-y Francis… », exigeant toujours plus d'efforts et le dépassement de leurs limites. « Les grosses voitures peinent à les suivre » lors d'étapes de quatre cents kilomètres, que même la perspective d'avoir à franchir des cols n'écourte pas. Car les étapes de montagne, « calvaire du Tour de France », assomment véritablement les coureurs, il n'est plus question de vitesse : « ils vont tous lentement, mais tête baissée, tel le bœuf qui s'apprête à recevoir le coup du boucher », quand d'autres, « lanternes rouges » perdues autour de la France, n'arriveront pas dans les délais fixés.

Et que dire de toutes les étapes de nuit lorsqu'arrivés en Bretagne, à deux heures du matin, « les croisés du Tour de France »…descendent, à toute allure et en roue libre, sur Landerneau, avalent la poussière et ont une autre relation au temps que le commun des mortels : « vous avez le temps… trois minutes » ?

Parfois, de course cycliste, l'épreuve se transforme en course à pied, lorsque devant un pont écroulé, « ils passent la Loire sur un pont de bateaux qui se soulève ». Et il y a ceux qui abandonnent : « ils se sont perdus en route, ils ont voulu traverser les bois tout seuls alors qu'ils n'avaient pas d'assez fortes jambes pour courir… ». Mot d'ordre pour ceux qui restent : « pour suivre le peloton, il faut faire ce qu'en langage sportif on appelle des étincelles ». Alors, pour repousser leurs limites, ils carburent à *« la dynamite »*, cocktail pragmatique de cachets et de poudres, de cocaïne et de pilules, provoquant une longue liste de maux :» diarrhée qui nous vide… les ongles des pieds, dit Henri, j'en perds six sur dix, ils meurent petit à petit à chaque étape. » Et il y a ceux qui « ont quitté, épuisés…, *guignards et ténébreux » le Tour*, se couchent dans le fossé, à bout de forces, et « offrent le pathétique de leur solitude, plombée de tristesse et de chagrin » ; eux aussi « partis, ils n'arriveront pas. ».

L'arrivée victorieuse des rescapés a lieu le dix-neuf juillet 1924 à Paris : eux à qui « on a promis des prix et non des civières », voient « glapir de contentement dix millions de français ».

Tout est dit

Dans la montée de l'Isoard et du Galibier… « Quand ils les gravissaient, ils ne semblaient plus appuyer sur les pédales, mais déraciner des arbres. » Ils tiraient de toute leur force quelque chose d'invisible… »

Le coureur : « Il repart comme un zèbre qui aurait aperçu un lion câlin »

Quand un coureur ne peut plus courir, il doit au moins marcher.

Ils attaquent le Tourmalet avec les mouvements de quelqu'un qui se jetterait la tête contre les murs.

Échos

- Le Tour de France d'antan : Les pionniers de la Grande Boucle, Jacques Chancel
- *Sur les chemins noirs*, Sylvain Tesson (cf. fiche n° 31)
- *L'homme pressé*, Paul Morand (cf. fiche n° 23)

Lidwine Ripoche

Fiche n° 21

Bartleby, Herman Melville

1853, Dix & Edwards (Allia)

■ L'auteur

Né en 1819 à New York, Herman Melville est un romancier, poète et essayiste américain. Au début de sa carrière professionnelle, il exerce de nombreux métiers dont comptable puis il voyage de par le monde. En 1842, il séjourne chez les cannibales Taïpi qui le recueillent après un naufrage. De retour aux États-Unis, il commence à écrire son premier récit d'un séjour aux Marquises publié en 1846 lui vaut un succès immédiat. Cette entrée dans la carrière littéraire lui permet de créer un journal : *Literary World*. En 1851, paraît le roman *Moby Dick*, son chef-d'œuvre, qui pourtant ne sera reconnu que bien des années après sa mort qui survient en 1880.

■ L'œuvre et son contexte

Sous-titrée *Bartleby, le scribe* puis *Une histoire de Wall-Street* ce court récit a été publié en feuilleton au cours de l'année 1853 par le *Putnam's Monthy Magazine* un journal new-yorkais, Melville est déjà en pleine gloire littéraire mais les nécessités économiques le rattrapent. Par ailleurs, en avril 1837, son travail de comptable l'avait conduit à voir de près les ravages de la crise financière dont la nouvelle est un écho. Le texte sera intégré au recueil *Les Contes de la véranda* dès 1856. Le caractère énigmatique du personnage principal de la nouvelle, Bartleby a voué le texte à maintes lectures allégoriques et souvent politiques.

■ L'œuvre en quelques mots

Dans cette courte nouvelle, un notaire (et narrateur du récit) engage pour son étude située à Wall-Street, ce temple de la bourse mondiale, un quatrième clerc, chargé de recopier les actes notariés. Bartleby rejoint ainsi Dindon, Pince-nez et Gingembre.

■ Le thème dans l'œuvre

Dans ce court récit, tragicomique, le narrateur, un homme au grand cœur, altruiste et accueillant dirige son étude juridique à Wall Street entouré d'employés plutôt étonnants : « Je suis un homme qui, depuis sa jeunesse, est empreint de la conviction profonde que la meilleure façon de vivre est celle qui consiste à se faire le moins de souci possible ». Il se dit hermétique à la « turbulence ». Il a donc embauché Dindon un « étourdi », Pince-nez au « caractère explosif ». Les deux principaux copistes sont un peu agités, marqués par l'« impatience » l'« irritabilité nerveuse », en particulier

Pince-nez qui « bondit avec fébrilité ». Quant au troisième copiste, Gingembre âgé de 12 ans, sa personnalité n'amène pas de commentaires. Au moment où la charge du narrateur augmente car il devient « Maître de la Chancellerie », il décide d'embaucher Bartleby qui lui semble posé et apte à calmer toute l'agitation perceptible liée à la nature singulière des employés de l'étude notariale. Les premiers jours, ce nouveau salarié travaille d'arrache-pied mais le troisième jour alors que son employeur lui confie une mission il répond « d'une voix singulièrement douce et ferme, « je préférerais ne pas. » ». Et il refuse de copier le document qu'on s'apprête à lui confier. Toutes les missions qui lui seront ensuite attribuées, toutes les taches qu'on lui demandera d'exécuter seront systématiquement rejetées d'un « Je préférerais ne pas ». Cette attitude déconcerte totalement aussi bien son patron que ses collègues, mais rien n'y fait ; sa réponse est immuable. Tour à tour intrigué, compréhensif puis irrité, le patron accueille les refus de Bartleby sans savoir comment les faire évoluer. À bout d'argument, le notaire et narrateur le prend en pitié et cherche à comprendre pourquoi, Bartleby est ainsi confiné dans l'immobilisme : « Voulez-vous me dire quoi que ce soit qui vous concerne ? » « Je préférerais ne pas. » sera la réponse. Petit à petit, l'immobilité de Bartleby dérègle l'étude notariale car il s'installe même dans les locaux : « J'en vins à conclure que depuis un temps indéfini Bartleby devait manger, s'habiller et dormir dans mon étude et cela sans couvert, sans miroir et sans lit. » « Il demeura comme toujours un ornement inamovible dans mon bureau. [...] À vrai dire, était aussi lourd qu'une meule autour de mon cou, aussi inutile qu'un collier, mais plus pénible à porter. » Enfin décidé à se séparer de cet élément perturbateur le notaire envisage de recourir à une ruse pour se débarrasser du gêneur : déplacer son étude. Rien n'y fait, Bartleby occupe alors le vestibule et reste assis sur la rampe. Le propriétaire de l'immeuble requiert les forces de l'ordre pour le conduire aux « Tombes », soit la Maison d'arrêt. Le narrateur lui rend visite en prison et constate qu'il « se contente de l'ordinaire de la prison ». Après une ellipse temporelle, on comprend que Bartleby s'est laissé mourir. Le narrateur évoque l'origine supposée de ce refus de tout : « La rumeur voulait que Bartleby eût exercé la fonction d'employé subalterne au département des Lettres de Rebut de Washington et qu'il en eût été chassé brutalement à la suite d'un remaniement administratif. »

Tout est dit

« Rien n'exaspère autant une personne sérieuse que la résistance passive. »

Échos

- *Oblomov*, Ivan Gontcharov (cf. fiche n° 12)
- *Alexandre le bienheureux*, Yves Robert

Hélène Bieber

Fiche n° 22

Le soleil et l'Acier, Yukio Mishima

1973, Éditions Gallimard (Folio)

■ L'auteur

Né le 14 janvier 1925 à Tokyo, Kimitake Hiraoka s'intéresse très tôt à la littérature et publie sa première nouvelle en 1941, date à laquelle il choisit son nom de plume : Yukio Mishima. Romancier, nouvelliste, essayiste et dramaturge, il publie plus d'une centaine de textes jusqu'à son suicide en 1970.

■ L'œuvre et son contexte

Élevé par sa grand-mère, Mishima aurait vécu enfermé jusqu'à ses 12 ans. Enfant fragile, il se bâtit par la suite un corps solide en pratiquant intensivement le culturisme et les arts martiaux.

■ L'œuvre en quelques mots

Le Soleil et l'acier est un essai autobiographique, un testament spirituel écrit deux ans avant la mort de son auteur. Mishima y développe une réflexion philosophique sur le corps. S'inspirant du code d'honneur des samouraïs, il entreprend de façonner son physique comme un romancier bâtit son œuvre littéraire.

■ Le thème dans l'œuvre

Le Soleil et l'acier est un essai autobiographique : le « je » qui s'y exprime ne désigne pas exactement l'auteur mais correspond « très précisément à l'espace [qu'il occupait] physiquement » : à la différence d'une autobiographie conventionnelle, le texte ne s'attache pas à relater les moments significatifs de l'existence, mais à faire état de la lente évolution du corps de l'auteur. Après la capitulation du Japon, la jeunesse se cherche un idéal ; Mishima le trouvera dans les valeurs des samouraïs, qui mêlent « les lettres, les arts guerriers, l'art et l'action ». L'art devenant indissociable de l'action physique, la vie de l'esprit et celle du corps vont de pair. La silhouette est d'abord envisagée comme un reflet du caractère : « À un muscle dur correspond la force de caractère. [...] La sentimentalité a un ventre flasque. » Toute philosophie passe par la maîtrise du corps, de sa souffrance et de sa mort : « Le philosophe en chambre aura beau ruminer l'idée de la mort, aussi longtemps qu'il restera à l'écart du courage physique qui constitue un préalable à la connaissance, il demeurera incapable de commencer même à rien y comprendre. » Fidèle aux principes du *Hagakuré* – le code d'honneur des samouraïs – Mishima s'astreint à « garder la mort présente à l'esprit jour après jour». Il entame une pratique intensive du kendo et de la musculation. En effet, «Une charpente puissante et tragique, une musculature sculpturale sont indispensables à une mort noblement romantique.» *Le Soleil et l'acier* évoque les étapes successives de la lente transformation du corps : d'abord «à tâtons», puis «petit à petit», le «verger» porte ses fruits, et la sculpture du corps s'accomplit «à mesure que les jours deviennent des mois et les mois des années». Le travail du corps est également présenté comme une métaphore du travail stylistique de l'écrivain dont le projet est de faire du style «une chose appropriée à [ses] muscles : [...] souple et libre, dépouillé de tout ornement onctueux». Exécutant sa volonté d'offrir à la mort un corps parfait, Mishima se suicidera par *seppuku*, selon le rituel samouraï.

Tout est dit

«Un beau jour, il me vint à l'esprit de me mettre à cultiver mon verger de toutes mes forces. À cette fin, j'utilisai le soleil et l'acier.»

«Petit à petit, le verger se mit à porter des fruits et une large part de mon être conscient fut désormais occupée à penser à mon corps.»

Échos

- Marguerite Yourcenar, *Mishima ou La vision du vide*, Gallimard, coll. Folio, 1980
- Yukio Mishima, *Yukoku (Patriotisme, Rites d'amour et de mort)*, éd. Montparnasse, (DVD, 1961)

Jean-Marie Duplaà

Fiche n° 23

L'homme pressé, Paul Morand

1941, L'Imaginaire Gallimard

■ L'auteur

Paul Morand est né en 1881 à Paris. Il mène parallèlement une vie de diplomate et d'écrivain très fécond. Ses premiers textes publiés sont des poèmes, mais sa véritable entrée en littérature a lieu en 1921 avec la parution de son premier ouvrage en prose, *Tendres Stocks*, un recueil de nouvelles préfacé par Proust. Parmi les faits marquants de la vie de Morand, on note son attitude durant la Seconde Guerre mondiale et sa proximité avec le régime de Vichy. Élu à l'académie française en 1968, il décède le 23 juillet 1976.

■ L'œuvre et son contexte

Écrit en 1941, c'est-à-dire bien avant la modernité et les progrès techniques qui modifient notre rapport au temps et à l'espace, avant que la rapidité ne devienne une compétence essentielle, *L'homme pressé* apparaît comme le portrait quelque peu caricatural, mais aussi avant-gardiste de l'homme moderne, dans l'ivresse qu'il éprouve pour la vitesse.

■ L'œuvre en quelques mots

Le roman raconte, entre novembre 1940 et mars 1941, l'histoire, la vie de Pierre Niox, 35 ans, antiquaire parisien, au rythme de vie plus qu'intense. Surnommé « Vif argent » ou « Philosophe du quart de seconde » par son entourage, le personnage de Morand ne comprendra que sur le tard que ni sa femme ni son cœur ne résisteront à ses accélérations et à sa course contre le temps.

■ Le thème dans l'œuvre

Homme pressé, Pierre Niox l'est dans tous les compartiments de son existence : quand il achète une maison dans le Var, quand il fume un cigare, quand il fait sa toilette « ce qui nous retarde tellement, monologue Pierre à haute voix, c'est que nous ne faisons qu'une chose à la fois. Il m'a fallu vingt ans pour me créer une méthode et améliorer mes temps… Visser le rasoir de la main droite entre le pouce et l'index, tandis que la main gauche trempe l'éponge dans l'eau chaude ». La vitesse l'emporte quand il peut lire son journal dans le cabinet, faire le plein d'essence de sa voiture sans s'arrêter à une pompe, dîner au restaurant d'un canard non encore découpé, voire ne jardiner que « quelque chose qui pousse vite ». Jusque là célibataire, il n'a rencontré que des amours légères, en « train express », « tout cela avec si peu d'espace entre le point de départ et celui d'arrivée, qu'elles croyaient recevoir le premier tribut de reconnaissance que déjà il leur offrait un cadeau d'adieu… »

Quand il croise la route d'Hedwige, une jeune femme élevée dans le culte de la paresse et de l'indolence, l'homme pressé voit pour la première fois le temps ralentir. Le voilà capable d'attendre que l'élue de son cœur se décide, sa voix mate incitant « l'Impatient à s'arrêter, à mettre pied à terre, à souffler enfin ». Quand Hedwige tombe enceinte, et après un premier bonheur passé, le naturel pressé de Pierre revient, d'abord subrepticement quand impatient de connaître son enfant, il demande une radio, puis le sexe du bébé à une voyante… Mais de façon plus alarmante quand il insiste auprès de sa femme pour qu'elle accouche à 7 mois : « le conserver deux mois de plus qu'il n'est nécessaire est absurde quand on peut faire autrement ». La séparation est inévitable ; pendant que sa femme retourne chez sa mère, Pierre part pour une exposition aux États-Unis et a là-bas, comme le lui confirmera son ami médecin, sa « première crise » cardiaque sévère : « sur sa cage thoracique tombait un poids de deux cents kilos sous lequel il plia ». En danger après avoir dépassé les limites, il voudra, toujours en course contre la montre, « savoir à quelle heure la mort frappera à [sa] porte ». À la clinique, au moment de la naissance de sa fille, il comprend enfin : son penchant héroïque ne le poussait plus en avant, mais l'attirait maintenant à reculons. « L'homme pressé était arrivé au pied de l'éternité. »

Tout est dit

Quand j'étais petit, maman disait que je ne suçais pas mon biberon, que je me jetais dessus.

J'ai résisté mieux que les autres à cette pression invisible qui s'infiltre en nous et qui s'appelle la lenteur.

Tout le vocabulaire qui servait jadis à la fois aux artilleurs et aux amants, on pouvait l'utiliser pour lui : Pierre mettait en batterie, démasquait, foudroyait, démontait.

Échos

- *Les forçats de la route*, Albert Londres (cf. fiche n° 20)
- *L'homme pressé*, film d'Edouard Molinaro
- *Un homme pressé*, film d'Hervé Mimran

Lidwine Ripoche

Fiche n° 24

« Le Réveil en voiture », *Odelettes*, Gérard de Nerval

1832, Touquet (Librio)

L'auteur

Gérard de Nerval, de son vrai nom Gérard Labrunie, est un poète romantique français du XIXe siècle, et par ailleurs dramaturge, nouvelliste, traducteur. Parisien, il connaît l'Ile-de-France, et ses voyages le conduisent dans le nord de l'Europe, et jusqu'en Orient. Le docteur Blanche l'accompagnera dans un dernier voyage, placé sous le signe de la folie.

L'œuvre et son contexte

Comme les poèmes « Une allée au Luxembourg », « Fantaisie », ou encore les sonnets ésotériques « Les chimères », la poésie de circonstance « Le Réveil en voiture » est célèbre dans son œuvre poétique. Gérard de Nerval appartient à ce monde ancien, où a régné la société hippomobile, à travers la calèche, la diligence, la malle-poste… parallèlement à la première révolution industrielle.

L'œuvre en quelques mots

Ce court poème, en alexandrins et à rimes plates, se place entre le rêve et la réalité. Dans une malle-poste, un voyageur semble se réveiller en pleine campagne. Depuis son siège, il contemple un paysage français qui défile sous ses yeux… où se dressent des « clochers » et des « hameaux ». Dans sa vision, le dormeur semble, à la fois, serein et inquiet.

Le thème dans l'œuvre

Dans cette odelette au style aérien, le poète voyage dans une malle-poste, qui achemine le courrier, et les voyageurs. Née au tournant du XIXe siècle, la malle-poste est plus rapide que la diligence. Ce poème se place à la croisée du rêve, la réalité et la rêverie. Le voyageur, tout rêveur, entrevoit la Nature, qui déploie ses « arbres » (vers 1), les « plaines vertes (vers 5), une « rivière » (vers 9). Les « monts » (vers 9), eux, donnent sur une « vallée entière » (vers 10). Dans ce décor naturel, on trouve des « clochers » (vers 5) qui annoncent des « hameaux » (vers 6), donc des « maisons » (vers 6). Le poète perçoit des couleurs, le blanc du « plâtre » (vers 6) et le rouge de la « tuile » (vers 7). Dans ce tableau qui préfigure l'impressionnisme, les « moutons blancs » (vers 8) sont les seuls êtres vivants, mais pour peu de temps, comme ils sont « marqués en rouge, sur le dos ».

Pour le poète, la réalité est une suite d'images, oniriques, fantomatiques, fantasmagoriques, comme dans un kaléidoscope. Des fragments du réel, microcosmique (« les tuiles ») ou macrocosmique (« une vallée ») se télescopent, et le poète ne peut que reconstituer la toile, par bribes. Il a peut-être aussi les yeux voilés de larmes… ou les yeux d'un myope. Le paysage qu'il voit, ou dont il rêve, serait-il la projection d'un état mental du poète ? De plus, il s'agit d'un poème en mouvement, si l'on examine le choix des verbes, tels que « fuir » (vers 2), « rouler » (vers 4), « trotter » (vers 7), « chanceler » (vers 9), comme un paysage qu'on ne peut pas saisir, par les yeux, par les oreilles, par les mains. Bref, on pourrait penser à une hallucination visuelle dont serait victime le poète, dont la paupière se soulèverait par à-coups, comme un dormeur qui ne veut pas s'éveiller. Le voyageur, lui, est, assurément, secoué par le cahotement de la voiture, et la fougue irrégulière des chevaux. La route, elle-même, est inégale, peut-être tortueuse, boueuse, caillouteuse… dans ce pays sans nom, où il faut se réveiller ou se rendormir. Somme toute, lors de ce voyage chaotique en pleine nature, il vivrait un rêve éveillé, ou bien dans une réalité rêvée. Au final, le lecteur du XXIe siècle est projeté dans une façon de voyager au XIXe siècle.

Tout est dit

« – J'étais en poste, moi, venant de m'éveiller ! » (Gérard de Nerval)

Échos

- Gérard de Nerval, *Odelettes* « Le relais », 1831
- Victor Hugo, *Voyage en Belgique* (cf. fiche n° 10)
- Valéry Larbaud, *Poésies de A.O. Barnabooth* « Ode » (cf. fiche n° 19)
- Alfred de Vigny, « La maison du berger » (cf. fiche n° 33)

Nicolas Grenier

Fiche n° 25

Les Métamorphoses, Ovide

VIIIe après J. C ; Les Belles Lettres (Classiques de poche)

■ L'auteur

Ovide est un poète latin, né en 43 avant J. C et mort, en 17 après J.-C. Formé d'abord à la rhétorique et à la magistrature, il s'oriente ensuite vers l'élégie. Ses poésies lui permettent d'accéder à une certaine notoriété ; il devient alors le poète des temps nouveaux instaurés par l'empereur Auguste.

■ L'œuvre et son contexte

Cette œuvre épique monumentale a été réalisée en l'an I de notre ère et relate les événements depuis la création du monde jusqu'à l'apothéose de Jules César. Ovide, alors âgé de quarante-quatre ans, est déjà un auteur à succès, reconnu de la cour impériale. Pour écrire cet ouvrage, il s'inspire de grands poètes épiques comme Homère ou Euripide.

■ L'œuvre en quelques mots

En quinze livres et 12 000 vers, Ovide célèbre la mythologie gréco-romaine en parcourant des récits de métamorphose de dieux ou d'êtres humains. Il a choisi ce thème avant tout par passion de l'art en tant que transformation du réel. Les métamorphoses, du grec changement de forme, peuvent sauver l'être aimé de la mort ou, punir une rivale.

■ Le thème dans l'œuvre

Dans cette œuvre, tout est rapide, les hommes, la nature, les objets, les armes et même les animaux ; « Phaéton se dirige alors en toute hâte » ou « mille vaisseaux le poursuivirent ». La vitesse est présente dans la passion amoureuse : « à la vue de Daphné, Phaébus est amoureux. » Le temps passe lui aussi très vite ; le poète parle des « Heures prestes » ou de « l'Aurore qui ramènera le jour ». Pour Ovide, les métamorphoses changent continuellement de qualités et de dimensions. Certains personnages passent donc d'un règne à l'autre, comme Adonis qui se transforme en anémone ou encore Myrrha en arbre. Certaines de ces métamorphoses peuvent se réaliser en un seul vers comme « au moment où elle cessa de parler, elle cessa de vivre » alors que d'autres se déroulent lentement pour mieux les éprouver physiquement. Dans ces récits, rien n'est stable, lorsque le Dieu Orphée chante, les arbres et rochers sont eux aussi humanisés. Même les éléments les plus stables bougent comme le

Tmotus, une montagne qui se transforme en juge. *Les Métamorphoses* sont donc des poèmes évoquant la rapidité car les événements s'enchaînent les uns les autres et ce dans une perpétuelle évolution. Le temps de narration n'est pas figé, l'écriture même est en mouvement. Ovide tente de rendre ses récits les plus vraisemblables et rapides possibles en utilisant de nombreuses locutions adverbiales ; le vers « le sang jaillit très haut » nous permet de mieux visualiser la scène. L'accumulation des verbes d'action met en exergue le dynamisme du récit ; Ovide utilise également des rejets pour mieux insister sur l'action en tant que telle. La multiplication des histoires et des personnages donne de la vigueur au récit qui devient alors enchâssé. De plus, les narrateurs sont nombreux, dans le Livre X, on en compte trois alors que dans le Livre XI, on en recense jusqu'à cinq et ce, sans logique particulière. Ovide sait jouer de la métrique ; pour représenter une course-poursuite ses vers sont courts ; par goût du détail et pour intensifier le climax, le poète se focalise ensuite sur chacun des deux protagonistes, Daphné puis Appolon, la dynamique des actions est accentuée par l'écriture.

Tout est dit

Ovide considère : « Je vous dis qu'il n'est rien, dans l'univers entier, qui est stable ; Tout fluctue, toute image qui se forme est changeante. »

Ovide présente le but de son œuvre au début du premier livre : « J'ai formé le dessein de conter les métamorphoses des êtres en des formes nouvelles. »

Échos

- *L'Odyssée*, Homère au VIIIe siècle avant J.-C.
- *L'Ane d'or ou les métamorphoses*, Apulée vers le IIe siècle après J.-C.

Isabelle Clochard

Fiche n° 26

Un homme qui dort, Georges Perec

196, Éditions Denoël (Folio 1990)

■ L'auteur

Georges Perec est né à Paris le 7 mars 1936. Orphelin très jeune, il est recueilli par son oncle et sa tante. Abandonnant dès 1954 ses études de lettres et de psychologie, sa carrière littéraire débute en 1965 avec la publication de son roman *Les Choses* pour lequel il obtiendra le prix Renaudot. Un an plus tard il rejoint L'OuLiPo, l'atelier expérimental de Raymond Queneau. Parmi ses œuvres, on citera *La disparition*, *W ou le souvenir d'enfance* ou encore La *vie, mode d'emploi*, prix Médicis en 1978. Il décède à Ivry sur Seine le 3 mars 1982.

■ L'œuvre et son contexte

Auteur majeur du XXe siècle, Georges Perec a publié de nombreux essais, romans et pièces de théâtre. *L'homme qui dort* est sa troisième œuvre et se distingue par le fait que l'auteur s'adresse directement à son personnage principal en le tutoyant. Dans une interview, questionné sur cette particularité de forme « non naturelle », Perec dira avoir voulu « mélanger » personnage, lecteur, et auteur qui peut, sans dire *Je*, parler de lui avec un certain recul.

■ L'œuvre en quelques mots

Le roman est l'histoire plus ou moins autobiographique d'un étudiant sans nom qui traverse une période d'apathie, de désintérêt total pour le monde. « Tombé dans l'indifférence », ne comprenant pas pourquoi il fait des études, il passe son temps à dormir beaucoup, à marcher ; tout ce qui l'entoure a perdu son sens.

■ Le thème dans l'œuvre

A priori aucune vitesse dans ce roman. Pour notre héros, figure hors du temps, il s'agit plutôt de prendre, voire de perdre son temps. En refusant un matin de se lever, d'aller vers un monde qu'il ne reconnaît plus, « Tu n'as envie de voir personne, ni de parler, ni de penser, ni de sortir, ni de bouger », notre étudiant bascule dans une autre vie. Décroché du réel, il laisse s'installer une certaine torpeur mentale, dans laquelle passé, présent et avenir se confondent. L'analyse de son cheminement l'amène à l'origine de son état : « il a suffi, il a presque suffi… d'un bol de Nescafé au goût soudain trop amer, et d'une bassine de matière plastique rose remplie d'une eau noirâtre où flottaient six chaussettes, pour que quelque chose se casse, s'altère, se défasse… », pour se rendre à l'évidence : « tu n'as pas envie de poursuivre ». Dès lors, ses journées sont meublées d'une routine oisive, faite de sommeil, de lectures mécaniques du journal, d'errances dans les rues de Paris ou dans le village de son l'enfance et d'observations diverses. Car, paradoxalement, malgré toute l'indifférence dont fait preuve notre héros, à tout instant il reste fasciné par son aventure et ses sens restent vivants, exacerbés même : il n'a de cesse de regarder les arbres, scrute la foule depuis un café, ou écoute son voisin à travers la cloison.

Si certains passages du roman laissent transparaître une forme proche de la dépression : « Comme un fou dans sa cellule. Tu parcours Paris en tout sens… Tu n'as guère vécu, et pourtant, tout est déjà dit, déjà fini… Ta chambre est le centre du monde », on trouve là, en même temps qu'un monde sans personne où l'on peut perdre la notion du temps, rester silencieux, ou ne prononcer que « les mots nécessaires », se nourrir quand on a faim, dormir quand on est fatigué, une forme rustique de liberté : être le « maître anonyme du monde… libre comme une vache, comme une huître, comme un rat ».

Ce décrochement et cette solitude qui fascinent d'abord : « tu trouves dans cette vie sans usure… un bonheur presque parfait… tu vis dans une bienheureuse parenthèse », finissent par l'effrayer : « maintenant tu vis dans la terreur du silence ». Son retour en société sera progressif, passant par une observation et une interprétation plus fines de l'existence de son voisin de cloison, puis un retour sur lui-même : « Tu n'es pas mort. Tu n'es pas devenu fou… Cesse de parler comme un homme qui rêve. » Il aura compris qu'il lui avait fallu parcourir ce chemin pour en sortir… et peut-être accéder à nouveau à une conscience éveillée.

Tout est dit

Tu es un oisif… La vie moderne apprécie généralement peu de telles dispositions : autour de toi tu as vu, de tout temps, privilégier l'action, les grands projets, l'enthousiasme…

Tu as tout à apprendre, tout ce qui ne s'apprend pas : la solitude, l'indifférence, la patience, le silence.

En face du monde, l'indifférent n'est ni ignorant, ni hostile.

Échos

- *Sur les chemins noirs*, Sylvain Tesson (cf. fiche n° 123)
- *Oblomov*, Ivan Gontcharov (cf. fiche n° 12)
- *Bartleby*, Herman Melville (cf. fiche n° 21)

Lidwine RIPOCHE

Fiche n° 27

« Le petit Poucet », Charles Perrault

1694-1697, Claude Barbin (Folio Classique)

■ L'auteur

Né en 1628, Charles Perrault est issu de la bourgeoisie parisienne. Il étudie en autodidacte et devient avocat en 1651. Il s'adonne en parallèle à l'écriture de morceaux burlesques. Après avoir acheté une charge de receveur général des finances, il intègre le cercle du surintendant Fouquet et se fait connaître par ses écrits en vers nourris de références mythologiques. Devenu protégé de Chapelain, il comprend vite la puissance de la culture en politique et devient responsable des gratifications allouées aux hommes de Lettres. En 1671, il intègre l'Académie française et participe à l'élaboration du fameux *Dictionnaire*. Il se retire de la vie littéraire, mondaine et politique à la disgrâce de Colbert.

■ L'œuvre et son contexte

À partir de 1674, il prend part à la Querelle littéraire entre les Anciens et les Modernes contre Boileau et Racine. Opposé à l'imitation des auteurs classiques comme gage de qualité, Perrault défend au contraire l'innovation pour répondre à l'esprit d'une époque, d'où son choix de contes populaires français et non pas inspirés de modèles antiques comme outils pédagogiques. En 1678, resté veuf, ce champion des Modernes consacrera la fin de sa vie à la rédaction des *Contes* tout en s'occupant de ses quatre enfants.

■ L'œuvre en quelques mots

Recueil de huit contes en prose initialement édités sous le nom de son fils, la première version des *Contes* regroupe : « La Belle au Bois Dormant », « Le Petit Chaperon rouge », « La Barbe bleue », « Le Maître Chat ou le Chat botté », « Les Fées », « Cendrillon ou la Petit Pantoufle de verre », « Riquet à la Houppe » et « Le Petit Poucet ». D'autres éditions augmentées de trois autres contes verront le jour.

■ Le thème dans l'œuvre

Le conte doit son titre au dernier fils « pas plus grand qu'un pouce » au moment de sa naissance d'un couple de bûcherons très pauvres et frappés par la famine qui décident d'abandonner dans la forêt leurs sept garçons. L'enfant au courant du projet de ses parents, accumule de petits cailloux blancs qu'il sème sur son chemin afin de pouvoir rentrer au logis après que ses parents les auront laissés seuls dans la forêt. Le stratagème fonctionne et les enfants retrouvent le chemin de leur maison. Une seconde fois, les bûcherons projettent de perdre leurs enfants dans la forêt. Le petit poucet utilise cette fois des miettes de pain pour marquer son chemin mais les oiseaux les ayant mangées, lui et ses frères se retrouvent durablement perdus. Trouvant refuge dans la maison d'un ogre, le petit poucet intervertit les bonnets de ses sept frères avec les couronnes des sept filles de l'ogre. Celui-ci en pleine nuit égorge celles qu'il prend pour les sept fils du bûcheron prisonniers chez lui. Fou de rage, l'ogre chaussé de ses « bottes de sept lieues » entreprend de rattraper les sept garçons qui se sont enfuis. Le petit poucet profite d'un moment d'endormissement de l'ogre pour lui voler ses bottes, revenir auprès de l'ogresse et la convaincre de lui donner toute ses richesses : il prétend que l'ogre l'envoie pour payer une rançon à des kidnappeurs. Enrichi sur ce mensonge, le petit poucet revient chez ses parents puis entre au service du roi car ses bottes lui permettent de gagner de nombreuses batailles et de porter des messages.

Les bottes de sept lieues sont l'objet symbolique qui relie le conte au thème « À toute vitesse ! ». En effet, elles permettent à celui qui les porte de se transporter à une allure extrêmement rapide. Dans les contes de Perrault, cet objet magique est porteur d'une vraie ambiguïté qui provient de l'usage, tantôt bénéfique, tantôt pernicieux, que peuvent en faire ses détenteurs. Elles peuvent ainsi aider à faire le bien ou le mal, selon qu'elles sont portées par le héros ou un personnage néfaste. Les bottes de sept lieues représentent aussi le pouvoir car c'est la maîtrise de l'espace, donc du temps et de la connaissance. À l'époque de Perrault, sept lieues étaient la distance entre deux relais de diligence et Louis XIV se servait de ce réseau pour communiquer avec ses armées. Plus tard on verra le Petit Poucet dans le rôle du messager du roi, mais en réalité il prend le rôle d'Hermès, le messager des dieux.

Tout est dit

« Donne-moi vite mes bottes de sept lieux, lui dit-il, afin que j'aille les attraper. » Il se mit en campagne, et après avoir couru bien loin de tous côtés, enfin il entra dans le chemin où marchaient ces pauvres enfants qui n'étaient plus qu'à cent pas du logis de leur père. »

« Il assurent que lorsque le petit Poucet eut chaussé les bottes de l'Ogre, il s'en alla à la Cour, où il savait qu'on était fort en peine d'une Armée qui était à deux cents lieues de là, et du succès d'une Bataille qu'on avait donnée. »

Échos

- Bettelheim, *Psychanalyse des contes de fées*
- « Le Lièvre et la Tortue », Jean de la Fontaine (cf. fiche n° 18)
- « Le Maître Chat ou le Chat Botté » in *Contes*, Charles Perrault

Hélène Bieber

Fiche n° 28

« La vitesse », *Avec mon meilleur souvenir,* Françoise Sagan

1984, Gallimard (Folio)

L'auteur

Françoise Sagan est une romancière et dramaturge française. Née en 1935 dans le Lot, cette jeune fille issue d'un milieu bourgeois connaît un succès aussi fulgurant qu'inattendu avec son premier roman paru en 1954 : *Bonjour tristesse*. La jeunesse de son auteure (elle est encore mineure) ainsi que sa culture et sa liberté contribuent à la résonnance médiatique d'un ouvrage qui est de surcroît doté d'une vraie dimension provocatrice et de solides qualités littéraires. La suite de sa carrière est jalonnée de quelques hauts (*Les lits défaits, Aimez-vous Brahms…, La Chamade*) et de beaucoup de bas personnels. Après sa mort en 2004, celle qu'on réduisait souvent à son personnage médiatique de mondaine spirituelle et fantasque, voit enfin son talent et son style littéraire reconnu.

L'œuvre et son contexte

Dès son premier succès, Sagan met en avant sa passion pour les voitures du sport. Elle pose à de nombreuses reprises aux côtés de ses véhicules (Jaguar XK et Jaguar Type E, Aston Martin DB2/4, Ferrari 250 GT California Spyder…) qu'elle prétend conduire pieds nus… En avril 1957, au volant de son Aston Martin, elle est victime d'un très grave accident de la route qui la laisse entre la vie et la mort. Atteinte de multiples fractures elle est traitée à la morphine pour soulager ses douleurs.

L'œuvre en quelques mots

Dans cet ouvrage parfois associé à une autobiographie sous la forme de portraits et anecdotes, Françoise Sagan évoque de bons souvenirs, des moments chers à ses yeux ou des rencontres heureuses. On retrouve dans dix courts textes ses passions, l'évocation de quelques œuvres qui l'ont marquée et également, sous la forme de portraits, quelques grandes figures dont Billie Holiday, Tennessee Williams…

Le thème dans l'œuvre

Pour Sagan, la vitesse que procure la conduite automobile est un « plaisir, ce qui est finalement sa meilleure définition. » et puis surtout un « élan de bonheur », selon les dernier mots du texte. Pour la célébrer, parvenir à cette définition et cette conclusion, l'auteur évoque d'abord les sensations du conducteur au volant : « le sang gicle jusqu'à l'extrémité de vos mains, de vos pieds, de vos paupières alors devenues les sentinelles fatales et inexorables de votre propre vie. » Puis, vient l'éloge de « l'animal de fer » qu'est la voiture de sport, à laquelle Sagan a toujours voué une grande passion. Cet éloge voire célébration de la vitesse est ensuite paradoxalement associé à l'apologie de la pause à laquelle se livrent ceux qu'elle nomme les « héros » qui reprennent des forces sur les arrêts routiers avant de repartir affronter « giboulées et verglas ». Repartir sur la route dans ces conditions climatiques et routières confère à la voiture le statut « d'instrument possible de votre Destin, capable de vous perdre ou de vous sauver, le char d'Hippolyte et non le millième exemplaire d'une chaîne. » La romancière se fait panégyriste et experte de la vitesse dont elle évoque toutes les modalités. La comparant au rythme de la symphonie, elle l'associe paradoxalement au mouvement lent de l'*andante* car ce qui lui semble révélateur de ce qu'est la vitesse, ce n'est pas l'accélération mais ce dont elle permet de s'affranchir : les limitations, les règles, les « assurances sociale », le « port obligatoire ». Dans l'esprit de Sagan, vitesse et liberté sont synonymes : « odieuse époque que la nôtre, celle où le risque, l'imprévu, l'irraisonnable sont perpétuellement rejetés, confrontés à des chiffres, des déficits ou des calculs ; époque misérable où l'on interdit aux gens de se tuer non pour la valeur incalculable de leur âme mais pour le prix d'ores et déjà calculé de leur carcasse. » Dans cette perspective, la romancière s'inscrit dans une conception camusienne de la révolte et de la liberté tout à fait caractéristique de son époque et de son mode de vie également.

Tout est dit

« Qui […] n'a jamais aimé la vitesse, n'a jamais aimé la vie – ou alors, peut-être, n'a jamais aimé personne. »

« Le goût de la vitesse […] rejoint le bonheur de vivre et, par conséquent, le confus espoir de mourir qui traîne toujours dans ledit bonheur de vivre. »

Échos

- Lee H. Katzin, *Le Mans* (cf. fiche n° 66)
- Ron Howard, *Rush* (cf. fiche n° 65)
- *Mythologies* « La nouvelle Citroën », Barthes (cf. fiche n° 39)
- Françoise Sagan, *Bonjour tristesse*

Hélène Bieber

Fiche n° 29

Pétrole ! Upton Sinclair

1927, Le Livre de Poche (Biblio)

■ L'auteur

Upton Sinclair est un écrivain américain, né en 1878 à Baltimore et décédé en 1968. C'est en 1905 qu'il se fait connaître pour son roman *La Jungle* qui évoque l'abattage des bêtes et le conditionnement de la viande dans les abattoirs de Chicago. Le livre suscite un tollé dans l'opinion publique et parvient à influencer la législation américaine sur les produits d'alimentation. Upton Sinclair est un écrivain engagé dans la lutte contre les inégalités. Auteur prolifique, prix Pulitzer en 1943, son œuvre romanesque fait de lui une sorte de Zola américain.

■ L'œuvre et son contexte

Paru en 1927, soit deux ans avant la crise boursière de 1929 qui ruinera l'économie américaine, *Pétrole !* s'inscrit dans la veine de *La Jungle*. À l'époque, Upton Sinclair fait partie de ces intellectuels portant un regard bienveillant sur le Russie soviétique. *Pétrole !* peut donc se lire à la fois comme une critique farouche et documentée du système capitaliste et le récit d'une espérance vers un changement de société.

■ L'œuvre en quelques mots

L'intrigue du livre se déroule dans les années 1920 et principalement en Californie. Il met en scène un magnat du pétrole, un certain J. Arnold Ross, et son fils Bunny. Le magnat prospecte des terrains en compagnie de son fils unique afin d'y dresser des derricks pour en extraire de l'or noir. Ross, homme sans scrupule, motivé uniquement par l'appât du gain, n'hésite pas à spolier les petits propriétaires terriens pour agrandir son empire : magouille, intimidation, violence, tous les moyens sont bons pour faire prospérer les affaires. Mais Bunny, tout d'abord soumis à son père, devenu lui-même un prince du pétrole, va découvrir le socialisme et la lutte syndicale, et s'engager aux côtés des « Rouges ».

■ Le thème dans l'œuvre

Le thème de la vitesse dans l'œuvre peut s'entendre à la fois au sens propre et au sens figuré, particulièrement dans les premiers chapitres où Ross et son fils sillonnent en voiture les routes de l'ouest américain en vue de leurs prospections. Du reste, la première page du livre s'ouvre sur une description de la route qui associe vitesse, plaisir de conduire et toute puissance de l'homme sur les éléments. Les paysages et les villes défilent comme des décors en carton-pâte où seul compte le temps gagné pour les affaires. Bien plus, la traversée de la route permet en même temps de « dérouler » un certain nombre de petites villes proposant en l'apparence une vie facile et ordonnée selon les critères de « l'*american way of life* » où Dieu et l'argent trouvent à se conjuguer. Ross, le magnat du pétrole, associe de lui-même dans un bref monologue son goût pour la vitesse et son sens des affaires : extraire du pétrole relève aussi d'une certaine vélocité ; il faut pomper au maximum pour extraire le plus de barils possibles. Tout est compté : les kilomètres sur la route, les nouveaux derricks à installer, la somme de dollars que cela rapportera. La vitesse n'est pas seulement accélération du temps ; elle est aussi accroissement de gains et de profits. Ainsi, dans le roman, à la vieille Amérique des grands espaces et des petits fermiers se substitue progressivement une Amérique nouvelle dont l'ambition est d'exploiter les hommes et la nature pour satisfaire un désir de toute puissance. Le thème de la vitesse prend ainsi au fil du livre un sens symbolique : Ross, homme pressé et à qui rien ne résiste, fait plier ceux qui lui résistent sous le poids de sa volonté qui ne connaît aucune limite. Et le pétrole devient en même temps ce qui permet, sur le plan temporel et spatial, d'accroître la vitesse des échanges économiques et donc de renforcer le système capitaliste dans sa recherche constante et infinie du gain. Cependant, si le père et le fils se trouvent associés dans cette quête éperdue de l'argent pendant une bonne partie du livre (Bunny, fils soumis, admire son père comme un dieu), il arrive un moment où la course à l'argent ouvre la conscience de Bunny en lui montrant son envers : la spoliation, l'exploitation sans vergogne de la terre, le prix du pétrole au prix du sang des hommes. Dès lors, le fils prend parti contre un système dans lequel il ne se reconnaît plus, car il déshumanise les rapports sociaux et « accélère » leur destruction.

Tout est dit

« 80 km/h, disait l'indicateur de vitesse. Telle était la règle de Papa en rase campagne ; il ne la modifiait jamais, sauf par mauvais temps. Les côtes ne comptaient pas ; une pression un tout petit peu plus forte du pied droit et la voiture filait en bondissant jusqu'au haut de la crête, replongeait vers le vallon suivant, toujours exactement au centre du magique ruban de ciment gris. »

Échos

- *There will be blood*, adaptation du roman d'Upton Sinclair, un film de Paul Thomas Anderson, 2007
- *L'homme pressé*, Paul Morand (cf. fiche n° 23)

Pascal Hérault

Fiche n° 30

Les Privilèges, article 23, Stendhal

1861, (Rivages Poche, 2007)

L'auteur

Considéré comme l'un des auteurs majeurs du XIXe siècle, Stendhal est principalement connu pour ses romans-fleuves devenus des classiques comme *La Chartreuse de Parme* écrit en 1839 ou bien encore l'emblématique *Le Rouge et le Noir* paru en 1830. Il se positionne comme un homme de Lettres aux confluents de plusieurs mouvements littéraires, difficilement classable : réalisme, romantisme, symbolisme.

L'œuvre et son contexte

En 1840, Stendhal est déjà un auteur reconnu, tant par ses pairs que par ses lecteurs. Ses romans sont des succès et il peut se permettre de se livrer à une écriture plus désinvolte. Ainsi naissent 23 *Privilèges* le 10 avril 1840 : 23 cours articles où il livre de manière décousue pensées philosophiques, prémonitions surnaturelles où il apostrophe « *God* », entité magique qui lui confère des pouvoirs surhumains.

L'œuvre en quelques mots

Point de programme de lecture avec *Les Privilèges* mais les commentateurs y ont perçu *a posteriori* une analyse du monde visionnaire et l'évocation annonciatrice de prouesses techniques et technologiques du monde moderne : le cinématographe et les techniques de filmage, les prodiges du train à grande vitesse. Stendhal apparaît ainsi comme un penseur avant-gardiste de la modernité pour qui le monde apparaît foncièrement mobile, malléable. Ses *Privilèges* effacent frontières entre onirisme et réalité.

Le thème dans l'œuvre

Tout au long de ces 23 articles, Stendhal laisse s'exprimer la fulgurance de son esprit dans des domaines hétéroclites, allant de l'argent (le rêve de trouver « tous les jours, à deux heures du matin, [...] dans sa poche un napoléon d'or »), à la beauté (le privilégié a « beaux cheveux, belle peau, excellents doigts... »), en passant par le pouvoir de métamorphose ou de réincarnation (pouvoir quatre fois par an « se changer en l'animal qu'il voudra » ou « occuper deux corps à la fois »).

Ces visions oniriques et prodigieuses le mènent à imaginer le futur de l'Homme privilégié car il sera doté d'aptitudes jugées extraordinaires (car encore impossibles techniquement à son époque) par Stendhal.

« Le dernier privilège occupe la fonction de conclusion et de point d'orgue de cette conception idéale de l'Homme : » *Dix fois par an, le privilégié pourra être transporté au lieu où il voudra, à raison d'une heure pour cent lieues ; pendant le transport il dormira* ». Ainsi, il évoque déjà sans le savoir une prouesse technique de notre monde contemporain : le train à grande vitesse. Utilisant un futur à valeur prophétique, il dévoile le désir d'un transport rapide (la proportion « 100 lieues à l'heure »), totalement libre (« où il voudra »), fréquent (la récurrence de « dix fois »), mais également soucieux du bien-être du voyageur et donc confortable (puisqu'il « dormira »). On retrouve dans ce court article presque le ton d'une maxime à la manière de La Rochefoucauld ou d'une pensée pascalienne. Souci philosophique et considération sociale se mêlent donc.

À travers ce rêve de transport véloce, on décèle le goût de Stendhal pour les voyages, inclination que l'on perçoit dans son style d'écriture, notamment via le traitement des points de vue et l'influence de l'esthétique réaliste : « Je ne prétends pas dire ce que sont les choses, je raconte la sensation qu'elles me firent » (*Rome, Naples et Florence,* 1856). Les « choses vues » impliquent pour lui tout autant une perception esthétique de la réalité que le désir utopique de pouvoir embrasser toutes les réalités en un instant. La matérialisation de cette envie s'inscrit dans son rêve prémonitoire d'un transport dont la vitesse permet d'abolir les frontières des distances et de réaliser l'irréalisable à son époque : rapprocher le lointain, effacer les séparations géographiques et tangibles.

■ Tout est dit

« Dix fois par an, le privilégié pourra être transporté au lieu où il voudra, à raison d'une heure pour cent lieues ; pendant le transport il dormira. »

« Une écriture qui rend tout possible » (Antoine de Baecque, Préface à l'édition poche des *Privilèges*).

■ Échos

- Victor Hugo, *Voyage en Belgique,* (cf. fiche n° 10)
- *Études photographiques*, « Vues du train », n° 1, novembre 1996, (cf. fiche n° 41)
- Blaise Cendrars, *La Prose du Transsibérien et de la petite Jehanne de France*, (cf. fiche n° 5)

Laetitia Magnani

Fiche n° 31

Sur les chemins noirs, Sylvain Tesson

2016, Gallimard

■ L'auteur

Sylvain Tesson est né le 24 avril 1972 à Paris. Tout à la fois aventurier, voyageur et écrivain, il est l'auteur de nombreux essais, nouvelles et récits de voyages, comme « Dans les forêts de Sibérie », ouvrage dans lequel il relate un périple qui l'a emmené 6 mois durant en Russie, sur les rives du lac Baïkal. De nombreux prix couronnent son œuvre.

■ L'œuvre et son contexte

Dans l'avant-propos, Sylvain Tesson nous livre le contexte d'écriture de son roman : une année rude, la perte de sa mère, et une chute accidentelle et grave d'un toit. La prise de conscience, à l'hôpital, d'une forme de chance, « on ne m'avait rien reproché, on m'avait sauvé », lui rappelle le « serment de [ses] nuits de pitié » : « si je m'en sors, je traverse la France à pied ». Le sujet d'un nouveau livre est trouvé.

■ L'œuvre en quelques mots

Sur les chemins noirs retrace donc, sous la forme d'un « récit qui se donne l'apparence d'un journal », cette traversée de la France à pied, entre le 24 août et le 8 novembre : « un pays si proche « disposant d'un réseau de chemins campagnards ouverts sur le mystère, baignés de pur silence, miraculeusement vides. » « Là, personne ne vous indique ni comment vous tenir, ni quoi penser, ni même la direction à prendre. »

■ Le thème dans l'œuvre

Le roman commence « à toute vitesse », à bord d'un train pour Nice, et l'on comprend immédiatement, par le biais de questions que s'est posé le voyageur, « Pourquoi le TGV menait-il cette allure ? A quoi servait-il de voyager si vite ? », que l'orientation de la narration serait tout autre, et que ce « voyage né d'une chute » prendrait son temps. Sylvain Tesson a décidé sur son lit d'hôpital qu'il était temps de s'inscrire dans une autre dynamique que celle vécue jusqu'alors, possédant jusque-là « une machine physique qui [l]'autorisait à vivre en surchauffe ». Partir, à pied, du Mercantour pour atteindre le Cotentin, en empruntant des chemins de traverse ou « chemins noirs », des « sentiers ruraux, des pistes pastorales… des viae antiques à peine entretenues et laissées à la circulation des bêtes » était l'objectif fixé. En fait, tout au long de la lecture du journal, bien d'autres intentions, liées à la personnalité même de l'auteur, sont venues se greffer sur les motivations initiales : refuser l'accélération constante de la vie, prôner le retour à des rythmes plus lents, qui respectent le temps biologique, « me débattre dans les broussailles de la vallée du Var me lacérait certes les jambes mais m'offrait de sortir du faisceau photoélectrique qui scrutait les existences... Fuir pourvoyait d'une double vertu : le remède et l'oubli. » Ainsi, « les chemins noirs pouvaient aussi définir les cheminements mentaux que [l'auteur emprunterait pour se soustraire] à l'époque. » : arrêter de multiplier les activités ponctuelles qui n'apportent que des satisfactions éphémères pour profiter de l'instant, si nécessaire en se dissimulant au monde, « en se glissant dans les interstices », ou encore en rencontrant des personnages authentiques, autant de paysans si peu bavards mais tellement en osmose avec leur environnement et les cycles de la nature.

C'est pourquoi, tantôt seul tantôt accompagné un temps d'amis ou de sa sœur, Tesson avance au rythme que lui impose son corps meurtri, et pose un regard à la fois de peintre et de géographe sur les paysages et les villages traversés. Il fait aussi l'éloge de la marche, »très simple, très pure et probablement fondatrice » et s'aperçoit en fin de parcours qu'« on pouvait encore partir droit devant soi et battre la nature. »

Tout est dit

Dissimule ta vie, disait Épicure. Il avait donné là une devise pour les chemins noirs.

Les temps nouveaux déplaçaient l'homme, lui enjoignaient de circuler et le mouvement constituait la caractéristique première de l'organisation des sociétés.

Partout, les chemins noirs m'avaient gratifié de leur double vertu : effacement du corps, liberté d'action.

Échos

- *L'homme pressé*, Paul Morand (cf. fiche 23)
- *Un homme qui dort*, Perec (cf. fiche n° 26)
- *Marcher – Éloge des chemins et de la lenteur*, David Le Breton (cf. fiche n° 45)

Lidwine RIPOCHE

Fiche n° 32

Le Tour du monde en quatre-vingts jours, Jules Verne

paru en feuilleton dans *Le Temps* du 6 novembre au 22 décembre 1872, puis repris en volume l'année suivante chez Hetzel à Paris ; illustrations de Alphonse de Neuville et de Léon Benett

L'auteur

Jules Verne, né le 8 février 1828 à Nantes et mort le 24 mars 1905 à Amiens, est un écrivain dont l'œuvre est, pour la plus grande partie, constituée de romans d'aventures évoquant les progrès scientifiques du XIXe siècle. Bien qu'il ait d'abord écrit des pièces de théâtre, Verne ne rencontre vraiment son public qu'en 1863 lorsque paraît, chez Hetzel, son premier opus, *Cinq semaines en ballon*. Celui-ci connaît un très grand succès, y compris à l'étranger. À partir des *Aventures du capitaine Hatteras*, ses romans entreront dans le cadre des « Voyages extraordinaires », qui comptent 62 romans et 18 nouvelles.

L'œuvre et son contexte

L'idée d'un voyage autour du monde en temps limité, déjà populaire avant la publication du livre, s'inscrit fortement dans le contexte de l'époque ; d'ailleurs même le titre *Le Tour du monde* n'est pas l'invention de Jules Verne. Mais sept ans après *De la Terre à la Lune*, le roman triomphe et reste son œuvre la plus connue, multiplement adaptée tant au cinéma que sur la scène. Ce qui plaît le plus, c'est le mélange réussi entre récit de voyage, course-poursuite, histoire d'amour et données scientifiques, comme celle utilisée pour le rebondissement final. Quant au premier « vrai » tour du monde en quatre-vingts jours, il fut effectué par George Francis Train en 1870.

L'œuvre en quelques mots

Londres, 2 octobre 1872 : comme tous les jours, Phileas Fogg se rend au Reform Club où il apprend qu'il est possible d'accomplir le tour du monde en quatre-vingts jours, avec l'ouverture d'une nouvelle section de chemin de fer en Inde. Aussitôt il en fait le pari, et part accompagné par Jean Passepartout, son serviteur français (tout en étant poursuivi par Fix, un policier acharné et soupçonneux). Comme le développement de nouveaux modes de transport (chemin de fer, bateau à vapeur) et l'ouverture du canal de Suez en 1869 raccourcissent les distances, ou du moins le temps nécessaire pour les parcourir, il gagnera en effet son pari, mais de justesse, tout en ramenant avec lui une jeune Parsie, Aouda, sauvée du bûcher des veuves.

Le thème dans l'œuvre

S'inspirant à la fois des récits de missions et d'exploration, Verne va multiplier les obstacles en même temps qu'accumuler les exploits ; ne manque même pas le Javert de service, le policier borné mais malchanceux qui se fait rosser à la fin. Stéréotypés jusqu'à la parodie, les trois héros – l'Anglais flegmatique, le Français débrouillard et la jolie veuve en danger – servent surtout de prétexte à l'addition des modalités de circulation possibles, avec un calcul présenté dès le chapitre III : 7+13+3+13+6+22+7+9 = 80 (jours) ! Phileas Fogg et Passepartout vont donc employer « tous les moyens de transport, paquebots, railways, voitures, yachts, bâtiments de commerce, traîneaux, éléphant », mais ils acceptent jusqu'au bout de gâcher ce temps précieux dès qu'il s'agit de sauver une vie ou un honneur. Le vocabulaire de la perte, du retard, du ratage, abonde d'ailleurs à chaque page, et d'une certaine façon annonce déjà le renoncement final, heureusement transformé *in extremis* en succès. Certaines péripéties trouvent aussi leur source dans le contexte de l'époque : Edgar Poe aurait inspiré l'épisode final du « jour supplémentaire », et l'histoire du navire à vapeur Henrietta, qui brûle ses mâts et ses planches, faute de charbon, a un précédent réel, le navire Sirius, en 1838, dans la course pour la première traversée de l'Atlantique entièrement à la vapeur. Et plus que la vitesse, c'est l'amour qui triomphe : c'est chez le révérend pressenti pour le mariage que Passepartout se rend compte qu'ils ont en fait gagné vingt-quatre heures dans leur périple, en accumulant les décalages horaires ; ce qui fait qu'ils sont arrivés un jour en avance et qu'on est bien le 21 décembre. L'opposition thématologique constante entre exaltation de la modernité et élégie romantique réarme l'idée d'un monde en pleine mutation, ouvert aux voyageurs de bonne volonté et riche en opportunités et en rencontres merveilleuses.

Tout est dit

« Un train direct était prêt à partir. Phileas Fogg et ses compagnons n'eurent que le temps de se précipiter dans un wagon. Ils n'avaient rien vu d'Omaha, mais Passepartout s'avoua à lui-même qu'il n'y avait pas lieu de le regretter, et que ce n'était pas de voir qu'il s'agissait »

Échos

- Revue des Lettres modernes. *Jules Verne 1. Le tour du monde*. Paris. Minard. 1976
- Gérard Gengembre. *Au fil du texte*. in « Jules Verne : Le Tour du monde en quatre-vingts jours ». Paris. Presses Pocket. 1998
- Jean Cocteau, *Tour du Monde en 80 jours, mon premier voyage (1936)*, L'imaginaire Gallimard

Isabelle Casta

Fiche n° 33

« La Maison du berger », *Les Destinées*, Alfred de Vigny

1864, Gallimard

■ L'auteur

Alfred de Vigny est né en 1787. C'est un poète, dramaturge et écrivain français, qui a eu une carrière militaire importante. Il appartient au mouvement romantique et son drame romantique, *Chatterton*, est une référence. Comme l'ouvrage de Musset, *Confessions d'un enfant du siècle*, ses Mémoires, en 1835, *Servitude et grandeur militaire*, sont représentatifs de son époque. Il meurt en 1863.

■ L'œuvre et son contexte

Il s'agit d'un long poème philosophique comme beaucoup de contemporains vont le concevoir également. Le Romantisme est un mouvement social, politique en plus de l'expression d'un lyrisme très personnel. Vigny ici se montre critique, comme dans son livre autobiographique.

■ L'œuvre en quelques mots

Le sujet de l'essai est la lenteur et de son usage. Ce qui montre la perspective didactique et l'envie de porter secours aux être humains débordés et malades de la vitesse. L'épigraphe de Pascal donne le ton, l'homme moderne est incapable de se reposer et de se cantonner à rester dans sa chambre. Le livre est composé de trois grandes parties. La première partie propose neuf remèdes à la vitesse. La seconde partie conseille d'alterner les rythmes de vie. Et enfin la troisième partie met en évidence les situations idéales, voire utopiques comme des solutions aux excès du monde contemporain.

■ Le thème dans l'œuvre

Le poème est composé de 5 parties. La première partie concerne le projet de sa retraite. Il transcrit les émotions de cette période difficile pour lui. Il émet des critiques virulentes à l'encontre de ce « siècle de fer ». La solitude et l'isolement sont volontaires, c'est pourquoi la rencontre avec Eva, la femme originelle est très importante. Elle joue le rôle de médiatrice entre le poète et le reste du monde. Le voyage, effectué dans une roulotte imaginaire, est censé conduire à cette maison reculée, qui donne son nom au titre du poème. Pour le poète, les circonstances sont idéales pour exprimer sa vénération envers la nature.

La deuxième partie développe le thème du progrès et de ses inconvénients. Donc après la vénération de la nature, le poète remet en cause les progrès. Il souhaite, lui, au contraire, acquérir un esprit pur et pouvoir rêver en toute quiétude. Tout est contraire au voyage précédent, cette fois, le paysage ne possède aucune âme.

La troisième partie est centrée sur la vision de la poésie comme un trésor. Ainsi Vigny semble chercher son caractère éternel. Elle doit aussi remplir une mission humanitaire et traduire l'amour. Il fait un éloge de la patrie qu'il interpelle. Le rapprochement entre « se mouvoir » et « émouvoir » montre la vertu du mouvement et de son rapport avec la poésie.

Dans la quatrième partie, le poète se consacre au mythe de la femme à venir. Elle est en accord avec la nature extérieure qui apporte la paix. Elle exalte les chemins intérieurs. La fonction de cette femme du futur doit être purificatrice. Elle est double, comme la nature, à la fois aimée et à la fois détestée.

La cinquième partie est un retour sur le thème initial de la retraite. Elle est une sorte de synthèse onirique. Le poème est surtout une déclaration d'amour romantique à la femme aimée perçue comme une déesse qui incarne la figure d'une mère-nature bienveillante.

Tout est dit

« La nature t'attend dans un silence austère. »

« Elle va doucement avec ses quatre roues. »

« Nous marcherons ainsi, ne laissant que notre ombre
Sur cette terre ingrate où les morts ont passé. »

Échos

- G. Flaubert, *Madame Bovary* (cf. fiche n° 9)
- Nerval, *Odelettes*, « Le Réveil en voiture » ((cf. fiche n° 24)

Agnès Felten

Fiche n° 3

La Bête humaine, Émile Zola

1890, Charpentier (Le livre de poche)

■ L'auteur

Fils d'un ingénieur vénitien, Émile Zola, né à Aix-en-Provence en 1840, connaît dès l'âge de 7 ans la misère lorsque décède son père. En 1862, il intègre la Librairie Hachette en tant que commis au service de la publicité puis se lance progressivement dans le journalisme. En 1864, paraît sa première œuvre, *Contes à Ninon*, marquée par un lyrisme certain. Rapidement, son œuvre évolue vers le réalisme avec *Thérèse Raquin* notamment, paru en 1867. C'est à cette époque qu'il conçoit le cycle des *Rougon-Macquart*, lequel l'occupera plus de 20 ans, à raison d'un roman publié chaque année à compter de 1871. Cette œuvre fait de lui de père du naturalisme.

■ L'œuvre et son contexte

Vingt romans sont rassemblés sous le titre des *Rougon-Macquart*. Le sous-titre programmatique (*Histoire naturelle et sociale d'une famille sous le Second Empire*), explicite l'ambition du romancier. Zola s'inspire en effet pour son projet long et ardu de l'œuvre de Balzac : *La Comédie humaine*. Comme son aîné, son projet consiste en une gigantesque fresque sociale aux ambitions encyclopédiques et scientifiques (il s'agit de tout dire sur les couches et sphères d'une société à une époque donnée) mais contrairement à son prédécesseur, Zola se centre sur les personnages d'une seule et même famille : les Rougon-Macquart.

■ L'œuvre en quelques mots

Mécanicien à bord de la locomotive la Lison, Jacques Lantier est témoin d'un crime perpétré dans un train. Il soupçonne le sous-chef de gare du Havre, Roubaud et sa femme Séverine, dont il fait la connaissance. Celle-ci séduit Jacques et, au cours d'une crise, alors qu'elle raconte la scène du meurtre, il la tue, ce qui apaise ses tourments. Quelque temps plus tard, surpris en compagnie de la femme du chauffeur de la Lison, il se retrouve à se battre avec le mari trompé alors que la locomotive sans chauffeur roule dans la nuit et emporte des soldats de la guerre de 1870.

■ Le thème dans l'œuvre

La ligne de chemin de fer Paris/Le Havre est le cadre du roman dont le héros est le cheminot, Jacques Lantier marqué par la névrose atavique de sa branche maternelle. En effet, porteur d'une « fêlure héréditaire » il est habité par des pulsions meurtrières envers les femmes avec lesquelles il a des relations charnelles, chez lui le sexe semble appeler la violence et le meurtre. Dès l'ouverture du roman, le lecteur accède à un paysage urbain tout entier déterminé et récemment transformé par le chemin de fer : « Et, en bas de la fenêtre même, occupant tout le vaste champ, les trois doubles voies qui sortaient du pont se ramifiaient, s'écartaient en un éventail dont les branches de métal, multipliées et innombrables, allaient se perdre sous les marquises. » dans cette perspective, la locomotive, la Lison, déjà personnalisée, se constitue en véritable personnage du roman. L'action qui se passe en 1869 mêle en effet scènes d'accident de locomotive, déraillements, évocations de la vitesse, de la puissance des machines, des foules en transits et les pulsions de mort mêlées aux pulsions sexuelles. Zola, comme de coutume s'est doté d'une grande documentation sur le domaine des chemins de fer qui connaissent une vague de développement sans précédent à cette époque. Les termes techniques abondent et se placent au service de l'évocation de la Révolution industrielle de la fin du XIXe siècle. Le souci de précision technique et le goût pour les détails du milieu ferroviaire permettent au lecteur de prendre la mesure de la complexité de ce monde en pleine expansion, monde où la vitesse rapproche les hommes mais semblent aussi les griser. Cette griserie ou ivresse de la technique et de la modernité est également servie dans le texte par les registres épique et fantastique. De nombreuses descriptions associent l'engin à vapeur à un cheval au galop suggérant une impression de vitesse incontrôlable, les machines semblent s'animer, s'affoler et en acquièrent ainsi une valeur symbolique. Le train, en liberté, sans plus de limites perceptibles, prend le relais de l'instinct de mort qui animait Jacques. C'est ainsi que Zola montre qu'il voit dans le développement du chemin de fer l'expression d'une contradiction : la locomotive symbolise le progrès dans lequel croit ce naturaliste inspiré par les Positivistes mais elle représente également la permanence de l'irréductible instinct de violence au cœur de l'humanité fondamentalement marquée par la pulsion d'agressivité. Là réside sans doute le pessimisme du roman.

Tout est dit

« On y entend un continuel grondement des trains : c'est le progrès qui passe, allant au XXe siècle et cela au milieu d'un abominable drame, ignoré de tous. La bête humaine sous la civilisation. »

Échos

- Victor Hugo, *Voyage en Belgique* (cf. fiche n° 10)
- Jean Mitry, *Pacific 231* (cf. fiche n° 70)
- Arthur Honegger, *Pacific 231* (cf. fiche n° 88)

Hélène Bieber

Fiche n° 35

Mrs Dalloway, Virginia Woolf

1925, Londres, Hogarth Press

■ L'auteur

Née à Londres en 1882, Virginia Woolf est une femme de Lettres anglaise. À l'adolescence elle perd sa mère et une demi-sœur des suites de la grippe espagnole. Quelques années plus tard, la mort de son père la plonge dans une profonde dépression qui lui vaut d'être internée. Mariée à l'écrivain Léonard Woolf, le couple fonde la maison d'édition Hogarth Press dans laquelle dès 1905, Virginia publie ses premiers écrits à compte d'auteur. Elle connaît assez rapidement le succès critique et public en particulier pour ses thématiques féministes et ses propositions esthétiques nouvelles. Elle met fin à ses jours en 1941 motivée par la peur de sombrer dans la folie.

■ L'œuvre et son contexte

Entrepris à l'automne de l'année 1920, la structure sur une journée du roman serait inspirée par celle d'*Ulysse* de Joyce. Initialement intitulé « *The hours* », ce roman a fait l'objet d'une gestation de près de dix ans, jalonnée de plusieurs textes. Dans *La traversée des apparences* (1915), Clarissa y est personnage secondaire. Dans la nouvelle intitulée « Mrs Dalloway dans Bond Street » (1923), le personnage prend de l'ampleur. Si l'héroïne ne va pas encore acheter des fleurs mais des gants, on trouve déjà la tension entre le temps subjectif de la conscience et le temps officiel ponctué par Big Ben.

■ L'œuvre en quelques mots

Clarissa Dalloway est l'épouse de Richard Dalloway, membre du Parlement, à 52 ans, elle est encore très belle. Cette bourgeoise nantie vit à Londres en 1923, dans le quartier de Big Ben. En préparant le bal du soir, elle repense à son existence, dont Peter Walsh qu'elle aimé des années plus tôt. Descendu dans *Bond Street* pour acheter des fleurs, elle croise des inconnus qui semblent tous mystérieusement liés les uns aux autres par des émotions communes.

■ Le thème dans l'œuvre

C'est le récit d'une seule journée de la vie de Clarissa, mais elle englobe toutes les autres en un saisissant arrêt du temps. L'action principale tient en la première phrase : « Mrs Dalloway dit qu'elle irait acheter les fleurs elle-même. » Dès les premières pages, la sortie qu'implique cette course devient l'occasion d'une immense rêverie introspective qui suivra son cours, le temps qu'elle rentre chez elle. La thématique du temps, à la perception si subjective est au centre du roman. D'une part, il y a une indéniable fixité du temps et des existences : « Quand on a vécu à Westminster – combien d'année maintenant ? Plus de vingt ans – on sent au milieu du mouvement, si on s'éveille la nuit (Clarissa l'affirmait), une sorte d'arrêt, quelque chose de solennel, une pause qu'on ne peut décrire ; tout semble figer [...] avant que Big Ben sonne. » La régularité des occupations domestiques, et la passivité inhérente au statut d'épouse bourgeoise immobilise Clarissa dans un quotidien éthéré. Mais d'autre part, au cours de cette promenade, on découvre que Clarissa et aussi une femme qui s'interroge, pour qui chaque seconde est rythmée par un souvenir, une réflexion, un sentiment. On découvre l'ébullition mentale qui est la sienne et qu'elle ne cesse de penser « À toute vitesse ! ». D'autant plus lorsqu'elle revoit Peter Walsh, un homme qu'elle a failli épouser et qui revient des Indes.

La perception du temps, fluctuant entre lenteur et accélération, entre immobilité des habitudes et fulgurance de la pensée ou de la sensation est d'autant plus au cœur du roman que cette sortie est aussi l'occasion pour cette femme d'environ cinquante ans de confier sa peur de vieillir lorsqu'elle croise des jeunes femmes dans la splendeur de leur jeune beauté. Elle constate amère ou nostalgique « [...] ce corps avec toutes ses possibilités, semblait n'être plus rien – rien du tout. » Ce sont encore des allusions à sa « poitrine fanée », « la faible marge qui restait » ou bien le visage de sa bonne comme un miroir sur lequel elle lit « que la vie s'amenuise ».

Mrs Dalloway est éminemment ancré dans le temps qui passe, qui s'enfuit véritablement « À toute vitesse ! » sans qu'on puisse jamais rien faire pour le freiner. L'écrivain parvient ainsi un tour de force littéraire : encapsuler l'essence de toute une vie, l'éternité de l'être à travers une seule journée, allier l'extrême lenteur du fil narratif et la prodigieuse rapidité des surgissements de la pensée.

Tout est dit

« La cuisinière sifflait dans la cuisine ; Clarissa entendit le tic-tac de la machine à écrire. C'était sa vie. Et, se penchant sur la table du hall, elle se recueillit, se sentie bénie, purifiée, et se dit, en prenant le bloc où était inscrit un message, que de pareils moments sont des boutons sur l'arbre de la vie, des fleurs de la nuit, pensa-t-elle. »

Échos

- Le courant esthétique de l'impressionniste (cf. fiche n° 85)
- David Le Breton, *Marcher- Éloge des chemins et de la lenteur* (cf. fiche n° 45)
- Pierre Sansot, *Du bon usage de la lenteur* (cf. fiche n° 31)
- *The Hours*, roman de Michael Cunningham

Hélène Bieber

Fiche n° 36

L'Étoffe des héros, Tom Wolfe

1979, Gallimard, collection Du monde entier (Folio)

■ L'auteur

Tom Wolfe naît le 2 mars 1930 à Richmond (Virginie) et meurt le 14 mai 2018 à Manhattan (New York). Journaliste, essayiste et romancier, il est, avec notamment Truman Capote et Norman Mailer, le créateur du « Nouveau journalisme ». Il est l'auteur du *Bûcher des Vanités* (1987), d'*Un Homme, un vrai* (1998) et de *Bloody Miami* (2013).

■ L'œuvre et son contexte

L'Étoffe des héros est un roman emblématique du « nouveau journalisme ». Le sujet en est à la fois l'histoire de la conquête spatiale mais aussi l'histoire de l'Amérique d'après-guerre. « Le Nouveau journalisme », que T. Wolfe définissait comme de « *l'investigation artistique* », consiste à relater précisément des faits réels découverts grâce à une enquête minutieuse, dans un style littéraire.

■ L'œuvre en quelques mots

L'Étoffe des héros raconte la conquête spatiale américaine, ainsi que celle des avions fusée, sur fond de guerre froide. Mais, Tom Wolfe, grand admirateur de Balzac et de Zola, se veut le « secrétaire » de la société américaine : il prend alors soin d'inscrire son intrigue dans un quotidien, celui des pilotes, des premiers astronautes américains et de leurs familles.

■ Le thème dans l'œuvre

La vitesse endosse plusieurs visages dans *L'Étoffe des héros* : elle est d'une part celle que les pilotes cherchent à dépasser, mais elle est aussi la course entre les Américains et les Russes pour accéder aux étoiles. Chaque pays souhaitait être le premier dans les expériences spatiales et plusieurs d'entre elles furent remportées par la Russie comme lorsque « *les États-Unis annoncent leur intention de mettre un satellite sur orbite héliocentrique en mars de l'année 1959. Le Grand Concepteur* [– c'est ainsi que la Russie est nommée –] *les devance en janvier 1959* ». Ici, c'est le projet Mercury qui va occuper les héros, totalement. Chaque pilote constate très vite que sa vie sera vouée à sa quête : « *La vie civile, son foyer et sa famille lui semblaient à présent non seulement très loin de lui mais très au-dessous, à des dizaines de niveaux au-dessous, sur la pyramide de l'Étoffe* ». Dans le monde de l'Aéronavale, ils sont le groupe d'élite, le groupe de première division. Ils sont sept, dont Chuck Yeager, le premier à avoir franchi le mur du son. Ils vivent près de la base, s'invitent à dîner en semaine, organisent des réceptions, des parties de pêche ou de ski nautique le week-end. Cette vie en quasi-autarcie leur convient bien car seul leur métier semble les intéresser : « *L'une des expressions qui revenaient sans cesse dans la conversation c'était « crever le plafond ». Le « plafond », c'était un terme qu'employaient les pilotes d'essai pour désigner les limites de performances d'un certain appareil, les virages brusques qu'il était capable d'effectuer à telle ou telle vitesse, etc., etc.* ». Cette vitesse sonne dans un premier temps comme un simple défi, comme une façon de pratiquer un sport. Mais un jour, la vitesse tue : un de leur camarade, alors qu'il s'apprêtait à atterrir, perd de la vitesse et s'écrase. Son corps carbonisé est retrouvé, « *non identifiable* ». Une semaine plus tard, un autre pilote s'écrase aussi. Les femmes comprennent qu'il ne faut pas en parler. C'est un code tacite : ne pas inquiéter le héros qui n'imagine pas mourir lui aussi. On ne parle ni de la peur, ni de la mort. Soit on a « l'étoffe », soit on ne l'a pas. Cela est inexplicable et « *fascinant* » : « *En parler ouvertement était défendu, bien sûr. Les mots mort, danger, vaillance, peur ne devaient jamais être prononcés, excepté dans des cas bien précis ou lorsqu'on voulait obtenir un effet d'ironie* ». On comprend alors que cette quête de vitesse est en réalité une victoire de chaque homme sur lui-même…

■ Tout est dit

« *Je suis souvent accusé de donner une image horrible des États-Unis. Mais je décris ce que les gens font* », T. Wolfe

« *Le programme soviétique exhalait un parfum de sorcellerie. Les Soviétiques ne publiaient pratiquement aucun chiffre, aucune photo, aucun diagramme. Et aucun nom ; l'on savait seulement que le programme était dirigé par un mystérieux individu appelé "le Grand Concepteur".* »

■ Échos

- *L'Étoffe des héros*, film de Philip Kaufman (1887)

Virginie LUPO

Essais

Fiche n° 37

Le Culte de l'urgence. La société malade du temps, Nicole Aubert

2009, Flammarion, « Champs Essais »

L'auteur

À la fois sociologue et psychologue, Nicole Aubert officie également comme enseignante à l'École Supérieure de Commerce de Paris. Elle s'est intéressée particulièrement aux maux de l'individu contemporain : le stress au travail avec *L'Individu hypermoderne et ses pathologies*, le diktat du numérique dans *Les tyrannies de la visibilité* mais également l'accélération du temps moderne comme principale cause du malaise de la société actuelle.

L'œuvre et son contexte

L'auteur a constaté que la vitesse est une des principales caractéristiques du monde d'aujourd'hui et qu'elle dicte nos agissements. Elle considère que la société souffre d'être sans cesse à la poursuite d'un temps qui s'échappe parce qu'il est constante accélération. Le culte de l'instant a pour elle tué l'Histoire. Le manque de temps représente ainsi la carence la plus terrible de notre monde contemporain.

L'œuvre en quelques mots

Le culte de l'urgence est un essai analysant les dictatures temporelles pesant sur l'Homme contemporain : l'instantanéité des échanges, la communication accélérée induite par le numérique, l'hégémonie du court-terme. Dans les sphères privées (familiale, amicale) et publiques (professionnelle, sociale), règne l'obligation de réactivité : un poids énorme pèse sur les épaules de l'individu moderne.

Le thème dans l'œuvre

Selon Nicole Aubert, notre rapport au temps a évolué. Le passage de ce dernier représenté par un fleuve qui s'écoule est à présent une image révolue et remplacée par des notions contemporaines à forte contrainte : le culte de l'urgence et de l'instant. Cette modification profonde est née d'une autre mutation, celle de la société de communication, des médias de masse et de l'avènement de l'ère du numérique. Celui-ci a institué les nouvelles technologies comme nouveau langage humain. Dès lors, s'impose à nous la nécessité de répondre « tout de suite » et « en direct ».

Dans l'organisation professionnelle en particulier, le culte de l'urgence règne : compétitivité économique, production à flux tendus, hyperconnexion numérique, objectifs à atteindre. Au niveau personnel également, les individus sont confrontés à la nécessité du « tout, tout de suite » : impatience, besoin d'être joignable à tout moment et dépendance aux appareils connectés (smartphones, tablettes, ordinateurs portables…).

L'auteur explique que l'accélération du temps impose un vécu de l'immédiat qui provoque une double réaction chez les individus. Ceux-ci peuvent ressentir une jouissance et un sentiment de toute-puissance d'avoir réussi à dompter le temps, mais la plupart des impacts émotionnels et psychologiques sont d'ordre négatif, en particulier pour les femmes : « Confrontées à une pression domestique qui se télescope avec les exigences de leur vie professionnelle, les femmes plus que les hommes vivent dans la tension permanente de ces temporalités contradictoires ». Nous pouvons aller jusqu'à parler de pathologies de l'urgence ; dépression, burn-out et autres maladies professionnelles dont les taux actuels de victimes s'envolent : « La dépression est une tragédie de l'insuffisance ». En effet, une pression de la performance constante pèse et l'impossibilité à atteindre l'idéal qu'on s'est fixé illusoirement crée une sorte de désespérance morale.

Ainsi, par cette quête éperdue d'un temps qui lui échappe, l'homme apparaît voué à la disparition de son avenir. Il vit dans un présent qui se renouvelle sans cesse mais ne se projette pas : « entre un passé dissous et un futur effacé, c'est la règle de l'instant ». Ce caractère éphémère s'applique à différents domaines de la vie auxquels la durée semble de plus en faire défaut : le travail (contrats à durée déterminée et intérim) mais aussi la famille (le « temps conjugal » se réduit avec la multiplication des divorces et la croissance des familles recomposées).

Nicole Aubert, en guise de solution, prône pour une « reconquête de soi » : redonner de l'épaisseur au temps vécu par des actes concrets tels que le droit à la déconnexion, la marche à pieds, la méditation… La « maturation » doit remplacer « l'impulsion » pour ne plus subir le culte de l'urgence.

■ Tout est dit

« Entre un passé dissous et un futur effacé, c'est la règle de l'instant. »

« Nous sommes passés du salut à la fin des temps au mieux-être ici et maintenant, de la recherche du temps perdu à l'hédonisme de l'instant. Un plaisir de l'instant qui ne veut rien savoir de l'avant ou de l'après et qui trouve dans sa propre intensité son unique justification. »

■ Échos

- *@ la recherche du temps – Individus hyperconnectés, société accélérée : tensions et transformations*, ERES, Nicole Aubert, 2018
- *Accélération et aliénation*, Harmut Rosa (cf. fiche n° 49)
- *Vivre vite*, film de Carlos Saura, 1981 (cf. fiche n° 73)

Laetitia Magnani

Fiche n° 38

Méditer, jour après jour, Christophe André

2011, Éditions L'Iconoclaste

■ L'auteur

Né en 1956 à Montpellier, Christophe André est un psychiatre et psychothérapeute français de l'hôpital Saint-Anne à Paris (Unité de Psychothérapie Comportementale et Cognitive). Il est spécialisé dans le traitement et la prévention des troubles émotionnels, anxieux et dépressifs et en particulier les problématiques de la récidive. Il a été parmi les premiers médecins à proposer à ses patients des approches de méditation laïque (ou méditation de Pleine Conscience), dès 2004. En 2016, il remporte le prix Jean Bernard qui honore une personnalité du monde scientifique qui a enrichi les connaissances du public dans le domaine de la santé.

■ L'œuvre et son contexte

Près de 40 ans après son développement par le professeur de médecine américain Jon Kabat-Zinn sous le terme *Mindfulness-Based Stress Reduction* (ou MBSR), la méditation de Pleine Conscience se démocratise grâce aux conférences, livres et interventions médiatiques de Christophe André.

■ L'œuvre en quelques mots

Cet ouvrage structuré en « 25 leçons » se présente comme un manuel accessible à tous, pour cultiver la sérénité et l'équilibre émotionnel et mental. Il s'agit d'apprendre comment utiliser la respiration, le corps, la conscience de l'instant présent pour y parvenir.

■ Le thème dans l'œuvre

« Vivre en pleine conscience, c'est régulièrement porter une attention tranquille à l'instant présent », c'est « apprendre à laisser décanter le tumulte. » Ainsi débute cet essai structuré en 4 parties : « Prendre conscience : une attitude mentale », « Vivre avec les yeux de l'esprit grand ouverts : une philosophie de vie quotidienne », « Traverser les tempêtes : le refuge de l'instant présent », « Ouvertures et éveils : le plus grand des voyages ». On le voit, le ralentissement est au cœur de cette technique dont l'agitation est l'ennemie. Au sein de l'ouvrage, l'auteur s'appuie sur des tableaux célèbres (Monet, Watteau, Bosch, Georges de La Tour, Hopper…) pour inciter son lecteur à l'observation puis le guider dans l'apprentissage de cette méthode qui se base d'abord sur le corps. Il s'agit d'apprendre à respirer, à « se pacifier par le souffle », à « habiter son corps » pour être en mesure d'observer ses pensées et accueillir ses émotions. Cette centration sur soi implique une pratique régulière susceptible de nous faire atteindre un calme intérieur. La méditation laïque suppose aussi que le lecteur prenne conscience qu'il est en permanence soumis à la vitesse : « Nous *faisons*, toujours nous *faisons*. Nous sautons d'une action à l'autre. Et, même en agissant, nous ne sommes pas présents à ce que nous faisons : bien souvent, notre esprit est empli d'intentions ou de souvenirs d'autres actions encore. » Nous seulement nous sommes dans l'enchaînement et la précipitation mais en plus nous nous dédoublons intérieurement pour anticiper ou ressasser. Selon C. André et les tenants de la Pleine Conscience, cette ubiquité permanente nous étouffe et conduit à des états pathologiques. La pratique des écrans, du *multitasking* n'a fait qu'amplifier le phénomène : nous pratiquons le *fitness* en envoyant des textos tout en pensant à ce qui nous reste à faire dans la soirée et à ce que nous aurions dû répondre à celui qui a été déplaisant le matin… Cette déconnexion du moment présent induite par la pression de nos sociétés postmodernes, connectées, productivistes et capitalistes peut conduire les individus au *burn-out* et à la dépression. Le psychiatre recommande donc d'agir et de « densifier nos actes » pour leur permettre de n'être « rien que » ce qu'ils sont : « rien que manger (sans lire ni écouter), rien que marcher (sans téléphoner, sans anticiper, sans réfléchir), rien qu'écouter (sans préparer ses réponses ni juger ce qu'on nous dit). » Il recommande également de « cesser d'agir » et de pratiquer l'immobilité sans nier la difficulté de la démarche. La méditation, pour être efficiente, doit être quotidienne et s'envisage comme « un nettoyage des pollutions sociales, une sorte de ménage, régulièrement pratiqué, de notre intériorité. ». Elle passe par trois types de pratiques : formelles (des exercices précis et guidés comme le scanner du corps), des pratiques brèves de quelques minutes sur la base de la respiration et la vie elle-même qu'il conseille de traverser « les yeux de l'esprit grand ouverts » afin d'éprouver intensément ce qu'on est en train de vivre au moment où nous le vivons.

Tout est dit

Selon le biostatisticien Bruno Falissard, les études cliniques sur le sujet sont « aujourd'hui [en 2019] suffisamment bien faites pour reconnaître qu'il s'agit d'un soin psychothérapeutique avec des résultats convaincants. »

Échos

- Nicole Aubert, *Le culte de l'urgence. La société malade du temps* (cf. fiche n° 37)
- Tristan Garcia, *La Vie intense* (cf. fiche n° 43)
- Harmut Rosa, *Résonance. Une sociologie de la relation au monde*
- Philippe Delerm, *La première gorgée de bière* (cf. fiche n° 7)

Hélène Bieber

Fiche n° 39

« La nouvelle Citroën », *Mythologies*, Roland Barthes

1957, édition du Seuil (Points Essais)

L'auteur

Né en 1915 Roland Barthes est un écrivain et sémiologue français connu pour ses travaux critiques sur la linguistique, la psychanalyse et l'anthropologie. Il fut l'un des principaux animateurs de l'aventure structuraliste et sémiotique française en tant que directeur d'études à l'École pratique des hautes études et Professeur au Collège de France.

L'œuvre et son contexte

Le projet de la DS est lancé par le P.-D.G. de Citroën : Pierres-Jules Boulanger qui lui donnera le nom de code « VGD » (Véhicule de grande diffusion). Il fait appel au sculpteur Italien Flaminio Bertoni et à l'ingénieur aéronautique André Lefebvre pour mettre au point et dessiner cette voiture révolutionnaire : une forme aérodynamique futuriste, qui lui vaut le sobriquet de « squalo » (le requin), une suspension hydraulique révolutionnaire qui lui permet de rouler sur 3 roues en cas de coup dur et, plus tard, elle sera dotée d'une direction assistée. C'est le 6 octobre 1955 qu'apparaît pour la première fois la DS de Citroën au Salon de l'automobile de Paris. 12 000 commandes sont passées dès la fin du premier jour du salon, et plus de 80 000 à sa fermeture. Ce succès se pérennise et cette voiture devient l'emblème des classes supérieures, des P.-D.G., des stars, et même des élus de la République puisqu'elle devient le véhicule d'apparat du Général De Gaulle dès 1958.

L'œuvre en quelques mots

Les 53 textes qui composent le recueil *Mythologies* ont été rédigés entre 1954 et 1956 au gré de l'actualité.

« Le matériel de cette réflexion a pu être très varié (un article de presse, une photographie d'hebdomadaire, un film, un spectacle, une exposition), et le sujet très arbitraire : il s'agissait évidemment de mon actualité. »

L'auteur décrypte son époque, les Trente Glorieuses, à l'aide des mythes afin de mieux révéler le système « petit-bourgeois » qui se dissimule dans les modes, événements ou objets culturels qui la caractérisent.

Le thème dans l'œuvre

Le constat du divorce entre connaissance, et mythologie fonde tous les textes du recueil de Roland Barthes. Et la nouvelle voiture Citroën n'y échappe pas pour le plus grand amusement de Roland Barthes qui annonce ironique : « La nouvelle Citroën tombe manifestement du ciel, dans la mesure où elle se présente d'abord comme un objet superlatif. » Le sémiologue évoque ainsi la dimension magique voire spirituelle que d'aucuns lui confèrent. Il justifie cette supposition par les lignes futuristes de sa silhouette, qu'il assimile au navire le Nautilus de Jules Verne. Puis, il s'attarde sur le caractère ambivalent de ce véhicule. Elle est lisse, mais aussi le résultat d'éléments juxtaposés, comme un puzzle : « La DS 19 ne prétend pas au pur nappé, pourtant, ce sont les emboîtements de ses plans qui intéressent le plus le public. » Barthes évoque les émotions que le véhicule provoque et insiste sur la sensualité très métallique que dégage cette automobile en relatant les réactions qu'elle provoque : « On tâte furieusement la jonction des vitres, on passe les mains dans les larges rigoles de caoutchouc qui relient la fenêtre arrière à ses entours de Nickel. » Sans omettre de se moquer au passage de ce qu'il nomme « la grande phase tactile de la découverte ». Avec la DS, la voiture devient à la fois magique et tangible. Roland Barthes voit dans cette voiture qu'il renomme ironiquement « Déesse », un « art humanisé » et un « changement dans la mythologie automobile » : « Jusqu'à présent, la voiture superlative tenait plutôt du bestiaire de la puissance ; elle devient ici à la fois plus spirituelle et plus objective [...] la voici plus ménagère, mieux accordée à cette sublimation de l'ustensilité que l'on retrouve dans nos arts ménagers contemporains « Selon lui, cette voiture, par sa forme, sa vitesse, son importante surface vitrée, entre de plain-pied dans la modernité, c'est en cela qu'elle est devenue mythique. La fin du texte, retourne l'éloge qui précède par une formule très enlevée : « L'objet est ici totalement prostitué, approprié : partie du ciel de Métropolis, la Déesse est en un quart d'heure médiatisée, accomplissant dans cet exorcisme, le mouvement même de la promotion petite-bourgeoise ». L'évocation de cette icône industrielle qu'est ce véhicule permet alors au sémiologue de parachever le portrait brillant et acide de la société française de consommation telle que les Trente Glorieuses l'ont constituée.

Tout est dit

« Je crois que l'automobile est aujourd'hui l'équivalent assez exact des grandes cathédrales gothiques : je veux dire une grande création d'époque, conçue passionnément par des artistes inconnus, consommée dans son image, sinon dans son usage, par un peuple entier qui s'approprie en elle un objet parfaitement magique. »

Échos

- *Nouvelles mythologies*, ouvrage collectif sous la direction de Jérôme Garcin (2011)

Hélène Bieber

Fiche n° 40

Paysages en mouvement, Marc Desportes

2005, Gallimard (Folio)

■ L'auteur

Né en 1961, Marc Desportes est polytechnicien, ingénieur en chef des Ponts et Chaussées et docteur en urbanisme. Il est également conseiller aux maîtres d'ouvrage ; il a été chargé de coordonner la maîtrise d'ouvrage du Palazzo Grossi ou de l'île Seguin. Il est également directeur de Kerso Consulting à Paris.

■ L'œuvre et son contexte

Sa thèse sur l'urbanisme soutenue en 1995 et sa participation à de nombreux projets d'architecture urbaine ont conduit l'auteur à composer cet ouvrage *Paysages en mouvement*, paru en 2005. Marc Desportes a travaillé entre autres pour la candidature de Paris aux Jeux Olympiques de 2008 ou la construction du musée d'art contemporain de l'île Seguin.

■ L'œuvre en quelques mots

Cet ouvrage a reçu le Prix de l'Académie Française en 2005 ; selon l'auteur, la vitesse change notre propre perception du paysage. Il étudie la genèse, les différentes caractéristiques des différents modes de transport : la route, le chemin de fer, l'automobile, l'autoroute et l'avion pour mieux étudier leur impact sur notre propre regard.

■ Le thème dans l'œuvre

Marc Desportes commence son analyse des moyens de transport avec les routes mais la vitesse n'est pas la « première donnée qui vient à l'esprit » ; le développement des infrastructures routières a un impact sur l'usager « en facilitant le mouvement, la route incite le voyageur à s'enfermer dans une pure exploration visuelle et à en jouir pleinement ». De plus, la route offre un paysage en interaction avec l'homme « grâce aux progrès réalisés à l'époque classique, les déplacements se diversifient et s'individualisent ». L'auteur dénonce la vitesse qui ne permet pas d'admirer le paysage « tout se passe comme si la grande vitesse brisait la continuité par Condillac entre le mouvement et la vision ». Même si le réseau routier est construit rapidement, la route du XVIII est « un axe rectiligne parcouru à vitesse régulière, sans heurts ni cahots ». Le réseau ferroviaire s'est érigé plus lentement puisque « près de vingt-cinq ans seront nécessaires pour perfectionner cette utilisation de la vapeur ». La vitesse des trains croît régulièrement, « au second empire, la vitesse moyenne se situe entre 60 et 80 km/h ». Le paysage offert par ce mode de transport devient un panorama doté « d'une brièveté de la vision » car « la vitesse à laquelle le voyageur est emporté annihile toute possibilité de voir ». Le réseau ferroviaire est doté d'une certaine imprévisibilité « il n'y a plus d'attention ni d'anticipation. Toute chose apparaît et disparaît brutalement ». Quand l'automobile apparaît à la fin du XIXe siècle, « la production automobile doit se plier aux impératifs de rentabilité ». La circulation en ville augmente de manière exponentielle ; alors que les voitures n'existent pas à Paris, vingt ans plus tard, il y en a 66 000. Cette notion de vitesse est « originale d'un point de vue quantitatif, qualitatif et spatial » en créant entre autres une « dynamique ». Marc Desportes met aussi en exergue les dangers liés à « la circulation motorisée » ; selon lui, en créant une certaine monotonie, elle « appauvrit les sensations éprouvées par l'automobiliste ». La vitesse modifie notre perception du paysage car « tout change, selon que le voir peut s'enchaîner ou non sur un mouvoir ».

Tout est dit

« Une technique de transport, impose au voyageur des façons de faire. Chaque grande technique de transport modèle une approche originale de l'espace traversé. »

« Si la vitesse fait alors l'objet d'une telle attention, c'est parce que grâce à l'automobile, elle peut désormais se développer partout. »

Échos

- *Géographie des transports*, 2005, Éditions Armand Colin
- *La ville des flux : l'envers et l'endroit de la mondialisation urbaine,* Olivier Mongin, 2013

Isabelle Clochard

Fiche n° 41

« Vues du train ». Vision et mobilité au XIXe siècle, Clément Chéroux

Novembre 1996, *Études photographiques*, n° 1

■ L'auteur

Historien de la photographie et commissaire d'exposition, Clément Chéroux a consacré sa thèse de doctorat à la photographie vernaculaire, c'est-à-dire des images du quotidien, de la représentation de la vie de tous les jours sans ambition *a priori* artistique. Il a été directeur de la publication de la revue *Études photographiques* dans laquelle il rédige encore régulièrement des articles.

■ L'œuvre et son contexte

Le parti-pris de Chéroux dans l'ensemble de de ses travaux est la perception de la contemporanéité de la photographie et de sa capacité à retranscrire le vécu quotidien de tout un chacun.

■ L'œuvre en quelques mots

L'objectif de Clément Chéroux dans cet article apparaît de saisir quel regard est porté, non pas sur le train, mais depuis le train. Il appelle à considérer l'engin ferroviaire davantage comme « *machine à voir* et non comme *machine à se mouvoir* ». Et pour saisir la nature et le fonctionnement de ces « vues » du train, il va établir une comparaison avec d'autres dispositifs optiques comme la photographie, le panorama ou le cinématographique, qui sont parvenus à saisir des phénomènes tels que le mouvement et la vitesse.

■ Le thème dans l'œuvre

L'article commence par la remise en question d'un présupposé : le regard posé sur la modernité n'est plus la vision fixe imposée par la peinture classique qui fige la réalité pour l'éternité. Ainsi qu'il l'écrit : « *Parmi les caractéristiques nouvelles de la vision nouvelle imposée par le train, il en est une immédiatement remarquée : la vitesse* ». Ainsi, la thèse de l'article établit le fait que la mobilité est la caractéristique première de la vision que proposent les trains. Pour Clément Chéroux, le monde est vivant et la photographie ne doit surtout pas se borner à le figer, mais au contraire à exprimer sa mouvance, voire même à témoigner de son incapacité à saisir son passage : « *le paysage ne s'est pas encore offert qu'il s'est déjà éclipsé* ».

La vitesse du monde apparaît comme difficile à happer par l'appareil photographique et la machine ferroviaire accentue la fugitivité de l'instant. Cet *« observatoire mobile »* amène un travail sur l'image et sur la lumière où l'important réside davantage dans l'impression optique que dans la précision de la perception : *« le paysage qui défile* [...] *se résume alors souvent à deux larges bandes colorées azur et brune : le ciel et la terre »*.

Ainsi, la vitesse a-t-elle comme conséquence sur le regard d'attiser sa curiosité : Chéroux note que ces perspectives ont fortement influencé les techniques picturales de la fin du XIXe siècle. Le peintre Jongkind se plaît d'ailleurs à le proférer comme un véritable manifeste : *« L'impression fugitive sur la rétine suffit. Tout le reste est inutile »*. Il faut attendre 1886 pour voir théorisé ce principe optique du regard mobile par l'écrivain suédois Strindberg qui le nomme *Momentaufnahme*, que l'on peut traduire de l'allemand par « instantané photographique » et qui désigne parfaitement les impressions visuelles fugitives perçues lors des vues de trains lancés à pleine vitesse.

Outre la fugitivité, la vision ferroviaire se caractérise surtout par sa fragmentation et sa focalisation. En effet, la vue est nécessairement coupée par les encadrements des fenêtres du train qui compartimentent l'image et délimitent fortement le regard.

L'auteur finit son article en s'interrogeant sur les résidus des regards. Pour Chéroux, ce sont *« des bribes de paysages »* qui amènent l'observateur à reconstituer mémoriellement *« la combinaison des diverses images fragmentaires » qu'il a perçues »*. Et c'est là que la vitesse joue son rôle le plus important : elle permet au regard d'embrasser le maximum du paysage en un minimum de temps. Au diable la précision, il s'agit d'une vision d'ensemble, panoramique, permise par la saisie du mouvement. Des voyages étaient même organisés au début du XXe siècle sur ce principe, les panoramas mouvants : *«[O]n se mettait à évaluer l'expérience visuelle sous un jour nouveau, à lui conférer une mobilité et une capacité d'échange qu'elle a jamais eues »* (Crary, *L'Art de l'observateur*, 1994).

■ Tout est dit

« Voyager en chemin de fer ne fatigue pas ; c'est un plaisir, un agrément... on se sent rouler avec une douceur inconcevable ; le chemin de fer est la véritable lanterne magique de la nature. » (Paul de Koch, 1842).

« La vitesse des premiers trains entraîne une troublante surabondance des impressions visuelles. »

■ Échos

- Article en ligne : https://journals.openedition.org/etudesphotographiques/101
- Jean-Philippe Domecq, *Ce que nous dit la vitesse* (cf. fiche n° 42)
- Blaise Cendrars, *La prose du Transsibérien et de la petite Jehanne de France*, (cf. fiche n° 5)

Laetitia Magnani

Fiche n° 42

Ce que nous dit la vitesse, Jean-Philippe Domecq

1994, éd. Promeneur (Pocket, 2013)

L'auteur

Né à Angers en 1949, Jean-Philippe Domecq est un romancier et essayiste français qui s'est autant intéressé au passé via la littérature, qu'au monde qui l'entoure. Ses essais ont souvent connu des polémiques grâce à des titres tapageurs et volontairement provocateurs comme *Qui a peur de la littérature ?* reparu en 2002 ou bien encore *Traité de banalistique* en 2004.

L'œuvre et son contexte

L'essayiste a cherché dans son œuvre à percevoir les traits et les dérives de son temps à la manière d'un moraliste. S'intéressant à la culture contemporaine, il analyse la façon dont les individus s'inscrivent dans la société, tant du point de vue politique (en 1992, il écrit *La Passion du politique*) que par le prisme de la passion sportive avec son essai de 1993 consacré à la Formule 1 : *Ce que nous dit la vitesse*.

L'œuvre en quelques mots

Cet essai, publié pour la première fois en 1993, a connu trois rééditions successives (la dernière en poche en 2013), ce qui témoigne de son caractère à la fois moderne et novateur. Il part du constat que la course automobile est un sport très populaire et médiatique et que les pilotes sont les nouveaux héros des temps modernes dont la vitesse est l'arme pour défier la mort : la Formule 1 comme course contre le temps et pour l'éternité.

Le thème dans l'œuvre

Selon Domecq, le sport automobile représente pour le monde contemporain ce que l'épopée est à l'Antiquité. Les pilotes-héros deviennent des gladiateurs et la piste semble une arène sur laquelle de chars de course ultra-rapides sont mus par les chevaux de moteurs hyper-puissants. Dès lors, la mythologie de la Formule 1 implique pour lui le récit d'exploits plus grands que l'Homme et le désir de l'individu moderne de dépasser les limites humaines et de s'élever au-dessus de sa condition de simple mortel.

L'essayiste a tenté de comprendre pourquoi un tel engouement planétaire s'est installé autour de ce sport. Selon lui, par l'exercice de la vitesse extrême de la course automobile, les pilotes dépassent leur condition d'homme pour tester les limites de leur corps et de leur vie. Il assimile l'automobile à une sorte d'armure qui métamorphose le pilote en chevalier et l'héroïse tout en lui conférant un sentiment – illusoire – de toute puissance et d'immortalité. À l'appui de ses théories, Domecq propose une relecture du deuil le plus célèbre de la Formule 1, celui d'Ayrton Senna. Il constate que ce dernier a connu sa plus grande popularité de manière posthume, comme si la mort l'avait érigé au rang de héros. Pour illustrer ses propos, il cite Debray qui écrit dans *Truismes* : « Il y a une sorte d'héroïsation par la mort sur la route ». Le décès du coureur automobile a eu lieu en direct et les funérailles nationales qui ont suivi ont achevé de l'héroïser pour l'éternité et de lui donner une aura mythique.

La cause de cette mort semble moins être finalement la vitesse que le péché d'orgueil d'un nouvel Icare pour lequel le soleil à atteindre est le record de km/h et la ligne d'arrivée en Pole Position son Everest à gravir. Domecq emprunte aussi au vocabulaire de la tauromachie et des tournois pour analyser ce qui se joue sur la piste. Il constate qu'il est difficile de parler de Formule 1 sans passer par le cours de la métaphore tant « c'est un monde de chiffres et de haute technique, d'images à la limite des réflexes, de frôlements du danger à la limite des mots ». La lutte pour la victoire repose sur la rivalité de coureurs qui sont un seul et même élan finalement, celui de la vitesse pour la vitesse, celui du « premier arrivé » quoi qu'il en coûte.

À travers son essai, Domecq a voulu montrer que les circuits automobiles sont les nouveaux lieux des tragédies modernes où se révèlent, parfois victorieux, parfois funestes, les grands orgueils humains et la soif de toute-puissance qui meut l'Homme.

Tout est dit

« Nous assistons à la course parce que l'asphalte tourne autour de la mort, qui est l'exacte lumière pour remettre à leur place les plaisirs et les choses. Et les hommes, ceux qui jouent à ce jeu sous nos yeux. »

Je vais vous parler [...] *de cette corrida mécanique : la course automobile. »*

Échos

- Nicole Aubert, *Le Culte de l'urgence. La société malade du temps*, 2009 (cf. fiche n° 37)
- Roland Barthes, *Mythologies*, « La nouvelle Citroën », 1957 (cf. fiche n° 39)
- Ron Howard, *Rush* (cf. fiche n° 65)

Laetitia Magnani

Fiche n° 43

La Vie intense, Tristan Garcia

2016, Autrement, collection Les Grands Mots

L'auteur

Écrivain et philosophe français, Tristan Garcia est né en 1981. Normalien et docteur en philosophie, il enseigne aujourd'hui à l'université Jean-Moulin-Lyon-III. *La meilleure part des hommes*, son premier roman paru en 2008 lui vaut un succès public et critique ainsi que le Prix de Flore. Il n'a cessé depuis de publier, alternant romans, nouvelles et essais. Tristan Garcia est également un très bon spécialiste des séries télévisées.

L'œuvre et son contexte

En participant au développement du nouveau courant philosophique du réalisme spéculatif, Tristan Garcia contribue à l'un des plus importants récents renouvellements de la pensée occidentale. Sous l'égide de Quentin Meillassoux, cette philosophie considère qu'il faut penser non pas ce qui est mais ce qui peut être ; d'où le terme spéculatif.

L'œuvre en quelques mots

Dans cet essai sous forme d'enquête archéologique, il s'agit de définir une nouvelle éthique de nos sociétés. Sous-titré « Une obsession moderne », *La Vie intense*, en remontant aux origines de l'électricité, interroge notre volonté – jamais remise en cause – de vivre plus fort et de vivre plus.

Le thème dans l'œuvre

Privés de transcendance (le salut, la sagesse), l'Homme moderne emploie son existence à vivre plus et mieux ce qu'il est déjà. Cette valeur de vie intense est admise par tous aussi bien les libéraux que leurs ennemis les révolutionnaires, les hédonistes ou les fondamentalistes religieux. Cette intensité qui envahit tous les pans de notre existence aussi bien éthique qu'esthétique « n'est rien d'autre que le principe de la comparaison systématique d'une chose à elle-même » ; « Elle est devenue l'*ethos* de notre humanité ».

Pour Garcia ce primat de l'intensité sur toute autre valeur a pour origine l'invention de l'électricité car elle signe l'entrée dans la modernité. Après avoir en détail évoqué diverses formes d'intensités, l'essayiste aborde dans la partie « Un idéal moral », le moment relativement récent, où l'électrification des objets a changé l'idéal d'intensité, qui s'est déplacé du monde naturel au monde technique ». Il prend pour exemple simple l'électrification des instruments de la musique est les nouveaux genres musicaux qui en sont nés. Dans la partie suivante « Un idéal éthique », il analyse précisément les façons dont l'individu moderne électrifié a pu gagner en intensité. La première de ces façons (qu'il nomme les « ruses ») consiste « En variant » à lutter contre toutes les formes de monotonies, sexuelle, intellectuelle, maritale… La deuxième « ruse », « En accélérant » rejoint le plus directement notre thème « À toute vitesse ! ». Garcia pose un jalon clair « On peut être excité par la rapidité des voitures actuelles, dont on devine pourtant qu'elles sont plus lentes que celles de demain. Il ne faut pas s'arrêter en chemin : il faut aller encore plus vite que le mouvement actuel. Ainsi, la singularité technologique est-elle la représentation de l'accélération du progrès technologique jusqu'à un point au-delà duquel une machine supra-intelligente supplantera l'intelligence humaine. » Mais comme l'accélération induit l'addiction, il propose une troisième et dernière « ruse » : le « prima vérisme », cette quête de la première fois (systématique supposée la meilleure »). Creusant son analyse des facteurs d'intensification de l'existence, Garcia pointe une limite « Mais à terme, les trois ruses pour permettre de continuer à vivre intensément, en variant, en accélérant ou en attribuant l'intensité maximale à la première fois (et en le regrettant), menacent de se neutraliser les unes les autres. » Devant la nécessité de réinventer, de revivifier sans cesse sa propre intensité, le poids du sport quantifié et du *quantified-self* ne cesse de progresser dans nos existences. D'où l'importance, dès les années 1930, des records et des performances sportives et, plus récemment, des sports extrêmes.

Dans la vie professionnelle, cette quête permanente de l'intensité conduit nombre d'entre nous au *burn-out*, à la dépression et la collectivité à « la société de la fatigue ». Dans la dernière partie de son ouvrage, le philosophe explore les solutions capables de pallier cette vaine quête de l'intensité.

■ Tout est dit

« L'intensité a toujours été une ontologie par défaut pour ceux qui ont voulu ne pas en avoir »

«[…] prendre acte de l'impuissance croissante de la société européenne à promettre aux gens autre chose que ce qu'ils ont déjà, pour se contenter de leur promettre plus de la même chose – c'est ce « plus » que désigne la vie intense. »

■ Échos

- Jean-Domecq, *Ce que nous dit la vitesse* (cf. fiche n° 42)
- Paul Virilio, *Vitesse et politique* (cf. fiche n° 52)
- Paul Virilio, *L'inertie polaire* (cf. fiche n° 53)
- Paul Morand, *L'homme pressé* (cf. fiche n° 23)

Hélène Bieber

Fiche n° 44

Le Droit à la paresse, Paul Lafargue

1883, (1994, Mille et une nuits)

■ L'auteur

Né en 1842, Paul Lafargue est métis, de mère juive et caraïbe et de père mulâtre. Après des études de médecine en France, il s'oppose au Second Empire et s'exile à Londres, il rencontre Karl Marx dont il épouse la fille et les idées. Revenu en France lors de la guerre de 1870, il doit s'exiler en Espagne en raison de la répression des communards. C'est alors qu'il se donne pour mission de promouvoir le marxisme chez les ouvriers espagnols. De retour en France dix ans plus tard, il créera le parti socialiste d'inspiration marxiste. Véritable acteur de la vie politique française, économiste et initiateur du marxisme en France, Paul Lafargue fut redécouvert par l'histoire du socialisme à la fin du XXe siècle. En 1911, il se suicide avec son épouse avant que «*l'impitoyable vieillesse*» ne lui enlève «*un à un les plaisirs et les joies de l'existence*».

■ L'œuvre et son contexte

Le contexte historique de l'époque est éloquent, il montre des travailleurs qui œuvrent 12 heures par jour dans une société où il n'est pas rare de voir les enfants travailler. Les ouvriers parviennent juste à subvenir à leur besoin, les bourgeois surconsomment quand noblesse et clergé ne travaillent pas.

■ L'œuvre en quelques mots

Le Droit à la paresse est l'ouvrage d'un homme de conviction qui mène un combat en faveur de la classe ouvrière et propose de réfléchir à la configuration sociale du travailleur. Dans cet essai, Lafargue peint la folie qui s'empare des classes ouvrières, cet amour du travail propre à la civilisation capitaliste À travers cette description, Lafargue démythifie le travail et propose un véritable éloge de la paresse.

■ Le thème dans l'œuvre

«*Dans la société capitaliste*» explique Paul Lafargue, «*le travail est la cause de toute dégénérescence intellectuelle, de toute déformation organique*». Une position qui amène le lecteur à réfléchir une sacralisation du travail devenue dangereuse pour l'homme, pour son esprit comme pour son corps. Le travail en effet représente une souffrance, un enfermement qui occupe tout le temps de l'ouvrier et l'oblige à vivre vite, «à toute vitesse». Ce surmenage est induit par la machinisation du monde industriel qui rythme la vie de l'homme et l'amène à produire toujours plus. «*Les ateliers modernes sont devenus des maisons idéales de correction* » explique Lafargue, « *où l'on incarcère les masses ouvrières, où l'on condamne aux travaux forcés pendant douze et quatorze heures, non seulement les hommes, mais les femmes et les enfants !* ». Le temps devient un luxe pour la classe ouvrière qui se tue au labeur. Lafargue présente ainsi le travail comme une forme d'aliénation qui conditionne le prolétariat au profit du capitalisme. – « *Une étrange folie possède les classes ouvrières des nations où règne la civilisation capitaliste* » explique l'auteur. « *Cette folie traîne à sa suite des misères individuelles et sociales qui, depuis deux siècles, torturent la triste humanité. Cette folie est l'amour du travail, la passion moribonde du travail, poussée jusqu'à l'épuisement des forces vitales de l'individu et de sa progéniture* ».

En réaction, Lafargue proclame « le droit à la paresse » perçu ici comme un remède possible au droit du travail. Il convient toutefois de ne pas s'y méprendre, la paresse n'est nullement l'inactivité : « *En régime de paresse, pour tuer le temps qui nous tue seconde par seconde, il y aura des spectacles et représentations théâtrales toujours et toujours* [...] ». Au contraire, la paresse s'impose comme une activité choisie qui n'est pas le « non-travail » mais le droit de prendre le temps de vivre. Salvatrice, elle pourrait être un éloge à la lenteur, à la douceur de vivre dont la société doit s'emparer pour ne plus être victime. Pour Lafargue, il est essentiel de réduire la place du travail dans le quotidien, de se libérer de l'esclavage de la société de consommation pour redevenir pleinement humain. Au droit au travail doit répondre le droit à la paresse et une nouvelle équité pour les travailleurs.

■ Tout est dit

« [...] *depuis un siècle, le travail forcé brise leurs (des hommes et des femmes) os, meurtrit leurs chairs, tenaille leurs nerfs ; depuis un siècle, la faim tord leurs entrailles et hallucine leurs cerveaux !... Ô Paresse, prends pitié de notre longue misère ! Ô Paresse, mère des arts et des nobles vertus, sois le baume des angoisses humaines !.* »

■ Échos

- Bertrand Russell, *Éloge de l'oisiveté* (cf. fiche n° 50)
- Karl Marx, *Manifeste du parti communiste*
- *Paradis pour tous*, film d'Alain Jessua, 1982
- *Violence des échanges en milieu tempéré*, film de Jean-Marc Moutout, 2004

Alexandra Masini-Beausire

Fiche n° 45

Marcher – Éloge des chemins et de la lenteur, David Le Breton

2012, Métailié

L'auteur

Il est né en 1953 au Mans, dans la Sarthe. Il est professeur à l'Université de Strasbourg et membre de l'Institut universitaire de France, chercheur au laboratoire Cultures et Sociétés en Europe. Il est spécialiste des représentations du corps et il a étudié les conduites à risque. Ses recherches sont toujours marquées par une quête personnelle remontant à son adolescence. Il a écrit un roman noir, *Mort sur la route*, qui a reçu le Prix Polar Michel Lebrun.

L'œuvre et son contexte

Ses travaux de recherche reposent sur le silence, la marche et la lenteur. Il explore des valeurs oubliées ou sous-estimées. Ses livres sont de vibrants hommages à des notions jugées dépassées qu'il veut partager avec ses lecteurs. Il écrit pour tout le monde et ses œuvres n'ont rien d'obscures ou d'absconses. Il s'agit de son deuxième ouvrage sur la marche, dix ans après le premier.

L'œuvre en quelques mots

Le livre est composé de 22 chapitres, aux titres éloquents. Il s'agit de verbes en rapport avec la marche et de noms qui montrent les intérêts de marcher et évoquent la découverte, comme les paysages, la marche en ville, les longues marches… L'essai est destiné à faire partager aux lecteurs de riches expériences et un éloge de la lenteur.

Le thème dans l'œuvre

D. Le Breton amorce son ouvrage par la réflexion sur la marche qu'il a faite dix ans auparavant. Il constate que la marche a changé et que marcher est devenu une source d'efficacité, de rendement ou d'utilitarisme. La marche, comme phénomène de mode, devient un défi lancé aux autres et à soi-même. De nombreuses villes ou villages proposent des marches aux vacanciers ou aux habitants sur place. La marche est associée au plaisir et au loisir. Elle montre la disponibilité et la capacité à passer du temps à faire une activité de plein air qui consiste à découvrir aussi la nature. Marcher dans des endroits improbables et inexplorés devient une gageure que nos contemporains aiment à relever.

La marche est l'occasion d'explorer sa propre sensorialité. Elle demande une ouverture du corps sur l'extérieur, le paysage mais aussi sur les autres marcheurs car le

« monde se donne à travers la profusion des sens. » et la fatigue est un indice, par exemple, que la marche a été forte et intense. La halte pour manger fait aussi partie du rituel de la marche. Se restaurer et récupérer de longues marches permet de reprendre des forces afin d'affronter le reste du périple. Le plus important n'est pas de manger mais de « savourer la présence des autres » car marcher est un acte qui relève du collectif.

L'essai explore aussi de nombreuses expressions figurées, comme se remettre en marche. Il est l'occasion aussi de réfléchir sur ses sens, le sommeil, la découverte de paysages. L'auteur après avoir étudié la marche en pleine campagne et cité le point de vue de nombreux écrivains comme Rousseau ou J. Lacarrière, l'auteur examine les intérêts à marcher en ville. Le citadin possède, selon lui, ses propres espaces de marche. La ville d'ailleurs n'existe que par ses propres déplacements. Marcher en ville ouvre ainsi la possibilité de rencontres inattendues. Mais surtout le plus intéressant est de marcher dans des villes que l'on a connues dans le passé, enfant notamment ; ce qui permet à l'auteur d'évoquer sa ville natale, Le Mans. Les longues marches occupent aussi une partie de son analyse. Marcher au long cours implique un équipement et une préparation sérieuse qui permette de tenir sur la durée. La marche ensuite est examinée selon sa dimension spirituelle. C'est elle qui engendre une métamorphose intérieure. Le marcheur ne se suffit pas à lui-même, il a besoin des autres et en particulier d'autres existences. Il cherche sur les sentiers ce qui lui manque.

Et en conclusion, la marche est surtout l'occasion de puiser en soi et de découvrir ses chemins intérieurs. Marcher mène à son intériorité avant de mener quelque part dans le monde réel. L'essai définit donc le statut de la marche et le cheminement lent vers soi-même car la marche ouvre enfin « la porte étroite qui aboutit à la transformation heureuse de soi ».

Tout est dit

« Le flâneur est l'artiste de la ville, une sorte de détective amoureux qui observe les passants comme le détail des façades ou l'ambiance des rues. »

« Le marcheur de longue distance qui étudie les cartes ou le plan de son parcours, oui qui regarde simplement le nom des sentiers à emprunter sur des voies balisées est d'emblée confronté à son imaginaire. »

Échos

- Milan Kundera, *La Lenteur* (cf. fiche n° 17)
- Pierre Sansot, *Du bon usage de la lenteur* (cf. fiche n° 51)

Agnès Felten

Fiche n° 46

Éloge de l'immobilité, Jérôme Lèbre

2018, Éditions Desclée de Brouwer

■ L'auteur

Né en 1967, Jérôme Lèbre s'est formé en philosophie à l'ENS et enseigne sa discipline en classes préparatoires littéraires. Membre du Collège international de philosophie, il a publié une dizaine d'ouvrages dont « Vitesses » (Hermann, 2011) et « Éloge de l'Immobilité » (Desclée de Brouwer, 2018).

■ L'œuvre et son contexte

L'auteur avait déjà interrogé l'accélération du temps vécue par l'homme contemporain aux prises avec les mutations techniques et communicationnelles dans « Vitesses ». Il s'est inspiré du séminaire « Stations » (2014-2016), mené au Collège international de philosophie, pour affirmer le rôle d'antidote de l'immobilité face aux excès de la modernité.

■ L'œuvre en quelques mots

L'essai évoque la tension entre l'injonction de rapidité de notre époque, et le désir croissant de « faire halte » pour redonner sens à l'existence. Les pratiques de méditation font florès, mais la société du XXIe siècle interprète le plus souvent l'immobilité comme une sanction. L'auteur y voit au contraire l'occasion d'une libération.

■ Le thème dans l'œuvre

Dès les premières pages, l'auteur convoque avec habileté l'expérience propre du lecteur en train de marquer un arrêt dans ses activités quotidiennes : la rencontre avec un texte implique, comme toute forme de concentration de la pensée, une échappée hors du temps ordinaire rythmé par les impératifs de la production. En effet, le système capitaliste et son cortège d'améliorations techniques cherchent à abolir l'espace et le temps au service du profit ; à l'extrême, il impose à l'individu une cadence aliénante qui le dépossède de son existence et de ses choix. L'immobilité, quand elle relève de l'acte délibérément choisi et non de la contrainte extérieure du handicap, des peines d'emprisonnement ou des règles institutionnelles, procède en conséquence d'une liberté ontologique : « Alors que souvent, on se contente d'aller infiniment de l'avant, à consentir parce que tout est déjà décidé (ou va l'être), la résistance suppose cet effort, individuel ou commun, qui interrompt ce consentement et refait de l'assentiment un problème ». Ce temps de suspension permet ainsi d'ouvrir une brèche dans l'agenda dicté par le productivisme, lequel s'érige en idéologie matérialiste d'une époque « en marche ». Dans la « station », autrement dit la pause volontaire, le sujet peut s'extraire du cours du monde pour renouer avec sa conscience, à l'instar du sage. La quête du sens de l'existence ne réclame pas moins que ces temps de retrait.

Reste que l'homme contemporain oscille entre des désirs ambivalents. Il aspire au repos et à la récréation pour se rapprocher de l'essentiel, mais il cherche à oublier sa finitude au prix d'une course effrénée vers ses obligations, qu'elles soient nécessaires ou contingentes ; c'est que l'immobilité peut faire naître l'angoisse en tant que prémonition de la perte de facultés, et finalement de la mort. Les philosophies orientales, en particulier le Dao chinois ou la voie des Yogis indiens, apportent des clés inspirantes à la pensée occidentale pour résoudre ce conflit. Elles enseignent que la loi du mouvement et l'impermanence s'inscrivent dans des cycles immuables que le vivant traverse en épousant le rythme de l'univers. Derrière ce voile du visible se cache l'immobilité éternelle d'un principe transcendant accessible par les pratiques méditatives. Le pont se dessine aisément vers la pensée de Platon, qui prônait dans *Le Phédon* « l'immobilité de l'âme et l'immobilité du corps » pour prétendre atteindre la vérité des idées pures.

Les œuvres artistiques reposent enfin sur un projet d'immobilisation. En figeant une scène au prisme de leur sensibilité singulière, les sculpteurs, peintres et photographes proposent une vision affranchie de la temporalité, une ouverture au foisonnement des contemplations statiques.

Tout est dit

« Oscillant entre excitation et paralysie, l'agité est insensé. Le sage en revanche existe en retrait, se maintenant présent mais à l'écart [...]. »

« Si le repos est une manière de vivre proche de la mort, la contrainte d'immobilisation rivalise avec la peine de mort. »

« Nous sommes déjà dans un monde défini par la simultanéité et non par l'avenir. »

Échos

- « Éloge de la lenteur », débat enregistré en juin 2015 au Palais de la Découverte et Cité des Sciences et de l'Industrie, avec Gilles Clément (paysagiste, enseignant, écrivain), David Le Breton (anthropologue et sociologue), Frédéric Worms (Professeur de philosophie)/en podcast sur www.franceculture.fr
- « Pour tout changer, soyons immobiles », entretien avec Jérôme Lèbre mené par Xavier de La Porte, 13 mai 2018, Bibliobs (Rubrique de l'Obs)

Marie Lescêne

Fiche n° 47

Manifeste du futurisme, Filippo Marinetti

1909 (Voix d'Encre, 2014)

■ L'auteur

Il est né en 1876. Son amour de la littérature lui vient de sa mère et de l'école qui lui permettent de découvrir les classiques. Il étudie à Paris, où il rencontre les avant-gardistes littéraires et fait son doctorat en Grèce. En 1904, il fonde la revue *Poésie*, dans laquelle on trouve les poèmes des futuristes. Il se rapproche des milieux nationalistes et devient anarchiste. Comme il est proche des mouvements populistes, il intègre l'Académie italienne. Il est fait Chevalier de la Légion d'honneur en France. Il meurt d'une crise cardiaque en 1944.

■ L'œuvre et son contexte

Texte qui apparaît pour la première fois en 1909 dans la *Gazette* de Bologne. La même année, il est publié dans le Figaro. L'objectif du manifeste est d'annoncer la naissance de leur groupe et d'en présenter les principales idées, le tout sur un ton très provocant car F. Marinetti aime le scandale. Ses arguments polémiques doivent choquer les bourgeois.

■ L'œuvre en quelques mots

Le manifeste est composé de cinq parties. L'introduction présente tout d'abord le contexte. La première partie est un énoncé des 11 commandements futuristes. La deuxième partie présente le contexte en Italie, évoque le passé et la culture du passé. La troisième partie est une présentation du groupe des futuristes qui sont très jeunes car le plus « âgé d'entre [...] a 30 ans. ». La cinquième partie sert de conclusion et aborde l'avenir avec des visions hallucinées.

■ Le thème dans l'œuvre

Chaque commandement futuriste est l'occasion d'un très court paragraphe qui propose quelques pistes.

Chanter l'amour du danger est le premier commandement. Il faut être téméraire et avoir l'habitude de l'énergie.

Trois éléments poétiques constituent le second commandement. Il s'agit du courage, de l'audace et de la révolte.

L'opposition avec le passé est fortement marquée dans le troisième commandement. Il faut abandonner l'immobilité et le sommeil, ce qui correspond à la littérature du passé. F. Marinetti recommande l'agressivité, l'insomnie et tout ce qui est rapide. Il utilise pour souligner ces thèmes des images fortes comme le « coup de poing » et la « gifle ».

Le quatrième commandement expose les caractéristiques d'une « beauté nouvelle » qui doit se substituer à l'ancienne. Il s'agit bien sûr de la beauté de la vitesse.

Le cinquième commandement consiste à faire chanter l'homme qui, selon lui, tient le volant.

Le sixième commandement explique que la beauté réside dans la lutte. Il faut abattre avec violence les formes du passé.

Le septième commandement fait appel à l'image du « promontoire » ou l'éternelle vitesse est omniprésente. Le passé est rejeté de manière catégorique.

Le huitième commandement aborde le thème de la guerre qui repose sur la destruction et l'anarchie, deux valeurs-clé célébrées par l'auteur.

Le neuvième est de nouveau un verbe en rapport avec ce qui précède. Ce n'est plus « chanter » mais « démolir » qui vient préciser les intentions de l'auteur. Il faut raser les anciens lieux de culture pour proposer d'entières nouveautés.

Le dixième concerne la foule qui est un indice de modernité et permet de chanter tout ce qui est pluriel. L'auteur affirme son attachement au multicolore et à la polyphonie.

Le onzième et dernier commandement concerne les moyens de transport qui permettent d'acquérir de la vitesse. La modernité futuriste se situe avant tout dans le déplacement et le mouvement.

Tout est dit

« Sortons de la sagesse comme d'une gangue hideuse et en tous, comme des fruits pimentés d'orgueil, dans la bouche immense et torse du vent ! »

« Vivement donc les sons incendiaires aux doigts carbonisés. »

« Debout sur la cime du monde, nous lançons encore une fois le défi aux étoiles ! »

Liens

- M. Duchamp, *Nu descendant un escalier* (cf. fiche n° 77)
- L. Russolo, *Automobile in corsa* (cf. fiche n° 81)
- H. Rosa, *Vitesse et Accélération* (cf. fiche n° 48)

Agnès Felten

Fiche n° 48

Accélération, Hartmut Rosa

2010, Éditions La Découverte (La Découverte Poche)

L'auteur

Né en 1965, Hartmut Rosa est un sociologue et philosophe allemand ; c'est le penseur de l'accélération sociale. Issu de l'École de Francfort, il s'évertue à relier la théorie critique à la vie quotidienne. Il enseigne également à l'université Friedrich-Schiller d'Iéna. Il est également l'auteur en 2012 de l'essai Aliénation et accélération.

L'œuvre et son contexte

C'est en 2005 qu'Hartmut Rosa fait paraître cet ouvrage sur la vitesse en s'inscrivant dans la même démarche que Paul Virilio. La notion d'accélération prend d'ailleurs tout son sens à l'heure de la mondialisation en démontrant que l'accélération du rythme de vie, de la technique et celle des changements des structures sociales s'entremêlent.

L'œuvre en quelques mots

Ce penseur nous livre une théorie de l'accélération sociale, présente dans la société moderne tardive. Il s'agit de démontrer que « n'avons pas le temps alors que nous en gagnons toujours plus ». Cet essai, constitué de quatre parties équilibrées évoque les « fondements de la théorie », ses effets, ses causes et enfin ses conséquences.

Le thème dans l'œuvre

Selon Hartmut Rosa, l'expérience majeure de la modernité est celle de l'accélération : nous le savons, nous le sentons car « dans la modernité, tout devient toujours plus rapide ». Même si les informations sont plus nombreuses et rapides, grâce à la « révolution de la transmission », tout n'est pas idyllique dans cette société car l'espace entre autres s'en trouve « comprimé ». Pour mieux saisir cette notion, le sociologue tente de la définir en déclarant que c'est « une augmentation quantitative par unité de temps ». Pour mieux « déchiffrer sa logique », ce penseur analyse trois types d'accélération ; celle du vécu individuel, de la technique et, du changement social. Cet essai se veut plutôt pessimiste car selon lui « cette accélération a franchi un point critique » nul n'échappe ainsi aux effets de ce qu'il nomme « cette crise du temps » : on est dans « une course effrénée à l'abîme ». Tout est soumis à « ce processus inexorable de la modernisation », la culture, la vie, la politique, le temps, les loisirs et même le travail car « on n'est plus boulanger, conservateur ou catholique en soi, mais à un moment donné». L'homme devient alors soumis au «multitasking», son identité se transforme également sous l'effet de la vitesse car «aucune définition de l'identité n'est plus permanente». De plus, cette accélération entraîne de plus en plus dans les sociétés modernes des «pathologies dépressives» car certains individus sont trop lents et désynchronisés. Selon cet essai, si la société moderne tardive est autant éprise de vitesse, c'est avant tout parce que «c'est une réponse moderne à la mort». D'ailleurs il n'est pas facile de «décélérer car on a affaire à une croissance quantitative exponentielle»; l'accélération est même «devenue un processus autoalimenté». Cette accélération se mue en «une immobilité fulgurante» et en une «pétrification de l'histoire». Hartmut Rosa se demande comment se terminera cette «histoire de l'accélération»; ses trois hypothèses se veulent plutôt sombres car il envisage soit «l'élaboration d'une nouvelle forme de contrôle», soit «l'abandon du projet de la modernité», soit «un freinage d'urgence».

Tout est dit

«Avec l'accélération des transports, la consommation, la communication, je veux dire «l'accélération technique», la planète semble se rétrécir tant sur le plan spatial que matériel.»

«Le monde entier nous est offert en une seconde ou à quelques heures d'avion, et nous n'avons jamais le temps d'en jouir.»

Échos

- Paul Virilio, *Vitesse et politique* (cf. fiche n° 52)
- Hartmurt Rosa, *Aliénation et accélération* (cf. fiche n° 49)

Isabelle Clochard

Fiche n° 49

Aliénation et accélération, Hartmut Rosa

2010, Éditions La Découverte

■ L'auteur

Hartmut Rosa est un sociologue et philosophe allemand, né en 1965. C'est un représentant de la nouvelle Théorie Critique, issue de l'École de Francfort. Pour lui, la philosophie est indissociable de la sociologie ; les concepts d'accélération sociale et celui de résonance sont au centre de sa pensée.

■ L'œuvre et son contexte

Cet ouvrage paru en 2012 est la synthèse d'un autre essai du même auteur. Accélération, paru en 2005. Cet essai de philosophie sociale Alinéation et accélération, Vers une théorie critique de la modernité tardive, a propulsé l'auteur sur la scène intellectuelle mondiale. Cette œuvre contribue à une compréhension critique du monde moderne.

■ L'œuvre en quelques mots

C'est un ouvrage, composé de trois parties, détaillé et argumenté sur l'influence du temps dans la société moderne. Sa thèse est relativement « simple » puisqu'elle consiste à examiner la structure et la qualité de nos vies et de se concentrer sur les motifs temporels. C'est une réflexion acérée sur nos rythmes de vie moderne, insensés.

■ Le thème dans l'œuvre

Dans cet essai, la vitesse est vue comme une humiliation, comme un « Diktat ». Certes l'individu se trouve pris au piège de cette accélération « sidérante », comme s'il était dans « cette machine de la compétition socio-économique symbolisée par la roue des hamsters » mais il se l'impose car « c'est uniquement de notre propre faute si nous sommes malheureux ou si nous échouons à rester dans la course ». Cela touche tous les domaines de la vie sociale : l'économie, les relations humaines, les techniques, le rapport aux objets ou encore le temps « qui passe vite et disparaît de la mémoire ». En effet, « dans cette société de l'accélération, on ne répare plus les choses ». L'accélération sociale en est même devenue asservissante, voire aliénante en ce sens que « nous faisons volontairement ce que nous ne voulons pas faire ». Hartmut Rosa va plus loin lorsqu'il évoque combien les normes temporelles de la société moderne tardive deviennent un nouveau « totalitarisme » ; en effet, selon lui, les hommes ne sont pas aussi libres qu'on pourrait le penser : « Les êtres humains deviennent aliénés non seulement par rapport à leurs actions, aux objets mais aussi par rapport au temps et à l'espace». Il parle même «d'être saturé» qui épuise autant les ressources naturelles que l'homme; «le corps et le psychisme humain sont aussi surchargés par le tempo rapide de la société». Cette accélération entraîne d'ailleurs ce qu'il nomme «des maladies culturelles», comme l'acédie, l'ennui, les dépressions, les burn-out. En effet, l'homme se doit d'être performant pour rester le plus possible «dans la course»; cette logique de compétition sépare les gagnants des perdants car «les rapides triomphent, les lents sont perdants». De plus, le sociologue et philosophe Hartmut Rosa met également en exergue les paradoxes induits par ce phénomène d'accélération; on est en quête constante de temps, ce qu'il explique avec l'expression «la spectaculaire et épidémique famine temporelle» alors qu'on n'en a jamais eu autant. Selon lui, «le monde est même devenu trop rapide et instable pour permettre une analyse approfondie».

■ Tout est dit

«La promesse eudémoniste de l'accélération moderne réside dans l'idée que l'accélération du «rythme de vie» est notre réponse au problème de la finitude et de la mort.»

«Les rêves, les buts, les désirs et les plans de vie individuels sont utilisés pour alimenter la machine de l'accélération.»

■ Échos

- Hartmut Rosa, *Accélération* (cf. fiche n° 48)
- Harmut Rosa, *Résonance*
- Paul Virilio, *Vitesse et politique* (cf. fiche n° 52)
- Paul Virilio, *L'inertie polaire*, (cf. fiche n° 53)

Isabelle Clochard

Fiche n° 50

Éloge de l'oisiveté, Bertrand Russell

1932, Routledge &the Bertrand Russell Peace Foundation (Alia)

L'auteur

Né en 1872 dans le Pays de Galles le vicomte Bertrand Russell est un libre penseur, mathématicien, philosophe et moraliste. Très tôt orphelin, Russell, est élevé par sa grand-mère, très religieuse. Au cours de ses études très brillantes à l'université de Cambridge notamment, il se passionne pour Euclide et développe en 1901 le paradoxe de Russell (célèbre théorie mathématique des ensembles). Cette même année, bouleversé par la maladie d'une proche, il décide de délaisser les questions strictement intellectuelles pour élaborer une « philosophie qui devrait rendre la vie humaine supportable » selon ses propres mots. Devenu professeur et fervent pacifiste il entre en politique et ne la quittera plus. Toute sa vie, il ne cesse de publier sur les questions de l'éducation, de la sexualité, des classes sociales, le mariage, le bonheur, la religion. Il décède en 1970, on dit de lui que c'est le Voltaire anglais.

L'œuvre et son contexte

Paru pour la première fois en 1932 dans *Review of Review*, le texte est repris dans un recueil d'essais qui porte le même titre : *In Praise of Idleness,* publié en 1935. En 1920, dans le cadre d'une délégation officielle, Russell voyage dans la Russie de la Révolution, il rencontre même Lénine. Pour autant son regard est empli de critique et il cesse son soutien initial au régime nouvellement en place. En 1927, il rencontre aux USA Barry Fox, apôtre de la *Gestalt-thérapie*, cette approche thérapeutique centrée sur les interactions constantes entre l'humain et son environnement. Les deux hommes correspondent abondamment jusqu'en 1932.

L'œuvre en quelques mots

Ce très court essai, développe un postulat selon lequel l'accélération des machines-outils engendrant un fort gain de productivité, on pourrait ne travailler que 4 heures par jour.

Le thème dans l'œuvre

Russell, en logicien et mathématicien réfléchit à la place qu'occupe le travail dans nos existences et développe l'idée selon laquelle l'homme lui voue un culte déraisonnable, excessif voire dangereux. Il entreprend ici « d'exposer [ses] arguments en faveur de la paresse ». Russell défend cette thèse par deux éléments principaux.

Le premier est que la valeur du travail est un préjugé moral des classes privilégiées qui estiment que l'absence d'activités conduirait la plupart des hommes, surtout ceux des classes les plus pauvres, au désœuvrement et à la dépravation. En conséquence, il serait dans l'intérêt des hommes d'être exploités. Il commence par reconnaître « Ainsi que la plupart des gens de ma génération, j'ai été élevé selon le principe que l'oisiveté est la mère de tous les vices ». La notion de « vertu » puis celle de « conscience » suffisent ensuite à mettre le travail au centre des existences humaines. Et de démontrer ensuite que « le fait de croire que travail est une vertu est la cause de grands maux dans le monde moderne, et que la voie du bonheur et de la prospérité passe par une diminution méthodique du travail. » Arrive alors le second argument de Russell : la production industrielle est en ce début de siècle suffisante pour assurer, avec un minimum de travail, les besoins de tous. Selon lui, la Grande Guerre a montré que l'absence de la main-d'œuvre masculine (partie au front) n'avait pas entamé « le bien-être matériel » et que « l'organisation scientifique de la production permet de subvenir aux besoins des populations modernes en n'exploitant qu'une part minime de la capacité de travail du monde actuel. » La production rationalisée (plus rapide, plus fiable, aux machines qui, gagnant en vitesse et en précision, exécutent les tâches plus rapidement que l'homme) permet ce détachement de la valeur travail d'autant plus si tous, hommes et femmes, travaillent. Russell affirme en conséquence que quatre heures de travail par jour suffiraient à faire vivre toute la population dans un confort suffisant tandis que le reste du temps serait consacré au loisir, à l'oisiveté. Il complète son argumentation en pariant sur le côté raisonnable de l'être humain : « Quelqu'un met au point une invention qui permet au même nombre de personnes de faire deux fois plus d'épingles qu'auparavant. Bien, mais le monde n'a pas besoin de deux fois plus d'épingles : les épingles sont déjà si bon marché qu'on n'en achètera guère davantage même si elles coûtent moins cher. Dans un monde raisonnable, tous ceux qui sont employés dans cette industrie se mettraient à travailler quatre heures par jour plutôt que huit, et tout irait comme avant. » La vitesse des machines permet de libérer l'homme de l'asservissement que constitue le travail.

■ Tout est dit

« Les méthodes de production modernes nous ont donné la possibilité de permettre à tous de vivre dans l'aisance et la sécurité. Nous avons choisi, à la place, le surmenage pour les uns et la misère pour les autres : en cela, nous nous sommes montrés bien bêtes, mais il n'y a pas de raison pour persévérer dans notre bêtise indéfiniment. »

■ Échos

- Jules Lafargue, *Le Droit à la paresse* (cf. fiche n° 44)
- Jérôme Lèbre, *Éloge de l'immobilité*, (cf. fiche n° 46)
- *Alexandre le bienheureux* film d'Yves Robert

Hélène Bieber

Fiche n° 51

Du bon usage de la lenteur, Pierre Sansot

1998, Payot (Rivages, 2000)

L'auteur

Il est né en 1928 et mort en 2005. Il est anthropologue, sociologue et philosophe. Il est reçu deuxième à l'agréation de philosophie en 1954. Il a enseigné à l'université. Ses ouvrages refusent la complexité d'un langage incompréhensible par tous. Il est l'auteur d'ouvrages de microsociologie et il s'intéresse au quotidien et à tous ses détails. Son œuvre est donc détachée des milieux universitaires et est abordable. Il a écrit *Gens de peu*, ou *Jardins publics*.

L'œuvre et son contexte

Cet essai fait partie de la démarche de l'auteur qui condense ses pensées, comme Montaigne, dans des ouvrages lisibles par tous et qui concernent tout le monde. Ses observations peuvent être regroupées en trois domaines : la politique de la ville, le rôle de la culture et l'usage des sens. Donc le contexte de son œuvre, cet opus constitue un développement des thèmes récurrents de ses recherches. P. Sansot réfléchit notamment sur le concept de modernité et tous les désagréments qui y sont associés. Sa ligne directrice est de montrer la bonne attitude à adopter dans la vie de tous les jours.

L'œuvre en quelques mots

Le sujet de l'essai est la lenteur et son usage. Ce qui montre la perspective didactique et l'envie de porter secours aux êtres humains débordés et malades de la vitesse. L'épigraphe de Pascal donne le ton, l'homme moderne est incapable de se reposer et de se cantonner à rester dans sa chambre. Le livre est composé de trois grandes parties. La première partie propose neuf remèdes à la vitesse. La seconde partie conseille d'alterner les rythmes de vie. Et enfin la troisième partie met en évidence les situations idéales, voire utopiques comme des solutions aux excès du monde contemporain.

Le thème dans l'œuvre

Le thème de la lenteur est vu comme le contrepoint de la vitesse. Dans la première partie, plusieurs verbes d'action servent de titres pour inciter à la réflexion et au changement de comportement. L'auteur conseille de flâner, d'écouter, de rêver et d'attendre. La flânerie est devenue un luxe, comme le temps libre. Écouter l'autre permet de ne pas nous écouter en un repli fragile et narcissique. Il faut aussi revenir à un ennui de qualité. Ralentir est nécessaire pour comprendre la vie, car aller trop vite ne permet pas de profiter de la vie. L'auteur fait donc l'éloge de la vie. L'ennui peut être une activité souvent mal considérée, ici il s'agit de fréquenter, par exemple, une ville thermale où le temps semble arrêté. L'ennui est l'origine de ce que nous sommes et une sorte de vertige existentiel, qu'il faut combler mais sans précipitation et surtout avec intelligence. Rêver, selon lui, est abandonner le passé et donner de l'importance au présent. Il faut attendre aussi de manière sensée et pour son bien-être. Il existe une noblesse dans l'attente, même celle que l'on subit. Deux exemples permettent de mieux saisir ce concept : l'enfant qui attend de devenir adulte et l'amour courtois qui ne fait que retarder la rencontre. C'est pourquoi il faut apprécier à sa juste valeur l'attente.

La deuxième partie met l'accent sur l'alternance des rythmes de vie qui éloigne la monotonie et la médiocrité. L'auteur cherche quelles notions pourraient être associées à la lenteur et il tente des binômes édifiants, comme la mémoire ou l'originalité. Il faut vivre au ralenti pour apprécier la vie. La lenteur consiste aussi à vivre ensemble et en harmonie. De nombreuses valeurs négatives sont mises en relation avec la lenteur. Les gens n'y voient souvent que l'occasion d'être paresseux, de procrastiner et d'être improductifs. Ce sont des valeurs décriées à notre époque où il faut être productif, rapide et toujours en mouvement.

La troisième partie met en avant deux attitudes, tout d'abord celle de s'intéresser à la culture, sans tomber dans l'excès de la consommation, et ensuite, celle d'effleurer les choses pour profiter de la douceur. Il faut donc « marcher sur la pointe des pieds » et remettre à l'honneur la sieste.

■ Tout est dit

« La lenteur n'est pas la marque d'un esprit dépourvu d'agilité ou d'un tempérament flegmatique. »

« La lenteur ce serait la nécessité où nous sommes de nous avancer avec une extrême prudence et de ne jamais nous découvrir. »

■ Échos

- Milan Kundera, *La Lenteur* (cf. fiche n° 17)
- Herman Melville, *Bartleby* (cf. fiche n° 21)
- George Perec, *Un homme qui dort* (cf. fiche n° 26)
- Jérôme Lèbre, *Éloge de l'immobilité* (cf. fiche n° 46)
- David Le Breton, *Marcher – Éloge des chemins et de la lenteur* (cf. fiche n° 45)
- Yves Robert, *Alexandre le bienheureux*

Agnès Felten

Fiche n° 52

Vitesse et politique, Paul Virilio

1977, Éditions Galilée

L'auteur

Paul Virilio a consacré sa vie professionnelle à l'étude de la modernité et plus particulièrement la notion de vitesse qui constitue selon lui l'essence du monde contemporain. À la fois urbaniste et essayiste, il a analysé la manière dont la conjugaison technologie-rapidité créait une sorte de « dromosphère », néologisme de son cru désignant les sociétés modernes impactées par la vitesse. Il construit donc une discipline à partir de ce terme : la dromologie ou analyse de l'impact et la place de la vitesse dans le monde contemporain.

L'œuvre et son contexte

Selon lui, la révolution industrielle est dromologique car elle modifie le fonctionnement social en cela que la durée bouleverse le fonctionnement de notre humanité. Le Temps n'est plus durée, mais Vitesse. Il consacre de nombreux ouvrages à ce sujet comme *L'Inertie polaire*, essai dans lequel il part de l'analyse scientifique du phénomène de l'inertie pour aboutir à une considération actuelle : l'incapacité à se mouvoir comme symbole paradoxal de progrès et de maîtrise de l'environnement !

L'œuvre en quelques mots

Sous-titré *Essai de dromologie*, cet ouvrage établit les fondements de la pensée dromologique : il montre les liens entre évolutions techniques et décisions politiques dans l'Histoire, provoquant une accélération de cette dernière. Quatre denses chapitres analysent comment, derrière chaque grande évolution historique, se cachent des révolutions urbaines et techniques. Le développement de la circulation, appelé droit à la route, marque l'essor de la révolution dromologique.

Le thème dans l'œuvre

Cet essai établit le lien fondamental entre la mobilité et les modifications profondes de la société. Virilio part d'un fait historique, la Révolution française, pour construire son concept fondateur avec les « dromomanes », le nom donné aux déserteurs (ceux qui marchent, qui déambulent). Il organise son ouvrage en quatre parties qui marquent les étapes de l'évolution dromologique : la révolution, le progrès, la construction de la société et la conséquence de cette accélération du monde, ce que Virilio nomme « état d'urgence ».

L'urbanisation, se doublant du phénomène migratoire, représentent pour l'essayiste les deux causes principales de la révolution dromologique. Les flux de population, que ce soit à cause de guerre ou pour des raisons professionnelles, ont imposé un redécoupage des sociétés et une redéfinition des sociétés humaines.

Il étudie également le progrès dromologique qu'il relie profondément au développement de l'engin de transport, que ce soient les transports maritimes ou automobiles (la voiture de course comparée esthétiquement à la *Victoire de Samothrace* comme symbole d'une beauté nouvelle, d'une divinité moderne, la Vitesse).

Il bifurque ensuite vers les relations entre apanage de la vitesse et progrès militaire. Dans celles qu'il qualifie de guerres pratiques, nous lisons notamment que la vitesse est l'espérance de l'Occident : la voiture blindée « n'est pas seulement auto-mobile mais aussi projectile et lanceur en attendant d'être émetteur-radio, elle projette et se projette [...].» Les prouesses techniques et l'automatisation révolutionnent les pratiques belligérantes et accélèrent l'avancée pratique – et donc politique – des guerres.

De telles considérations ne vont pas sans angoisse. L'auteur constate : « La révolution va plus vite que le peuple ». Pour lui, les hommes – et plus précisément les philosophes – n'ont pas su penser une question, celle de la relativité de l'espace/temps. Les nouvelles technologies et leur instantanéisation, fabriquant un présent qui s'éternisent, amènent une rupture dans la temporalité. Les décisions informatiques sont plus rapides que les décisions humaines, et notamment celles de nature politique, menant à une conséquence sans appel : une accélération de la réalité.

Cette inquiétude s'inscrit particulièrement dans le dernier chapitre « L'état d'urgence » où il en arrive à une conclusion sans appel : « En cette fin de siècle, le temps du monde fini s'achève et nous vivons les prémices d'une paradoxale miniaturisation de l'action que d'autres préfèrent baptiser automation ».

Tout est dit

« Après avoir longtemps signifié la suppression des distances, la négation de l'espace, la vitesse équivaut soudain à l'anéantissement du Temps : c'est l'état d'urgence. »

« La vitesse c'est la vieillesse du monde... emportés par sa violence nous n'allons nulle part, nous nous contentons de partir et de nous départir du vif au profit du vide de la rapidité. »

Échos

- Paul Virilio, *L'inertie polaire* (cf. fiche n° 53)
- Hartmut Rosa, *Accélération* (cf. fiche n° 48)

Laetitia Magnani

Fiche n° 53

L'Inertie polaire, Paul Virilio

2002, Éditions Bourgois

■ L'auteur

Paul Virilio a consacré sa vie professionnelle à l'étude de la modernité et plus particulièrement à la notion de vitesse qui constitue selon lui l'essence du monde contemporain. À la fois urbaniste et essayiste, il a analysé la manière dont la conjugaison technologie-rapidité créait une sorte de « dromosphère », néologisme de son cru désignant les sociétés modernes impactées par la vitesse. Il instaure donc une discipline à partir de ce terme : la dromologie ou analyse de l'impact et de la place de la vitesse dans le monde contemporain.

■ L'œuvre et son contexte

Selon lui, la révolution industrielle est dromologique car elle modifie le fonctionnement social en cela que la durée bouleverse le fonctionnement de notre humanité. Le Temps n'est plus durée, mais Vitesse. Il consacre de nombreux ouvrages à cette analyse comme *Vitesse et Politique*, essai dans lequel il établit les fondements de la pensée dromologique : il montre les liens entre évolutions techniques et décisions politiques dans l'Histoire, provoquant une accélération de cette dernière.

■ L'œuvre en quelques mots

L'Inertie polaire est un essai dans lequel il part de l'analyse scientifique du phénomène de l'inertie pensée par Galilée (tout comme la relativité du mouvement) pour aboutir à une considération actuelle paradoxale : l'incapacité à se mouvoir comme symbole paradoxal de progrès et de maîtrise de l'environnement, l'inertie considérée comme « l'horizon prioritaire de l'activité humaine ».

■ Le thème dans l'œuvre

Cet essai est le troisième d'un triptyque dans lequel Paul Virilio s'interroge sur le fonctionnement et la cohésion de l'espace actuel. Après *L'Insécurité du territoire* et *L'Espace critique*, il part d'un postulat contradictoire, voire paradoxal. Notre monde contemporain est profondément marqué par des évolutions technologiques et des progrès techniques de grande ampleur qui conditionnent la nécessaire mobilité et fluctuation de notre société. Cependant, l'inertie, qui se définit strictement comme l'absence de mouvement, apparaît comme le mode de fonctionnement principal des humains, ce qui aboutit à une formulation absolument paradoxale : « *L'incapacité à se mouvoir pour agir – qui paraissait le signe du handicap et de l'infirmité – devient symbole de progrès et de maîtrise du milieu».*

Il fonde sa théorie principalement sur l'analyse des nouveaux moyens de communication qui créent une redéfinition de la relation temporelle entre les individus caractérisée par l'instantanéité et la médiation. Ainsi, l'action devient immobile puisque le numérique, en particulier, court-circuite les réseaux traditionnels. Dès lors, ainsi que Paul Virilio le constate : «*Tout arrive désormais sans qu'il soit nécessaire de partir…* ». La mobilité inhérente à l'évolution humaine semble avoir paradoxalement laissé place à un statisme mortifère et claustrant qui occulte les relations sociales et enferme les individus dans une illusion d'urgence permanente figeant toute velléité de projection sereine dans un avenir potentiel : «*Le grand enfermement réel, lui, est devant nous. La claustrophobie de masse qui s'empare des peuples est l'une des raisons de la grande peur écologique qui se caractérise notamment par la crainte d'une planète incapable d'assumer notre développement.*» L'une des urgences dont parle l'essayiste est justement celle de l'avenir de la planète et les angoisses liées au dérèglement climatique qui, paradoxalement, provoquent une nouvelle mobilité, mais une mobilité subie, assujettie aux contraintes environnementales : «*C'est pour cela que le mouvement, l'échappement, l'exode, deviennent des phénomènes permanents. La seule solution désormais, c'est de bouger constamment ou bien de fuir définitivement*».

La pensée de Virilio apparaît plus radicale – et peut-être aussi plus fataliste – dans *L'Inertie polaire*. Il ne définit plus la vitesse comme l'abolition de la distance mais dépasse cette conception : l'espace est totalement nié finalement, tout comme le temps qui se révèle anéanti par cette vitesse qui implique un renouvellement du système de l'espace-temps fait à la fois d'immobilisme et de fluidité.

Tout est dit

Le confinement domestique comme «le comble du confort et de l'autonomie».

«*La vitesse est la puissance motrice de la société, ce qui l'entraîne implacablement*» (Rémi Paindavoine, «Vitesse et disparition : la dromologie de Paul Virilio»

Échos

- Paul Virilio, *Vitesse et politique* (cf. fiche n° 52)
- Jérôme Lèbre, *Éloge de l'immobilité* (cf. fiche n° 46)
- Pierre Sansot, *Du bon usage de la lenteur* (cf. fiche n° 51)

Laetitia Magnani

Films

Fiche n° 54

Speed, Jan de Bont

1994, Mark Gordon Productions

Le réalisateur

Réalisateur et directeur de la photographie d'origine néerlandaise, Jan de Bont se lance dans le cinéma tout d'abord aux côtés de Paul Verhoeven avec lequel il collabore pendant six films. Ainsi familiarisé avec la réalisation et les effets spéciaux, il réalise son premier film de manière individuelle avec *Speed* en 1994 qui marque les esprits. Il enchaîne ensuite les succès au box-office avec des longs-métrages grand public tels que *Twister* en 1997 dont Spielberg lui confie la réalisation. Depuis 2002 et *Tomb Raider*, il n'a plus réalisé de film.

L'œuvre et son contexte

Après de la co-réalisation et de la direction de photographie qui lui valent un nom de premier plan dans le cinéma américain, Jan de Bont se lance en solo en 1994 dans la veine du film d'action, fort de l'expérience acquises lors des tournages de *Piège de cristal* ou *L'Arme fatale 3* à la réalisation desquels il collabore. Il allie succès critique et succès commercial avec *Speed* que d'aucuns jugent comme le « *meilleur film d'action des années 1990* ».

L'œuvre en quelques mots

Le réalisateur met en scène une situation inextricable : un terroriste retient des otages dans un ascenseur et demande une rançon mais Jack (Keanu Reeves) les libère. Le premier cherche vengeance et recommence en prenant au piège les passagers d'un bus piégé : en roulant, il dépasse les 50 km/h et enclenche la bombe, qui explosera si Jack décélère en deçà de cette vitesse.

Le thème dans l'œuvre

Keanu Reeves et Sandra Bullock incarnent les protagonistes de ce « *blockbuster* » moderne (film à effets spéciaux spectaculaires et destiné au grand public). D'une durée approximative de deux heures, aucun temps mort dans cette course sans arrêt et haletante d'un bus. Sans cesse en mouvement, l'action multiplie les rebondissements, ce qui crée une accélération permanente du rythme de l'intrigue et donne l'impression au spectateur de partager *in medias res* (littéralement, « en plein dans l'action ») l'urgence et le danger de mort imminente pesant sur les passagers de cet engin du diable.

Comme dans tout bon film d'action, le rôle du méchant est confié à un acteur d'envergure, Dennis Hopper, et le terroriste prêt à tout pour se venger de Jack et enfin toucher son argent va déterminer le rythme du film : en effet, c'est lui qui manipule la bombe dans le bus et établit un jeu d'obstacles à affronter pour son conducteur, le tout à vitesse constante et surtout dans une temporalité « contre-la-montre » puisque c'est la survie de tout un groupe de personnes qui est en jeu. Comme l'écrit Jean-Jacques Bernard dans sa critique cinématographique pour le magazine spécialisé *Première* : « *Ses violences obéissent à un menu-jeu qui insiste plus sur l'accumulation des périls et la destruction des objectifs.* [...] *De toute façon, on n'a pas le temps, un nouveau danger survient, plus horrible dans son attente que le précédent* ». Une atmosphère d'« hyper-action » s'établit donc ainsi et maintenir la vitesse s'avère la condition nécessaire à la survie. Le terroriste applique une pression de tous les instants sur le héros, qui doit se démener pour dompter la vitesse et le temps, et surtout concilier obstacles incessants et sans cesse renouvelés et nécessité de garder ce minimum de 50 km/h à sous lequel ne jamais passer, comme une sorte d'épée de Damoclès pesante et tragique.

Jean-Jacques Bernard associe à juste titre la construction du film à celle d'un « video-game » (jeu vidéo) dans lequel « *la notion d'espace-temps est comprimée en des cases et des contraintes successives dont la violence est graduée* ». Plus le film avance, plus la menace s'intensifie et l'urgence grandit. Le rôle de l'image – et donc des choix de réalisation – concourt à créer cet effet. Jan de Bont a choisi de sursaturer figurativement l'écran de cinéma par la multiplication ultra-rapide de plans qui s'enchaînent incessamment. Pour un directeur de la photo, c'est chose originale car il s'oppose en cela à la tradition réaliste et surtout très construite des plans d'images cinématographiques.

L'objectif premier du réalisateur avec *Speed* est atteint : l'urgence temporelle est avant tout une urgence visuelle.

Tout est dit

« Keanu Reeves intervient chaque fois comme un accoucheur d'urgences : qu'il ouvre une brèche dans une cage d'ascenseur [...] *ou qu'il s'échappe lui-même par une trappe du bolide devenu fou, chaque [il] trouve son salut par césarienne. »* (Jean-Jacques Bernard, *Première*, 1994).

Échos

- Jan de Bont, *Speed 2, Cap sur le danger*, 1997
- Filippo Marinetti, *Manifeste du futurisme* (cf. fiche n° 47)
- Rob Cohen, *Fast and Furious*, (cf. fiche n° 56)

Laetitia Magnani

Fiche n° 55

Les Temps modernes, Charlie Chaplin

Sorti en salles en 1936

Le réalisateur

Né à Londres en 1889, Charles Spencer Chaplin dit Charlot est un enfant de la balle marqué par la misère. Vers dix ans, il débute une carrière de comédien et danseur de claquettes. En 1913, il est engagé par les studios hollywoodiens et crée le personnage de Charlot, figure centrale d'une série de courts et de moyens-métrages. Ses films connaissent un succès mondial, jusqu'au triomphe international de son premier film parlant : *Le Dictateur.*

L'œuvre et son contexte

Ce long-métrage en noir et blanc constitue le dernier film muet du cinéaste. Deux éléments l'inspirent. Tout d'abord, l'avènement du courant économique du taylorisme et son principe de division du travail. Son application par Henry Ford à ses chaînes de montage automobile inspire d'ailleurs directement certaines séquences du film. Ensuite, ce long-métrage traduit également l'empathie de Charlot pour les cohortes de miséreux que la crise de 1929 a engendrées. À sa sortie en 1936, il reçoit un accueil mitigé de la critique qui lui reproche des velléités de propagande communiste.

L'œuvre en quelques mots

Ce film comique relate quelques semaines de la vie d'un ouvrier. Employé à la chaîne d'une grande usine, Charlot peine à s'adapter aux conditions de production très strictes. Il est régulièrement dépassé par la cadence, puis réprimandé par ses collègues car sa maladresse perturbe leur travail. Ces péripéties, le conduisent à la dépression nerveuse. A sa sortie de l'hôpital, devenu chômeur, il est arrêté par la police qui le prend pour un dangereux meneur communiste. Sorti de prison, il tombe amoureux d'une jeune fille miséreuse. Après bien des déconvenues, le jeune couple se retrouve marchant sur une route déserte, métaphore d'un avenir ouvert.

Le thème dans l'œuvre

Le film consiste d'abord en une critique efficace du taylorisme. Il présente une déformation jusqu'à la caricature de l'Organisation Scientifique du Travail et certaines des séquences parmi les plus célèbres et les plus drôles montrent en particulier l'absurdité de la division horizontale du travail. Ainsi, à plusieurs reprises, Charlot est réduit à une seule tâche manuelle sous la surveillance d'un contremaître obtus. Son patron le désigne même cobaye d'une machine à manger destinée à faire économiser leurs forces et leur temps aux ouvriers. Dans la même perspective de rationalisation des outils humains de production, le patron, à l'aide de caméras observe Charlot jusque dans les toilettes et le chronomètre en permanence, il s'agit d'aller « À toute vitesse ! » même dans les actes les plus intimes. Le plus souvent, la déshumanisation de l'employé est montrée de manière burlesque lorsque Charlot cumulant les bévues et les erreurs d'appréciation, multiplie les chutes ou les courses-poursuites ridiculisant au passage les représentants de la force publique ou ses supérieurs hiérarchiques. Cette déshumanisation est parfois évoquée de façon plus poétique par exemple lorsqu'une abeille vient distraire Charlot de sa cadence infernale sur la chaîne de montage accélérée. À chaque fois, la fantaisie, l'étourderie ou surtout la lenteur de Charlot, bref son humanité font dérailler les machineries dont il ne parvient jamais à suivre la mesure. La vitesse humaine n'est pas celle de la machine.

La séquence liminaire du film peut en résumer une partie du propos : sur le premier plan les ouvriers marchent pour pénétrer dans l'usine, sur le second plan, un troupeau de moutons s'avance. Le raccord dans le mouvement qui lie les deux images synthétise efficacement le discours du cinéaste : à traiter l'ouvrier moderne comme du bétail, on finira par l'abêtir totalement.

Enfin, Charlie Chaplin ne se contente pas de satiriser le monde de l'usine. Il évoque aussi ce qui contribue au bonheur de l'être humain. En premier lieu vient l'amour : le couple, que Charlot forme avec la gamine, s'épanouit loin de tout confort matériel. En second lieu, viennent la créativité et la liberté. Ce n'est pas un hasard si après avoir échoué dans tous les emplois qu'il a cumulés, Charlot réussit enfin dans le seul qui soit créatif : chanteur. Son succès est d'ailleurs marqué par la plus pure fantaisie : ayant oublié les paroles de sa chanson, il déclenche les ovations du public en inventant des phrases, des mots et des sons. L'émotion et la mélodie se passent volontiers du sens et suffisent à satisfaire le public. Et Charlie Chaplin d'achever alors son film sur une vision poétique du monde : l'homme est créatif par essence et ne saurait, sans dommages irréparables, être réduit à une machine dont il ne possède ni le rythme ni la régularité.

■ Tout est dit

« Of course, it is not Buckingham Palace », commente la gamine à Charlot qui découvre la masure où ils habiteront.

■ Échos

- Russell, *Éloge de l'oisiveté* (cf. fiche n° 50)
- Lafargue, *Le Droit à la paresse* (cf. fiche n° 44)

Hélène Bieber

Fiche n° 56

Fast and Furious, Rob Cohen

Sorti en salles le 26 septembre 2001

Le réalisateur

Réalisateur, producteur et scénariste américain Rob Cohen est né en 1949. Diplômé de Harvard il tourne très vite des films pour le petit écran et travaille comme lecteur de scénario. En 1975, il commence à mettre en scène pour le cinéma puis fonde une société de production. Il se spécialise progressivement dans le film d'action très grand public.

L'œuvre et son contexte

Fast and Furious est le premier d'une série de 8 films d'action américains centrés sur la voiture. Il met en scène le quotidien des gangs de Los Angeles qui s'affrontent dans le partage de territoires et de délits bien distribués entre les différents groupes racialisés. Ici les « blancs » s'opposent aux asiatiques et aux latino-américains.

L'œuvre en quelques mots

Le policier O'Connor, sous le nom de Brian Spilner s'infiltre dans un gang de Los Angeles qui organise des courses-poursuites et attaques des véhicules chargés de marchandises afin de les dérober. Tomber amoureux de Mia, la sœur du leader du gang Dominic Torreto, complique sa mission qui consiste à mettre fin aux agissements délictueux du groupe.

Le thème dans l'œuvre

Dans ce film d'action conçu pour le très grand public et doté d'un budget de 38 millions de dollars l'histoire compte moins que les cascades qui la jalonnent. On retrouve en effet les éléments classiques et attendus du film d'action : des personnages simples voire caricaturaux, une absolue stéréotypie des genres, des méchants très vilains, d'autres à la morale contrariée et une police qui poursuit les voleurs. L'intérêt du film ne tient donc pas au scénario mais aux nombreuses et spectaculaires scènes de courses-poursuites qui rythment l'action. Une bande-son survitaminée les souligne. La musique est quasi systématiquement doublée par le crissement des pneus sur le bitume, le vrombissement des moteurs, le bruit du vent contre les véhicules, le vacarme des propulseurs en tous genres. Tout est fait pour exalter la puissance et donc la rapidité des véhicules en action. À cela s'ajoute une mise en scène au service des véhicules dont la rapidité est soulignée par les innombrables travellings d'accompagnement ou les non moins rares travellings avant filmés au niveau des bas de caisse. Jamais on n'aura autant filmé les pieds qui débrayent... Certains plans exaltent tellement la rapidité des conducteurs au volant qu'ils en viennent à se confondre avec l'esthétique du jeu vidéo, à déréaliser les paysages. Mais si les véhicules et leurs performances techniques importent, ils sont peu de choses sans un conducteur capable de les maîtriser. Comme le dit le chef du gang, Dominic Torreto : « S'appuyer sur sa caisse ça ne compte pas c'est comment tu la conduis qui compte ».

Dans ce gang, la maîtrise du véhicule garantit la position de chef et constitue l'aune de tous les jugements y compris de ceux qu'on porte sur les femmes. Comme le conseille Dominic à l'un de ses hommes qui flirte avec une des femmes du gang « On n'astique pas un moteur sans soulever le capot. » La réification est absolue, constante et souvent consentie par les personnages féminins qui acceptent la loi selon laquelle leur corps va aux vainqueurs de la course. Car franchir en tête la ligne d'arrivée c'est posséder le pouvoir dans ce monde où la vitesse garantit la réussite du braquage. Cette exaltation d'une conception médiévale de la virilité est servie par la construction d'une scène de flirt poussée entre Dominic et sa petite amie Letty : les corps sont recouverts d'huile de moteur et les châssis servent d'appuis aux deux amants. Dans ce film, l'indigence des dialogues est telle qu'à plusieurs reprises, ils sont couverts par la musique, pour autant on comprend ce qui se dit car la simplicité des échanges et des situations est réductible à quelques gestes et/ou grimaces des acteurs qui valent essentiellement par leurs corps ; bodybuildés pour les comédiens et refaits pour les comédiennes.

Tout est dit

« C'est la cartographie d'injection qui est déréglée. Y a de retours de flammes en 3e. »

« Si tu lui brises le cœur moi je te brise la tête. »

« Tu me donnes des ordres ? »

Échos

- Les autres films de la série *Fast and Furious*
- Nicholas Ray, *La fureur de vivre* (cf. fiche n° 72)
- Jean-Philippe Domecq, *Ce que nous dit la vitesse*, (cf. fiche n° 42)

Hélène Bieber

Fiche n° 57

Les Quarantièmes rugissants, Christian de Chalonge

Sorti en salles le 11 août 1982

Le réalisateur

Né le 21 janvier 1937 à Douai, Christian de Chalonge est second, puis premier assistant auprès de plusieurs réalisateurs (Clouzot, Jessua, Franju, Richardson…), après un diplôme de l'IDHEC. C'est en 1978 qu'il connaît vraiment le succès avec *L'argent des autres,* où il exprime une vision pessimiste du monde à travers la description d'une société ultra-capitaliste – ce qui d'une certaine façon explique aussi *Les Quarantièmes Rugissants.*

L'œuvre et son contexte

Fortement inspiré de l'histoire de Donald Crowhurst et tourné au Havre, le film raconte le terrible voyage d'un ingénieur électronicien spécialisé dans l'équipement maritime, Julien Dantec (Dantec comme « dantesque » ?). Pour s'assurer de la véracité dans les gestes des marins, Chalonge et Perrin, initiateur du projet, firent d'ailleurs appel à Eric Tabarly. Néanmoins, ce film fut un échec au regard des moyens – et des espoirs – investis.

L'œuvre en quelques mots

Julien Dantec, électronicien, décide de participer à la course de navigation en solitaire autour du monde. Poussé par Barral, son financier, il prend le départ après une préparation insuffisante : il se retrouve vite le dernier, aussi Barral indique-t-il une fausse position pour le placer en tête de course. Pris au jeu, Julien s'éloigne de la route imposée pour rejoindre directement le cap Horn, et va être proclamé vainqueur. Mais, incapable d'assumer ce mensonge, il se laisse gagner par la folie.

Le thème dans l'œuvre

Les « *Roaring Forties* » (en anglais) désignent les latitudes entre le 40e et le 50e parallèles dans l'hémisphère sud. Les marins les ont nommées ainsi à cause des vents violents observés dans ce secteur ; il va de soi qu'intituler un film par une mention de phénomène climatique focalise l'attention non sur l'homme, mais sur la nature, toute-puissante, éternelle et potentiellement mortelle. Grand classique de la course fatale, cet épisode narrant la navigation d'un solitaire sombrant peu à peu dans le délire s'inspire du récit de Ron Hall et Nicolas Tomalin *The Last Strange Voyage of Donald Crowhurst*, dont « Julien Dantec » est le double francisé. L'argument est simple, et la machinerie implacable : électronicien de talent, Dantec n'a jamais pu faire commercialiser ses inventions. Quand il apprend qu'une course autour du monde en solitaire va être organisée, il propose son système anti-collision et restaurateur de cap au favori, Janvier, qui le refuse. Alors, contre l'avis de tous, malgré son inexpérience de la mer, il décide de participer lui-même à la course, seulement soutenu par Sébastien Barral, journaliste raté qui va s'impatroniser manager. À partir de là, on fait corps avec le bateau, la mer déchaînée, l'épuisement, et c'est cet inconfort absolu que véhicule le bruitage, impressionnant : bip continuel de l'électronique, choc des vagues sur la coque, hurlement des rafales, chuintements, claquements… dans ce désert liquide démonté, la folie paranoïaque s'empare rapidement du « solitaire », courant trempé et glacé d'un bout à l'autre du trimaran.

Or, quand Barral, avide de sensationnalisme et mû par l'appât du gain, annonce publiquement que le bateau est déjà aux Canaries alors qu'il n'est qu'à Madère, Julien ne dément pas l'information. C'est le point de non-retour : il lui faudrait avancer à une vitesse vertigineuse pour « coller » au récit mensonger, et cela lui est impossible… Il simule donc une panne radio pour ne plus avoir à donner sa position et s'enfonce dans l'Atlantique, quittant l'itinéraire obligé. Trois mois plus tard, au Brésil, il apprend que Janvier est près du cap Horn et que lui-même est tenu pour mort. Il répare alors le bateau, rejoint le Horn sans le franchir et entame sa remontée vers l'Atlantique Nord, suivant la course à son vrai rythme et renouant le contact radio. Coup de théâtre : le naufrage du favori fait de Dantec le vainqueur présumé d'une course qu'il n'a pas courue. Dépassé par son escroquerie, prisonnier de sa mystification, il n'osera plus rentrer et choisira de disparaître à l'est des Caraïbes. Au terme de ce drame absurde, la découverte de l'épave de son bateau suscitera une grande émotion, même si seule son épouse Catherine comprendra que sa longue errance n'a pas été vaine.

Tout est dit

« On n'y arrivera jamais » – « vous avez vu l'heure ? Je fais ce que je peux avec ce que vous me donnez. » (les ingénieurs de l'atelier naval)

« La course en solitaire doit obligatoirement passer par trois caps : Bonne Espérance en Afrique du Sud, Leeuwin en Australie et Horn, en Amérique » (voix off du pré-générique).

Échos

- *Le Jour de mon retour*, biopic sur Crowhurst sorti en 2018, Perrin coproduisant ce film réalisé par James Marsh
- Christophe Offenstein, *En solitaire* (cf. fiche n° 71)

Isabelle Casta

Fiche n° 58

Burt Munro, Roger Donaldson

2005

Le réalisateur

Producteur, scénariste et réalisateur australien né en 1945, R. Donaldson fait ses premiers pas dans la création de spots publicitaires pour la télévision. Son premier long-métrage, *Sleeping Dogs* (1977), lui permet de se lancer dans la réalisation. Il enchaîne alors des projets très différents comme *Cocktail* (1988), *La Mutante* (1995) ou *Le Pic de Dante* (1997).

L'œuvre et son contexte

Après s'être illustré dans des films de genres différents, Donaldson retrouve en 2005 à la fois la Nouvelle-Zélande où il s'était installé à 20 ans et Anthony Hopkins qu'il avait déjà dirigé en 1984 dans *Le Bounty* pour se lancer dans un nouveau défi : raconter l'aventure extraordinaire de Herbert James « Burt » Munro, détenteur du record du monde de vitesse à moto.

L'œuvre en quelques mots

En 1971, Donaldson s'intéresse déjà à Burt Munro : il lui consacre un documentaire. Pourtant, au-delà de l'amour de la vitesse du néo-zélandais, c'est son acharnement à réaliser son rêve qu'il cherche à illustrer dans son film. Après un passage de *road-movie*, c'est son combat passionné pour participer au concours qui prend le dessus, donnant au personnage toute sa grandeur.

Le thème dans l'œuvre

Le film s'ouvre sur une « visite » du garage de Burt Munro, dont les étagères chargées de pièces détachées de moto, portent une plaque indiquant : « Offrandes au dieu de la vitesse ». Le thème est donné dès les premières secondes : chaque geste de cet homme sera dédié à sa passion – sa moto – et à son objectif, battre le record de vitesse au guidon de son *Indian Scout* de 1920 « retravaillée » par ses soins. Ce biopic retrace un moment important de la vie de Burt : la première fois, en 1967, où, alors âgé de 68 ans, il traverse son pays pour se rendre aux États-Unis sur la plaine de sel de Bonneville Salt Flats (Utah) – gigantesque lac asséché – pour une course de motos. Là il remporta son premier record de vitesse, faisant monter sa moto à plus de 300 km/h. Encore aujourd'hui, Burt Munro est une icône chez les motards. Le film relate sa quête incroyable ; ce héros moderne clame son *credo* : « *Si tu ne vas pas au bout de tes rêves, à quoi bon être un homme, autant se contenter d'être un légume !* » Sa passion, alliée à une forme de fraîcheur, ne laisse personne indifférent et il parvient à séduire et à convaincre tous ceux qu'il croise. Le banquier qui lui permet de financer son voyage, des coureurs et les membres de l'organisation du concours qui vont assouplir certaines règles afin de lui permettre de concourir. Tous sont en effet touchés par sa volonté doublée de candeur : « *Depuis que je suis tout gosse, la vitesse me fascine. Tout ce qui fonce, tout ce qui a un moteur et des roues* », dit-il à son banquier. Thomas, son petit voisin âgé d'une dizaine d'années, passe beaucoup de temps auprès de lui, recueillant avec admiration ses conseils. Lors d'une conversation, Burt lui confie qu'à son âge il avait un frère jumeau qui disparut lorsque l'arbre abattu par son père lui tomba dessus : « *Après ce jour-là, je me suis dit que je ne devais plus avoir peur de rien* », conclut-il. Son entreprise est risquée, il en est conscient, mais elle lui est nécessaire : « *Cinq minutes de vitesse pure sur un tel engin, ça peut te donner plus d'émotion que dans toute une vie. C'est toute une vie en cinq minutes.* [...] *Prendre des risques ça met un peu de piment dans la vie* », explique-t-il à Tommy. Sa passion reste pourtant un mystère : sur la route il rencontre un Indien qui lui demande ce qui le pousse à conduire ainsi son engin. Sa réponse est signifiante : « *Peut-être que ça ne se raconte pas, il faut le vivre !* », ce qui pourrait être le symbole de sa démarche : la passion est en effet inexplicable mais incontournable...

Tout est dit

« *Ce n'est pas celui qui critique qui compte, ce n'est pas celui qui montre du doigt le héros qui trébuche, ce n'est pas celui qui dénonce les faiblesses du juste qui est important. Non, tout le mérite revient à celui qui est dans l'arène !* », Burt Munro.

Échos

- *Easy Rider*, Denis Hopper
- *L'équipée sauvage*, László Benedek

Virginie Lupo

Fiche n° 59

La glace à trois faces, Jean Epstein

1927

■ Le réalisateur

Jean Epstein fait partie des pionniers du cinéma français, comme Georges Méliès, Louis Feuillade, ou Marcel L'Herbier. Il réalise des adaptations littéraires dont *La chute de la maison Usher* d'après Edgar Allan Poe, et est aussi un théoricien du cinéma. Avant l'arrivée du cinéma parlant, les cinéastes font souvent des films expérimentaux, ou des exercices de style qui marqueront le cinéma jusqu'au XXIe siècle.

■ L'œuvre et son contexte

Il réalise en 1927 le film muet *La glace à trois faces* d'après une nouvelle de Paul Morand de 1925 qui figure dans le recueil de nouvelles *L'Europe galante*. L'automobile, et naturellement la vitesse, deviennent de nouveaux thèmes dans l'art, avec Jacques Lartigue, ou dans la vie d'un artiste, comme Francis Picabia. Jean Epstein reprendra en 1933 le thème de la vitesse, dans son long-métrage *L'homme à l'Hispano.*

■ L'œuvre en quelques mots

Trois femmes, Pearl, une belle Anglaise, Athalia, une artiste russe, Lucie, une charmante ouvrière, aiment un jeune homme riche au beau nœud papillon blanc. Mais il ne se rend pas à ces rendez-vous galants, prend sa voiture de sport, et roule vers Deauville. Lors de son aventure, une hirondelle, qui vole plus vite que sa voiture, blesse mortellement avec un coup de bec le chauffeur.

■ Le thème dans l'œuvre

Jean Epstein raconte une histoire au parfum de soufre qui défraie la chronique pour son immoralité. D'un côté, trois femmes attendent l'amour du personnage principal. De l'autre, cet anti-héros fuit vers la Normandie. Dans ce film dramatique, la vitesse joue un rôle central. Sur la route, les bouquets d'arbres défilent, comme des poteaux télégraphiques. Dans les forêts, le bolide surgit, à toute allure, et traverse les villages, alors que des enfants courent dans son sillage. Dans les lignes droites, et les virages, le casse-cou va de plus en plus vite, comme dans une course de voitures, à l'heure où la vitesse n'est pas limitée. Peut-être veut-il fuir, à tout prix, ces femmes qu'ils n'aiment pas au fond. Peu à peu, le paysage devient flou, comme si le chauffeur défaillait au volant, pris d'une nouvelle ivresse. Les croix d'un cimetière apparaissent en surimpression, et une villageoise fait le signe de croix. Face à sa voiture, les barrières d'un passage à niveau se lèvent, à répétition. Malgré les panneaux de signalisation, il poursuit sa course folle, et il accélère de plus belle, en doublant des voitures, avec un sourire sauvage, qui confine à une forme de folie circulaire. Le paysage se dégage, pour autant le danger est toujours là. Sur les fils des poteaux télégraphiques, des hirondelles sont posées. Son voyage devient plus en plus chaotique, comme si son esprit était en proie à l'amour impossible, et que l'issue de sa passion était la mort. Sur le plan technique, le cinéaste utilise, tout au long des séquences, un montage rapide, comme une musique infernale, pour faire transparaître le sentiment de chaos intérieur du personnage principal. Sous l'œil du spectateur, les images tourbillonnent jusqu'au non-sens.

Au final, une hirondelle plonge sur le chauffard, en pointant son bec, entre ses deux yeux, dans un clin d'œil au mythe d'Œdipe. Le millionnaire, avec son visage en sang, termine sa course dans un champ. Autour de la voiture, la fumée s'envole, alors qu'il est mort, et que son âme s'élève vers le ciel. Mondain des années folles, il vit à cent à l'heure et meurt à la fleur de l'âge dans un accident de voiture. Il fait partie de ces personnages qui brûlent la vie, par les deux bouts, comme les célébrités des années soixante, James Dean ou Albert Camus.

Tout est dit

« La vitesse est la forme moderne de la pesanteur » (Paul Morand, *L'homme pressé*)

Échos

- Jean Epstein, *L'homme à l'Hispano*, 1933
- Jacques-Henri Lartigue, *Voiture de course Delage, grand prix de l'ACF, Dieppe*, 1912
- Henry Lehrman, *Kid Auto Races at Venice*, 1914
- Paul Morand, *Circuits et autodromes*, 1928
- Paul Morand, *La glace à trois faces*, 1925

Nicolas Grenier

Fiche n° 60

À bout de souffle, Jean-Luc Godard

Sortie en salles le 16 mars 1960

Le réalisateur

De nationalité suisse, Jean-Luc Godard naît à Paris en 1930, dans une famille protestante bourgeoise. Après des études de Lettres, il suit des cours de peinture, d'ethnographie et de cinéma. S'il commence par rédiger des textes critiques dans la revue *Les Cahiers du cinéma*, il tourne dès 1957 son premier cours métrage : *Tous les garçons s'appellent Patrick*. Deux ans plus tard, son premier long-métrage : *À bout de souffle* enthousiasme la critique et rencontre le succès commercial. Godard devient une référence incontournable du cinéma d'auteur.

L'œuvre et son contexte

La France de 1959 anticipe celle de mai 1968. La jeunesse commence à s'opposer aux valeurs héritées du modèle politique et militaire du général De Gaulle. L'héroïne du film, d'origine américaine, incarne cette tension entre une France conservatrice et les valeurs de modernité portées par les USA. Ce film, conçu comme un manifeste, propose une nouvelle conception du cinéma. Dans la lignée des nouveaux et jeunes cinéastes (Rivette, Truffaut...), il élabore les principes de ce qui deviendra la Nouvelle vague. Interdit aux moins de 18 ans lors de sa sortie en salles, le film est récompensé des prix Méliès et Jean Vigo ainsi que de l'Ours d'argent du meilleur réalisateur au Festival de Berlin.

L'œuvre en quelques mots

Après avoir volé une voiture à Marseille, Michel Poiccard (Jean-Paul Belmondo) est pourchassé par un motard pour excès de vitesse sur la route de Paris. Il se débarrasse définitivement de son poursuivant en le tuant. Parvenu dans la capitale, au petit matin Michel dérobe un peu d'argent à une amie, puis retrouve sur les Champs-Élysées une jeune étudiante américaine, avec laquelle il déjà entamé une relation, Patricia Franchini (Jean Seaberg), qui vend le *New York Herald Tribune* pour financer son activité de journaliste et auteure. Amoureux, il voudrait partir avec elle à Rome. Patricia se laisse séduire par Michel. Elle lui apprend qu'elle est enceinte. Les jeunes gens s'aiment, se désaiment, se chamaillent et se réconcilient incessamment traqués par la police.

Le thème dans l'œuvre

Tourné en 3 semaines entre le 17 août et le 19 septembre 1959, le film se rattache au thème « À toute vitesse ! » par la brièveté de ses prises de vue. Pour gagner du temps, Godard, fait fi des autorisations nécessaires, filme dans les rues sans précautions particulières (d'où les innombrables regards caméra) et semble mené par l'énergie de l'urgence. Le thème est bien évidemment également perceptible au titre du film, *À Bout de souffle*. Et, dès les premières séquences, la vitesse est figurée par la voiture conduite à très vive allure sur la RN 7 par Michel qui clame « Maintenant je fonce, Alphonse » ou encore « Comme disait le père Bugatti, mes voitures sont faites pour rouler pas pour s'arrêter ». La caméra subjective souligne les effets d'accélération et la prise de risque qui lui est inhérente.

Les effets de vitesse dans le film sont également provoqués par les effets de brouillages temporels. Le réalisateur rompt avec le réalisme au profit de la rapidité du rythme pour mieux souligner la tension qui se dégage de la fuite du meurtrier Michel et de sa traque par la police. Cette impression est encore accrue par les nombreuses scènes de déplacement en voiture, notamment dans le taxi qui n'apportent aucun élément à la progression du récit mais rendent une sensation de vitesse. De plus, les incessants changements de sentiments des personnages qui semblent s'aimer et se repousser tour à tour induisent encore cette impression d'instabilité et de rapidité. « Gentille et douce Patricia » murmure Michel, et, devant sa dénégation « Cruelle, idiote, sans cœur, lamentable, lâche méprisable ». Une seconde sépare les deux répliques. Le plus souvent, les comédiens sont filmés caméra à l'épaule, sans perchman ni éclairage, ni rails de travelling, ni maquillage. Tout marque le « pris sur le vif », comme on le ferait dans un documentaire et non une fiction construite.

Enfin, le montage d'une extrême audace, sous-tend cette impression de rapidité. D'une part, les contre champs sont parfois éliminés. D'autre part, les faux raccords sont innombrables parce que certaines scènes sont montées à partir de plusieurs rushs, à la va-vite pourrait-on dire. Et puis encore, les sautes d'images dans un même plan (ou jumpcut, c'est-à-dire les retraits de photogrammes pour descendre sous les 24 images par seconde) ne se comptent plus. Cette grammaire cinématographique sert, le spontané, le jaillissement, l'éruptif, le sentiment de l'incontrôlé omniprésents sur ce film.

Tout est dit

« Si nous avons pris la caméra à la main, c'était pour aller vite, tout simplement. Je ne pouvais pas me permettre un matériel normal qui aurait allongé le tournage de trois semaines. » (Godard)

Échos

- Jean-Philippe Domecq, *Ce que nous dit la vitesse* (cf. fiche n° 42)
- Alfred Hitchcock, *La mort aux trousses* (cf. fiche n° 64)

Hélène Bieber

Fiche n° 61

Road, Dermot Lavery, Michael Hewitt

2014

Les réalisateurs

Ce film a été réalisé en 2014 par deux producteurs et réalisateurs irlandais, Michael Hewitt et Dermot Lavery. Ces deux hommes ont d'ailleurs créé leur propre société de production, *DoubleBand films*. Liam Neeson en est le narrateur. Ce documentaire sportif a connu un véritable succès au Royaume-Uni.

L'œuvre et son contexte

Ce film documentaire britannico-irlandais a été réalisé en 2014 par Michaël Hewitt et Dermot Lavery; le narrateur est Liam Neeson. Sorti en 2014 au Royaume-Uni, il est adapté en France en 2015. Il retrace l'histoire de la dynastie Dunlop, des champions irlandais de course à moto; on y voit les deux frères Joey et Robert Dunlop ainsi que leurs neveux.

L'œuvre en quelques mots

Ce film documentaire met en valeur la discipline sportive de course à moto sur route; c'est dangereux car les pilotes s'affrontent dépassant les trois cents kilomètres heure, sur de simples routes de campagne, fermées à la circulation. Conscients des dangers, ils prennent tous les risques. Trois des quatre pilotes sont décédés sur leur engin.

Le thème dans l'œuvre

Dès le générique, le décor est posé, les premières images nous montrent une route seule, défilant rapidement; il s'agit d'un axe au tracé rectiligne puisque le documentaire évoque les courses de motos sur route. Dès le début, le narrateur met en avant l'addiction, la passion des pilotes pour la vitesse car « ils risquent tout pour gagner ». Les pilotes ne peuvent pas vivre sans ce danger; William et Michael décident de participer à une compétition, seulement deux jours après la mort de leur père. C'est plus qu'une passion car les pilotes « font corps et âme dans leur course », ils « donnent tout »; ils sont conscients des risques pris. Pour Joey Dunlop, « le danger fait partie du jeu ». Ce documentaire se veut le plus réaliste possible; le paysage défile aussi vite que si nous étions sur la moto. La motivation des pilotes est l'adrénaline « qui remporte sur la peur » car « si la course sur route n'était pas dangereuse, la plupart des pilotes ne le ferait pas ». C'est cette sensation d'être « sur le fil » qui anime les pilotes comme le déclame William Dunlop. La passion pour la vitesse leur permet l'espace d'un instant d'oublier leur traumatisme : deux mois après une blessure, Robert Dunlop remonte sur sa moto pour finir vainqueur. La dangerosité peut être réduite mais le mobilier inhérent aux routes, comme les arbres n'est pas amovible ; certaines images nous montrent précisément des chutes. Le narrateur nous dit clairement que « la tragédie est inévitable, elle est dans la nature de la course. » ; en une fraction de seconde, la course peut basculer. La mort de Joey Dunlop le prouve car même s'il s'est entraîné des milliers de fois, la pluie a eu raison de sa vie. On se croirait sur la moto, on peut entendre les palpitations des pilotes ; les vrombissements des moteurs sont omniprésents, la caméra filme des motos sur des sols mouillés. Les scènes de courses sont réalistes ; les pilotes semblent sortir de l'image, on s'imagine facilement conduisant leur moto. Les départs se font sur les chapeaux de roues et on peut suivre distinctement les motos. La lenteur est toutefois présente lors des préparatifs des courses ou lorsque les pilotes manœuvrent pour prendre les virages.

Tout est dit

« Que ce soit moi, William ou toi, je veux qu'il y ait un Dunlop devant » « Il n'y a qu'une place de vainqueur et le second est le premier perdant » ; tel est le credo du père de William Dunlop.

« La tragédie est inévitable, elle est dans la nature de la course. Il reste l'espoir de l'euphorie »

Échos

- *Senna* d'Asif Kapadia, film réalisé en 2011
- *Fastest* de Marc Neale, film documentaire réalisé en 2011

Isabelle Clochard

Fiche n° 62

Shine, Scott Hicks

1997

Le réalisateur

Scott Hicks – né en 1953 – fait ses premiers pas dans le cinéma avec l'apparition d'une nouvelle vague australienne de cinéma, fruit de fonds gouvernementaux. Il occupe plusieurs postes sur divers tournages, devient documentariste développant des projets personnels ou des commandes pour la tv, travaille pour *Discovery Channel* et réalise des publicités et des clips musicaux.

L'œuvre et son contexte

Pendant près de dix ans, Scott Hicks cherche à monter son projet sur l'histoire du pianiste David Helfgott qui a longtemps souffert de troubles psychiatriques. À sa sortie, le film connaît un bel accueil : présenté à *Sundance* en 1996, il fait sensation et il reçoit sept nominations aux Oscars de 1997 : Geoffrey Rush obtiendra l'Oscar du meilleur acteur.

L'œuvre en quelques mots

David Helfgott apprend le piano sous la férule de son père. Juif Polonais issu d'une famille déportée, celui-ci n'imagine pas voir sa famille séparée. Repéré par un professeur, M. Rosen, David remporte des concours jusqu'à ce qu'une bourse lui soit accordée pour partir en Angleterre : son père lui demande de choisir entre la famille et cette opportunité…

Le thème dans l'œuvre

Le film s'ouvre sur le profil de Geoffrey Rush incarnant David Helfgott adulte, sur fond noir, expliquant qu'il avait coutume de s'identifier aux chats, certainement parce qu'ils sont méfiants. Car, déclare-t-il avec un débit rapide, saccadé et comme douloureux : « *Vivre, c'est prendre un risque je trouve* ». David évoque également son père qui lui disait qu'il n'avait pas d'âme. Puis il conclue : « *Tout ça est une tragédie, une ridicule tragédie* ».

Tout est là, dans cette ouverture de film : la vitesse – ici son débit de parole mais bientôt le mouvement de ses mains sur les touches du piano – sera liée à la douleur et à la folie. *Shine* est le récit de la vie de David Helfgott, pianiste australien prodige né en 1947. Le film joue sur de nombreux flash-back visant à expliquer les raisons pour lesquelles David a progressivement sombré dans la folie. Le premier flash-back retrace la rencontre de David et Ben Rosen lors d'un concours de musique. Rosen, pianiste renommé, remarque en effet le jeune garçon et entreprend de lui donner des cours de piano. Dans un premier temps, le père refuse, arguant que c'est lui qui enseigne la musique à son fils. Il acceptera finalement mais une rivalité s'instaure entre le père, montré comme un homme violent, castrateur, égoïste et Rosen. Le point d'achoppement central sera d'ailleurs le concerto n° 3 de Rachmaninov : le père désire que David le joue alors que le professeur ne le pense pas prêt. Face aux succès répétés de David, le maire organise une collecte pour envoyer le jeune garçon étudier aux États-Unis à l'Académie royale de musique. Mais le père refuse. Ce que l'on prend initialement pour une forme de jalousie trouve une explication : Peter, Juif Polonais, a vu sa famille et celle de sa femme, déportée et exterminée. Il veut par-dessus tout garder sa famille soudée et refuse donc catégoriquement de laisser partir son fils. Quelques années plus tard, David obtient une bourse pour le Collège royal de musique à Londres. Pour la première fois il s'oppose à son père qui le chasse de la maison familiale. À Londres, David rencontre M. Parkes qui lui explique qu'il doit apprendre à doser entre les notes et l'émotion. Pour un concours, David décide de se mesurer au fameux concerto n° 3 de Rachmaninov : l'apprentissage du morceau le mènera au bout de ses forces et à la lisière de la folie. Le soir de la représentation, il donne une prestation hors du commun, à une vitesse hors norme et à l'issue de laquelle il s'effondre. S'ensuivront des années d'électrochocs et de séjours en hôpital psychiatrique…

Tout est dit

M. Parkes : « *Jouer, c'est sauter dans le vide. C'est périlleux. On n'en sort pas indemne* » ; « *Tu dois jouer comme si ta vie en dépendait.* »

Peter Helfgott : « *Rien n'est plus terrible que de haïr son père. La vie a beau être cruelle, la musique sera toujours ton amie. Tu ne peux compter sur rien d'autre, au bout du compte. Crois-moi, sur rien d'autre ! Il ne faut pas me haïr. La vie est cruelle mais il faut tâcher de survivre.* »

Échos

- Serguei Rachmaninov, *Concerto n° 3* (cf. fiche n° 90)
- Damien Chazelle, *Whiplash*, 2014

Virginie Lupo

Fiche n° 63

Transamerica Express, Arthur Hiller

1976

■ Le réalisateur

Né en 1923, Arthur Hiller est un réalisateur canadien. Cinéaste productif, il s'illustre dans des genres divers comme le drame psychologique avec *Making Love*, ou la comédie. Entré dans la postérité grâce à *Love Story*, il reçoit un Oscar d'honneur en 2002. Il meurt en 2016 à Los Angeles.

■ L'œuvre et son contexte

Motif privilégié dans les films depuis le début du XXe siècle, le train constitue un genre cinématographique à part, avec ses codes et ses personnages. Souhaitant s'inscrire dans cette tradition, Arthur Hiller décide de réaliser une comédie policière et sentimentale, rendant ainsi hommage à *La Mort aux trousses* ou *Une femme disparaît* d'Alfred Hitchcock.

■ L'œuvre en quelques mots

Alors qu'il voyage confortablement dans un compartiment du *Transamerica Express*, George Caldwell est témoin du meurtre du Professeur Schneider. Sa parole étant mise en doute par son entourage, le paisible éditeur décide de mener l'enquête accompagné du voleur Grover Muldoon, et se retrouve alors plongé malgré lui dans des aventures époustouflantes.

■ Le thème dans l'œuvre

« Les films avancent comme des trains, tu comprends, comme des trains dans la nuit », déclare François Truffaut dans *La Nuit américaine* en 1973. Souvent mis en scène au cinéma parce qu'il représente le progrès technique, les réalisateurs ont très vite compris l'intérêt visuel et symbolique de ce motif.

Le train, caractérisé par la vitesse, multiplie les espaces et introduit de nouveaux points de vue. Le titre du film insiste bien sur le caractère spatial de l'intrigue : le *Transamerica Express* nous transporte de Los Angeles à Chicago. La majeure partie des scènes se déroulent dans un train lancé à travers les grands espaces américains. Suggérant le dépaysement, les fenêtres du train cadrent les tableaux de la nature qui défilent, « tout comme la caméra découpe une vue ». D'un point de vue strictement technique et pictural, Arthur Hiller nous propose de longs travelling avant et plusieurs plans-séquences très précis sur le train en mouvement mettant en scène une véritable dynamique de l'évasion. Cette sensation est renforcée par les plans sous forme de plongée vertigineuse capturés au-dessus d'un pont ou lors des scènes se déroulant dans les airs.

Cette virtuosité technique est mise au service d'une course folle, au rythme frénétique : prendre le train, c'est commencer l'aventure. Cette vitesse est à rattacher à l'intensité des épreuves que traverse le héros. Les scènes d'action s'enchaînent avec fluidité, le spectateur, comme George, est pris dans l'engrenage. Se rendant dans le compartiment du Professeur Schreiner, celui-ci est projeté hors du train. Il s'élance à la poursuite du *Transamerica Express* à bord d'un biplan. Le combat de George et Reace, l'un des assassins, se termine sur le toit d'un wagon d'où il est renversé. Il est pris au piège d'une fusillade. Tout bat au rythme de la locomotive. À travers cet espace géographique à parcourir, le héros accomplit un itinéraire personnel.

En mélangeant l'humour et la mort dans chacune des scènes du film, Arthur Hiller participe à la création d'un thriller moderne et original, se situant dans la filiation de *La Mort aux trousses* d'Alfred Hitchcock.

■ Tout est dit

« Tout ce que je veux c'est lire et me reposer !... Eh bien, installez-vous et profitez des imprévus du voyage ! » (George Caldwell au porteur de valises)

« J'avais toujours voulu jouer un personnage à la Cary Grant, tout spécialement celui de *La Mort aux trousses* » (Gene Wilder)

■ Échos

- Émile Zola, *La Bête humaine* (cf. fiche n° 34)
- Alfred Hitchcock, *La mort aux trousses* (cf. fiche n° 64)

Valérie Lambert

Fiche n° 64

La mort aux trousses, Alfred Hitchock

1959

■ Le réalisateur

Alfred Joseph Hitchcock naît en Angleterre en 1899 et suit une formation de graphiste. Il commence sa carrière au temps du cinéma muet puis connaît le succès avec son adaptation du roman de Daphné du Maurier *Rebecca*, sorti en 1939. Hollywood le présente comme le maitre du suspense. Il fait tourner toutes les stars des années 1950 (Vera Miles, Kim Novak, Grace Kelly ou Eve-Marie Saint) et engrange les thrillers à succès (*Psychose, Les Oiseaux, Les Enchaînés…*). Il est même anobli par la reine quelques mois avant de mourir en 1980.

■ L'œuvre et son contexte

La Mort aux trousses est sorti en salles, en 1959, entre deux des grands chefs-d'œuvre d'Hitchcock, *Sueurs froides* (1958) et *Psychose* (1960). Si le film présente une vraie dose de légèreté, il repose pourtant sur l'arrière-plan historique de la Guerre froide fondée sur le combat à l'extérieur comme à l'intérieur des États-Unis contre le communisme.

■ L'œuvre en quelques mots

La Mort aux trousses (*North By Norwest*) appartient à la catégorie des « *caper movie* », c'est-à-dire que c'est une comédie à rebondissements dotée d'une certaine dose de violence et d'une certaine dose de romantisme, et qui finit presque toujours bien. L'intrigue du film illustre parfaitement cette définition générique. La vie du héros, Roger O. Thornhill (Cary Grant), un sémillant publicitaire de Madison Avenue bascule à la suite d'une confusion d'identité : des espions étrangers voient en lui un agent américain nommé George Kaplan. Ils l'enlèvent afin de l'éliminer. Mais Thornhill réussit à leur échapper et part à la recherche du mystérieux Kaplan dans l'espoir de récupérer sa propre identité. En chemin, il croise Eve Kendall aussi belle qu'entreprenante.

■ Le thème dans l'œuvre

Selon Hitchcock, si l'action allait assez vite, le public ne devait pas remarquer les incohérences et les invraisemblances du scénario qui sont assez nombreuses : Tornhill, lancé complètement ivre sur une route sinueuse, se tire parfaitement du piège qu'on lui tend. Il échappe également à un avion qui le poursuit en le sulfatant puis en lui tirant dessus et réussit à le faire s'écraser sur un camion-citerne… Ces incohérences et invraisemblances ne doivent pas nuire au film mais plutôt servir son propos et son rythme effréné. D'ailleurs, elles sont entièrement assumées par le personnage de Vadamm dit le Professeur qui avoue : « FBI, CIA, ONU, on barbote tous dans le même potage alphabétique… » L'essentiel du film tient donc en une course-poursuite ainsi qu'une quête : le héros est à la recherche de la vérité et par la même occasion de son identité. N'oublions pas qu'au début du film, le fringant quadragénaire obéit à sa maman au doigt et à l'œil, qu'elle le traite comme un petit garçon et qu'à la fin du film il s'engage dans une relation amoureuse en toute émancipation du joug maternel. Pour montrer la difficulté du chemin que Thornhill doit parcourir et métaphoriquement la difficulté qu'il a à affirmer son identité, le réalisateur le montre constamment en train de courir après quelqu'un, d'emprunter tous les moyens de locomotion possibles (taxi, voiture, train, avion, camion, bus) y figurent dans les scènes d'action qui s'enchaînent aussi rapidement que les rebondissements succèdent aux changements d'identité des personnages. Les fréquents travellings d'accompagnements les soulignent et quelques plans aériens (dont certains très fameux) les esthétisent. Thornill part de New York, la grande métropole de la côte Est où il réside, il prend le train pour Chicago, au Nord-Ouest, sur les bords du Lac Michigan. Le lendemain, il voyage dans un bus qui le conduit en pleine campagne, dans les Grandes Plaines. On reconnaît leur paysage d'*openfield* (ces champs sans clôture à perte de vue, à la très faible densité de population et aux routes rectilignes). Il échappe à l'attaque de l'avion après une nouvelle course-poursuite, regagne en piteux état Chicago et est amené plus à l'Ouest par avion à Rapid City, petite ville de l'État du Sud Dakota dans les Montagnes Rocheuses, qui culminent à plus de 4000 mètres et se constituent en désert. Tous ces enchaînements d'actions et de déplacements rapides permettent au spectateur d'être tenu en haleine et d'accompagner le héros dans ses multiples courses alors que dès le début du film, on constate que rien n'aurait dû commencer : en effet, il échappe à deux agents espions alors qu'il est dans un ascenseur bondé du Plaza à New York en compagnie de sa mère. Les méchants se retrouvent mis en difficultés parce qu'il y a des témoins partout. Or, que fait Thornhill ? Il sort à toute vitesse de l'hôtel, abandonne sa mère, et s'expose à nouveau au danger…

Tout est dit

« Tu es lent à te mettre en route mais tu rattrapes vite le temps perdu. » à propos de Thornhill.

Échos

- *À bout de souffle*, Jean-Luc Godard (cf. fiche n° 60)
- *L'homme pressé*, Paul Morand (cf. fiche n° 23)

Hélène Bieber

Fiche n° 65

Rush, Ron Howard

25 septembre 2013

Le réalisateur

Ron Howard, né Ronald William Howard le 1er mars 1954 en Oklahoma, est un acteur et réalisateur américain, révélé par le film d'aventures *Cocoon* (1985). Il dirigea notamment Tom Hanks ainsi que Russel Crowe, et ses films ont rapporté plus de 3 milliards de dollars de recettes au box-office mondial.

L'œuvre et son contexte

Rush (biopic dramatique, américano-germano-britannique) renoue avec le tout premier long-métrage remarqué de Howard (1977 : *Lâchez les bolides – Grand Theft Auto*), et montre l'engouement perpétué du réalisateur pour les problématiques de compétition automobile et d'affrontement entre « champions » mécaniques. Le film est acclamé par la presse, et les recettes en sont satisfaisantes, malgré une distribution limitée. Le casting frappe par sa cohérence et son homogénéité : Chris Hemsworth et Daniel Brühl incarnent fidèlement leurs rôles, même si l'arrière-plan a un peu de mal à exister (les « épouses » Olivia Wilde et Alexandra Maria Lara, par exemple).

L'œuvre en quelques mots

Rush retrace le passionnant et haletant combat entre deux des plus grands rivaux que l'histoire de la Formule 1 ait jamais connus, celui de James Hunt et Niki Lauda, concourant pour les écuries McLaren et Ferrari. Issu de la haute bourgeoisie, charismatique et beau garçon, tout oppose le play-boy anglais James Hunt (surnommé Attila le Hunt) à Niki Lauda, son adversaire autrichien, réservé et méthodique. Le film suit la vie frénétique de ces deux pilotes, sur les circuits et en dehors, et retrace leur rivalité depuis leurs débuts en Formule3, pour culminer dans le terrible accident de Lauda en août 1976, sur un circuit allemand détrempé de pluie : le Nürburgring. La saison de F1 filmée n'est donc pas n'importe laquelle : plus tard, on songera à rejouer l'histoire avec Alain Prost et Ayrton Senna (mort en 1994, à Imola).

Le thème dans l'œuvre

Ce film narre donc le duel de deux pilotes de Formule1, se poussant toujours plus loin dans l'affrontement, jusqu'au dérapage incontrôlé. Les compétitions sont filmées avec le brio de trente caméras, rappelant par quelques plans la mythique course de chars de *Ben Hur*, et la musique de Hans Zimmer, au leitmotiv intitulé « Lost but

Won », souligne les moments forts avec un certain lyrisme. Cette rivalité à la fois productive et malsaine, renseigne bien sur les championnats – l'ordre exact de chaque course est respecté. Mais plus encore qu'une épopée sportive, c'est le cheminement humain des deux ennemis, allant l'un vers l'autre à travers injures sexistes, coups bas, manipulations des autres pilotes et autres gentillesses pour finalement s'estimer, se mériter et se saluer, tels des chevaliers des temps modernes. La course finale est, à ce titre, un moment d'anthologie : Lauda, défiguré, est interpellé grossièrement par un journaliste, qui doute de la fiabilité de son couple ; discrètement, Hunt retrouve le paparazzo, et le tabasse dans les toilettes, horrifié et révolté qu'il a été par l'ignominie de la question.

Certes il est possible de reprocher au film son apologie d'une F1 meurtrière, plus près des jeux du cirque que du sport ; les flots de champagne, les colliers de fleurs, les « jeunes femmes » peu farouches montant à l'assaut des chambres d'hôtel ne parviennent pas à masquer l'absurdité inhérente à la course elle-même et la vision récurrente de James Hunt plié en deux, vomissant tripes et boyaux avant chaque départ, en dit bien plus que les flonflons et les trophées agités devant les foules en délire. Les bolides partent dans le décor, font des têtes à queue, se perdent dans le brouillard et les torrents de pluie qui noient Fuji comme le Nürburgring, vrombissent, hurlent, grincent. Face à face restent le spectre d'une jet set très « dolce vita » (l'épouse de Lauda a fréquenté Curt Jurgens, celle de Hunt est partie avec Richard Burton) et celui du visage brûlé et scarifié du coureur, piégé de longues minutes dans le brasier de sa Ferrari à 425 degrés : les champs contrechamps, pas très subtils, qui font alterner scène de sexe et emballement du monstre qu'est la Formule 1 actualisent bien cette image de la dépense, totale, vitale, génésique autant que mécanique, qui préside à la conception de *Rush*.

■ Tout est dit

« Plus on frôle la mort, plus on se sent vivant »

« C'est un petit cercueil en fait, une bombe sur roues lancée à 270 km/heure »

« Le sexe, le petit-déjeuner du champion. »

■ Échos

- *Ce que nous dit la vitesse*, Jean-Pierre Domecq (cf. fiche n° XXX)
- *Speed*, Jan de Bont (cf. fiche n° XXX)
- *Le Mans*, Lee H. Katzin (cf. fiche n° XXX)
- *La fureur de vivre*, Nicholas Ray (cf. fiche n° XXX)

Isabelle Casta

Fiche n° 66

Le Mans, Lee H. Katzin

1971

■ Le réalisateur

Lee H. Katzin est un réalisateur américain de films et téléfilms, essentiellement d'action et de science-fiction. Il dut remplacer au pied levé le premier réalisateur du film, John Sturges, suite à des conditions de tournage très difficiles ; en réalité, c'est l'acteur principal Steve McQueen, passionné de sport automobile, qui inspire et mène le film.

■ L'œuvre dans son contexte

Les 24 heures du Mans sont une des courses automobiles les plus célèbres et les plus prestigieuses au monde. Fondée en 1923, elle a consacré d'immenses pilotes comme Jacky Ickx. En 1971, l'année de la sortie du film *Le Mans*, Steve McQueen donne le départ de la course officielle et le record absolu du tour le plus court en 3 min 13 s 6, avec une moyenne de 250,07 km/h est établi. En 1988, le record, homologué, de vitesse est atteint, à 405 km/h…

■ L'œuvre en quelques mots

En 1971, le pilote américain Michael Delaney prend le départ des célèbres 24 heures du Mans, après un terrible accident sur le circuit l'année précédente. Avec son coéquipier Larry Wilson, il remporte la course pour Porsche contre l'écurie Ferrari, non sans avoir dû affronter les blessures, les avaries météorologiques qui obligent sans cesse à adapter la tactique de course.

■ Le thème dans l'œuvre

Le film réalise déjà une véritable prouesse technique : « filmer la vitesse », pour reprendre le titre du *making-of*. Conçu comme un documentaire sur la course automobile et ses coulisses, le film multiplie les innovations pour l'époque : tourné intégralement sur le circuit du Mans, pendant les essais, la course de 1970 puis après, avec des caméras installées sur les voitures (ce qui était une première), des effets spéciaux spectaculaires, une prise de son impressionnante qui transcrit la course pour les spectateurs, enfin avec l'expérience de véritables pilotes, comme Derek Bell, filmés ou donnant leur avis en tant que consultants, *Le Mans* est devenu une référence au point qu'un des producteurs de l'époque déclare : « on ne pourrait plus réaliser un autre film comme *Le Mans* qui a été fait dans la réalité de la course ».

Le Mans fait aussi partager les dangers extrêmes liés à la course automobile, pour les pilotes et leurs proches. En effet le pilote Michael Delaney a eu un grave accident au cours duquel un pilote rival a trouvé la mort ; pourtant, l'année suivante, il est sur la ligne de départ. »Chevalier des temps modernes, le pilote a pour cuirasse une simple combinaison ininflammable capable de résister pendant quelques dixièmes de secondes aux 1 315 degrés de l'essence en combustion ; il a pour heaume un casque intégral à ses couleurs personnelles et pour talisman l'indication de son groupe sanguin porté soit sur sa combinaison soit sur son casque protecteur ».

Tout est dit

« Le Mans, l'essence même de la vitesse. »

« À 320 km/h, la pression est difficile à gérer et expliquer ce sentiment est encore plus difficile. »

« Sur ce circuit, vous allez assister à la plus grande course automobile du monde. Elle a été crée par Georges Durand et Charles Faroux juste après la première guerre mondiale. Situé au sud du Mans, le tracé choisi développe 13 km 769 entièrement équipés de glissières de sécurité. Sur la ligne droite, la plus haute vitesse atteinte dépasse 350km. h [...]. La première course sur ce circuit eut lieu en 1923, le record du tour était de 9 min et 39 s[...] ; l'année dernière, le record officiel du tour était de 3 min 7 s 2 dixièmes, soit une moyenne de 234 km/h. 55 voitures sont admises à prendre le départ et 110 pilotes de toutes nationalités. Sous le soleil ou sous la pluie, dans le brouillard et dans le vent, ils piloteront jour et nuit. [...] Un pilote ne peut rester au volant plus de 4 heures consécutives.

Échos

- *Grand prix*, film d'action John Frankenheimer, 1966
- *Jours de Tonnerre*, film d'action de Tony Scott, 1990
- *Senna*, documentaire de Asif Kapadia, 2010

Céline Lucchi

Fiche n° 67

2001 : l'Odyssée de l'espace, Stanley Kubrick

Sorti en salles en 1968

Le réalisateur

Né en 1928, Stanley Kubrick est un réalisateur, scénariste et photographe américain. Passionné très jeune par la photographie, dès les années 1950, il travaille pour la télévision et effectue de A à Z quelques documentaires et reportages. Il en vient rapidement au cinéma par le court-métrage d'abord puis en 1956 un premier long-métrage *L'Ultime Razzia* qui rencontre un succès d'estime. L'année suivant, il dirige la star Kirk Douglas dans *Les Sentiers de la gloire*, succès commercial malgré un thème difficile : l'absurdité de la guerre. Ses films suivants, *Lolita* puis *Docteur Folamour* lui valent d'être nommé aux Oscars. Par la suite, toutes ses réalisations achèvent de l'intégrer à la catégorie des cinéastes majeurs tant par le caractère novateur de ses mises en scène que par sa capacité à interroger les tourments de la nature humaine.

L'œuvre et son contexte

Il importe de savoir qu'avant *2001 : l'Odyssée de l'espace*, les films d'anticipation manifestent peu d'ambitions cinématographiques privilégiant la mise en scène d'êtres imaginaires inquiétants ou des technologies futuristes. Avec Kubrick, s'opère un vrai virage vers l'esthétique.

L'œuvre en quelques mots

Le film est construit en quatre parties qu'il faut relier. La première « L'Aube de l'humanité » montre la métamorphose d'une tribu d'australopithèques après la découverte d'un monolithe noir. En effet, sa découverte inspire au chef des singes des gestes inédits et décisifs. Brandissant un os, il parvient à éliminer son ennemi. Le premier instrument est né. Quatre millions d'années plus tard, en 2001, un vaisseau spatial emmène le professeur Heywood Floyd sur la lune afin qu'il enquête sur un monolithe noir récemment découvert. Dans la troisième partie, 18 mois plus tard deux astronautes (David et Franck) font route vers Jupiter à bord d'un explorateur dirigé par une intelligence artificielle nommée HAL. Dans la quatrième et dernière partie, David en approche de Jupiter vit des expériences étranges.

Le thème dans l'œuvre

Ce qui frappe dans ce film c'est sa lenteur. Son importante durée (143 minutes) permet déjà au cinéaste de déployer longuement son propos et sa vision du futur par l'intermédiaire de séquences particulières étendues, souvent filmées en temps réel, sans ellipses temporelles ni mise en valeur des actions ou faits décisifs. Le trajet d'un personnage est aussi longuement filmé qu'une conversation essentielle par exemple. Comme le précise le critique Michel Chion, « Certaines scènes sont expressément écrites et tournées, non pour faire avancer l'action, mais pour traduire un monde échappant à la pesanteur. » On peut par exemple penser aux séquences où les hôtesses marchent dans l'astronef le long des couloirs ou jusqu'au plafond pour quitter la pièce. La lenteur de la scène évente le propos, la situation ne génère aucun suspense mais elle permet au spectateur d'intégrer les données corporelles et physiques d'un monde futuriste. Il s'agit « d'installer une durée et un espace différent. » Non seulement nombre de séquences sont lentes mais le cinéaste les filme délibérément lentement par l'usage du travelling latéral notamment. L'objectif est autant de raconter une histoire que de faire vivre au spectateur une expérience sensorielle, ce qui implique le temps de son installation. D'aucuns évoqueront même l'effet d'hypnose que provoque le film. Les critiques ont d'ailleurs attribué au film l'étiquette de « film d'acclimatation », souvent favorisée par les musiques il faut bien le préciser. Ce tempo alenti commence dès le générique. D'une durée de près de trois minutes, il présente uniquement le logo de la MGM sur fond noir… Mais la séquence la plus emblématique de la lenteur volontaire et nécessaire installée par Kubrick culmine probablement dans la sortie dans l'espace accomplie par David pour remplacer une pièce défectueuse détectée par HAL. D'une durée de 6 minutes, sans aucune ellipse temporelle, dépourvue de musique, le spectateur n'entend que le souffle dru de l'astronaute. Les gestes techniques sont élémentaires et ne présentent aucun intérêt particulier autre que celui de permettre au spectateur de saisir la difficulté voire l'hostilité de l'environnement dans lequel évolue l'astronaute. Il s'agit bien d'encapsuler le spectateur dans un nouvel espace-temps. Enfin, ce qui contribue à la lenteur si particulière et si essentielle du film tient à la manière dont Kubrick filme les déplacements des engins spatiaux : ils se déplacent relativement lentement dans le cadre (de droite à gauche le plus souvent) suivis par la caméra en travelling latéral droite-gauche également. Or, pour voyager sur de telles distances, il est bien évident que la vitesse des astronefs est prodigieuse. Ainsi le travelling opérant légèrement moins vite que le déplacement de l'objet filmé, l'impression de lenteur est accentuée.

■ Tout est dit

« La question est de savoir si l'on donne au public quelque chose qui vise à le rendre plus heureux, ou quelque chose qui corresponde à la vérité du sujet. »

■ Échos

- *L'Étoffe des héros*, Tom Wolfe (cf. fiche n° XXX)

Hélène Bieber

Fiche n° 68

Cars, John Lasseter

2006

Le réalisateur

Né à Hollywood en 1957, John Lasseter a révolutionné le cinéma d'animation. Co-fondateur des studios Pixar, il réalise en 1995 *Toy Story*, premier long-métrage tout en images de synthèse. D'autres succès planétaires suivront comme *Cars*. Accusé de harcèlement sexuel, il quitte en 2018 Pixar dont il était directeur artistique général.

L'œuvre et son contexte

L'idée du scénario naît lors d'un *road trip* familial à travers les États-Unis durant l'été 2000. John Lasseter puise son inspiration dans les quelques 3 700 kilomètres de la mythique route 66. Avec ses commerces désertés, son bitume usé et ses habitants délaissés, la « *main street* » emblématique des États-Unis est la protagoniste-clé du film.

L'œuvre en quelques mots

En course pour la prestigieuse *Piston Cup*, le bolide Flash McQueen s'égare dans la ville fantôme de *Radiator Springs*, le long de la route 66. Il y fait la connaissance d'une galerie de personnages loufoques et solidaires. À leurs côtés, il perd peu à peu son arrogance et comprend que franchir la ligne d'arrivée compte moins que le parcours suivi pour l'atteindre.

Le thème dans l'œuvre

La vitesse est au cœur de la trilogie *Cars* imaginée par John Lasseter, lui-même grand amateur de courses automobiles. Arrogant, individualiste et sûr de lui, le jeune héros baptisé Flash (soit « éclair » en français) McQueen, est une voiture douée de parole, de sentiments et d'une conscience comme le sont tous les personnages de la célèbre saga. Capable d'atteindre les 324 km/h, le bolide rouge n'a qu'une obsession : rouler vite, encore plus vite, toujours plus vite. Les trophées qu'il gagne au fil de courses prestigieuses nourrissent un égo surdimensionné. La compétitivité est son moteur, Il se croit imbattable. Jusqu'à ce qu'une déviation prise par erreur le conduise à *Radiator Springs*. Changement de tempo : le rythme de vie dans cette bourgade perdue au milieu de nulle part s'étire avec lenteur. Autour, les paysages déserts de l'Ouest américain s'étendent à l'infini. Ici, les habitants prennent le temps de vivre, de penser, de s'entraider. Le contraste est net, deux mondes opposés s'entrechoquent : d'un côté, une Amérique individualiste et étourdissante, portée par une volonté farouche et jamais inassouvie de réussir, sans état d'âme à l'égard d'autrui. De l'autre, une Amérique solidaire et nostalgique de son passé – tendre clin d'œil aux années hippies – animée par des habitants aux personnalités singulières, généreuses et attachantes. Laquelle de ces deux Amériques conquerra le cœur des spectateurs ? La réponse ne fait aucun doute. Grisé d'abord par les records de vitesse du héros Flash McQueen, le public fait, à l'instar du héros, l'apprentissage de la lenteur. L'humanité authentique qui émane de la petite communauté de *Radiator Springs* est la grande gagnante de ce conte moderne faussement naïf dont John Lasseter tire lui-même la morale : « Notre héros, Flash Mc Queen, ne s'intéresse qu'à une seule chose : être le plus rapide. Rien d'autre ne compte pour lui que sa victoire au championnat. Il a finalement été forcé à ralentir, comme j'ai dû le faire lors de mon périple en camping-car. Pour la première fois de ma carrière, j'ai levé le pied, et c'était extraordinaire. J'ai découvert que le parcours que l'on fait dans la vie contient sa propre récompense. »

Tout est dit

Flash McQueen : *« Bon, allons-y. Concentration. Rapide, je suis rapide. J'en fais qu'une bouchée à mon petit-déjeuner des perdants. Oh, en parlant de petit-déjeuner, un bon p'tit dej'ça me ferait du bien. Non, concentration. Vitesse. Plus rapide que la lumière, je suis Flash McQueen. »*

Écho

- *Turbo* David Soren
- *Le Mans* Lee H. Katzin (cf. fiche n° 66)
- *Rush* Ron Howard (cf. fiche n° 65)
- *Avec mon meilleur souvenir,* « La vitesse » Françoise Sagan (cf. fiche n° 28)

Flore d'Arfeuille

Fiche n° 69

Une Histoire vraie, David Lynch

1999, Bac Films

■ Le réalisateur

Artiste aux multiples facettes, David Lynch est un réalisateur-scénariste américain qui a aussi touché à d'autres arts comme la photographie ou la musique. Il a réalisé dix films dont *Elephant Man* en 1980 et *Mulholland Drive* en 2001. Récompensé par la Palme d'or de Cannes et le Lion d'or de la Mostra de Venise en 2006, il marque les esprits par son style « néo-surréaliste » caractérisé par une mise en scène atypique jouant avec les frontières du rêve (ou du cauchemar) et de la réalité.

■ L'œuvre et son contexte

Une Histoire vraie est un des nombreux succès commerciaux de David Lynch, sorti le 3 novembre 1999. Il s'inscrit dans la modernité fulgurante d'une fin de siècle. Ainsi que son titre éponyme l'indique, le réalisateur s'est inspiré d'un fait divers s'étant réellement déroulé, celui deux frères fâchés : Alvin Straight décide d'entreprendre un long périple à travers l'Amérique pour retrouver celui avec qui il veut se réconcilier.

■ L'œuvre en quelques mots

Construit sur le modèle éculé et pourtant mythique du *road movie*, ce film narre l'épopée solitaire d'un frère en quête de paix familiale. Après avoir appris la maladie de son frère Lyle, Alvin essaie de rattraper le temps perdu et utilise sa tondeuse à gazon, seul moyen de transport à sa disposition… Fondé sur l'absurde et le décalage, ce film apparaît comme une ode à la modernité, à une époque avec laquelle le personnage est d'abord en rupture, puis qu'il tente de comprendre avec ses moyens limités et décalés.

■ Le thème dans l'œuvre

Considéré comme rompant avec le reste de l'œuvre de son réalisateur par son ton assez nostalgique et son côté « récit de vie », *Une Histoire vraie* se présente comme l'anti *road movie* par excellence dans lequel on retrouve néanmoins la touche lynchienne et son goût reconnu pour le décalage. Loin de l'onirisme d'*Elephant Man* ou des intrigues tordues à la *Inland Empire*, ce film apparaît comme la narration de l'épopée de Alvin Straight, vieil homme de plus de 70 ans qui, suite à la maladie de son frère Lyle, prend la décision de se rendre chez lui pour renouer d'anciens liens distendus à cause de disputes et d'incompréhensions récurrentes. Il se lance donc dans un voyage à la lenteur extrême puisque le seul moyen de locomotion s'offrant à lui se révèle être une tondeuse à gazon ! Ainsi, le réalisateur détourne les codes du *road movie*, normalement lié à la vitesse et à la multiplication des rencontres, par l'excessive lenteur du déroulé de l'action. Cependant, on y retrouve des personnages hauts en couleurs qui serviront à enrichir le vieillard, au fur et à mesure de l'avancée de son périple.

Son voyage s'étend sur plus de 300 kilomètres et se présente comme l'occasion de rencontres toutes plus inattendues les unes que les autres : une adolescente enceinte en fugue, des cyclistes en course longue distance, un vétéran… Ainsi, les distances parcourues symbolisent le passage du temps mais aussi la fuite de ce dernier. On découvre au fil du film qu'Alvin, comme son frère, est malade. Dès lors, cette quête d'une fraternité perdue sonne comme un défi lancé à la mort qui les menace. Ainsi, la temporalité filmique se brouille et en arrive à un curieux paradoxe : l'extrême lenteur va de pair avec une sensation d'urgence (liée à la pesante menace tragique). Le cours même de la vie – que ce périple lent, semé de rencontres au détour de chemins symbolise finalement – en apparaît bouleversé : en témoignent les paysages qui défilent, entre enfilades de champs cultivés et espaces célestes partiellement couverts.

David Lynch réinvente avec Une Histoire vraie un nouveau rapport de l'Homme au temps qu'il passe sur cette terre. Au désir pulsionnel de vivre vite, de « tout » vivre « tout de suite » dans un temps immédiat, il lui substitue l'urgence de lutter contre la dernière barrière au temps : la mort. Selon Alvin, « l'on voit mieux les choses assis ». À travers ces mots prononcés par son héros, Lynch offre au spectateur sa vision de la vie, à rebours du culte de l'urgence et de l'instantanéité prôné aujourd'hui : une volonté de contemplation, un temps qui « se prend » et plus seulement qui se rattrape, une vie qui se vit à tous ses âges, une mort possible qui agit comme rappel permanent de la saveur des choses qui s'échappent et que l'on retient le plus longtemps possible.

Tout est dit

« On imagine qu'un enfant intuitif comme Lynch ait pu ressentir le profond changement qui transformait peu à peu l'Amérique. En même temps, il restait tout à fait ancré dans son lieu de vie et dans son époque » (*David Lynch, par lui-même et les autres*, biographie collective).

« C'est lui qui nous transmet ses réflexions pleines de sens sur la vieillesse et le temps qui passe » (http://www.je-mattarde.com)

Échos

- David Lynch, *Mulholland Drive*, 2001
- Jan de Bont, *Speed*, (cf. fiche n° 54)
- Michael Hewitt, Dermot Lavery, *Road* (cf. fiche n° 61)

Laetitia Magnani

Fiche n° 70

Pacific 231, Jean Mitry

Réalisé en août 1948 ; sortie en salle en 1949

Le réalisateur

Jean Mitry (1907-1988) est l'un des grands théoriciens du cinéma, notamment pour sa recension fleuve des œuvres portées à l'écran, depuis les origines du Septième Art, dans une *Histoire du Cinéma* publiée à partir de 1967. Il a également réalisé une trentaine de films, explorant à la fois des sujets documentaires et de fiction.

L'œuvre et son contexte

Dès 1932, Jean Mitry souhaite façonner un film expérimental à partir du poème symphonique *Pacific 231*, composé par Arthur Honegger en hommage à la célèbre locomotive éponyme. Les droits ayant été cédés à un réalisateur russe, il reprend seulement en 1947 son projet de court-métrage focalisé sur les rythmes du train, en osmose avec la partition du musicien suisse.

L'œuvre en quelques mots

Pacific 231 est un court-métrage en noir et blanc entièrement dédié à la trajectoire physique d'une locomotive capable de prouesses techniques. Le célèbre train, qui atteint alors des pics de vitesse à 120 kilomètres/heure, est célébré par les artistes depuis les années 1920. Le réalisateur génère par certaines techniques filmiques, notamment le travelling, des effets d'accélération vertigineux.

Le thème dans l'œuvre

Encore étudiant et membre assidu du Club des Amis du Septième Art, Jean Mitry se passionne déjà pour la transposition visuelle de la musique à l'écran. Le cinéphile averti déplore la tendance trop fréquente des réalisateurs à négliger la mise en relation organique de la bande musicale avec les images cinématographiques ; selon lui, « le problème consiste à associer dans l'esprit du spectateur, à la faveur d'un même développement rythmique, les chocs émotionnels produits par les images et par la musique ». Dans le prolongement de sa propre recherche, il souhaite dès 1932 écrire un scénario qui traduirait sur la pellicule le mouvement symphonique *Pacific 231*, composé par Arthur Honegger en 1923. Cette pièce atonale de 7 minutes est souvent qualifiée d'« urbaniste » en référence à la modernité ferroviaire, qu'elle illustre musicalement. Elle propose en effet une trajectoire sonore condensée à bord de la Pacific 2.3.1, une locomotive à vapeur performante dans les années 1920 et mise en mouvement grâce à un bogie à deux essieux (2), trois roues motrices (3) et un essieu porteur (1). Le réalisateur Abel Gance s'était déjà emparé de cette œuvre pour l'accompagnement musical de son film muet *La Roue*, en 1923. Mais avec Jean Mitry, le processus de création s'inverse : la musique de Honegger ne sera plus choisie comme bande-son d'un film déjà fabriqué, mais suscitera *a posteriori* une production d'images calibrées sur sa progression rythmique, en symbiose. Jean Mitry n'obtient les droits d'exploitation de l'œuvre qu'en 1947, accompagnés des financements nécessaires après l'accueil favorable de la SNCF. Le tournage a lieu en août 1948, dans les difficiles conditions de l'après-guerre et de la reconstruction du réseau ferré français.

Le court-métrage, d'une durée de 9 minutes, met en scène un trajet de la Pacific 231 en concentrant la force narrative sur l'arrivée du train à quai, sa mise en route, ses étapes d'accélération et de décélération jusqu'à l'arrêt définitif. Le film capte d'abord l'attention du spectateur par le grossissement des effets de réalisme, en particulier par des plans rapprochés sur les roues et les bielles de la locomotive à quai. Les bruitages associés correspondent, aux premières minutes, à l'ambiance sonore habituelle des gares. Puis, le départ du train coïncide avec l'arrivée de la musique et les images obéissent dès lors au motif de la ligne, sur un « tempo » évolutif littéralement ajusté à celui de l'orchestration, grâce aux travellings avant sur les rails ou les (très) gros plans sur les mouvements de piston. Le diptyque images/musique créée une impression de grande vitesse à l'apogée du mouvement, et provoque un envol vers une représentation plus abstraite et imaginaire du voyage en train.

En 1950, Jean Mitry est récompensé au Festival de Cannes par le prix du meilleur montage pour Pacific 231.

■ Tout est dit

« Il ne s'agit pas ici d'illustrer une œuvre musicale qui se suffit à elle-même. Nous avons seulement tenté de lui donner un équivalent plastique. En accordant, grâce au cinéma, les mouvements, les lignes et les formes (des plus concrètes aux plus abstraites, prises dans la nature même), nous avons essayé d'atteindre à quelque chorégraphie du monde et des choses », Jean Mitry à propos de *Pacific 231*.

■ Échos

- *Pacific 231*, d'Arthur Honegger (cf. fiche n° 88)
- *La Roue*, film d'Abel Gance sorti en 1923

Marie Lescêne

Fiche n° 71

En Solitaire, Christophe Offenstein

2013, Gaumont, Les Films du Cap, SCOPE Pictures, (DVD, Gaumont Vidéo, 2014)

Le réalisateur

Christophe Offenstein est un chef opérateur et réalisateur français né en 1962. Après avoir obtenu le César de la meilleure photographie en 2016 pour *Valley of Love*, celui du meilleur premier film lui est décerné en 2014 pour *En Solitaire*. Il réitère ainsi sa collaboration avec Guillaume Canet et François Cluzet.

L'œuvre et son contexte

En Solitaire a été tourné sur les côtes vendéennes et en Atlantique sur l'ancien voilier DCNS 1 000 du skipper professionnel Marc Thiercelin, juste avant le départ du Vendée Globe 2012-2013. Pour les besoins du film, le bateau a été repeint et aménagé afin de permettre le tournage des prises de vue en pleine mer, ce qui constitue une particularité et un exploit technique.

L'œuvre en quelques mots

Le skipper Yann Kermadec remplace au dernier moment son ami Frank Drevil, blessé, pour participer au Vendée Globe. En tête au début de la course, il subit une avarie qui l'oblige à s'arrêter près des Canaries. En reprenant son périple, il découvre à bord un jeune émigré mauritanien, Mano, qui veut rejoindre la France. La présence du jeune homme remet en cause sa qualification à la compétition.

Le thème dans l'œuvre

En participant au Vendée Globe, le souhait de Yann Kermadec est bien évidemment de gagner la course en allant le plus vite possible. Les images soulignent cette intention en montrant le voilier filer à toute allure contre vents et marées, bravant tempêtes et mer déchaînée. Son souhait est d'ailleurs exaucé dès le cinquième jour, puisqu'il bat le record de la plus longue distance parcourue en solitaire en vingt-quatre heures. La présence de Mano remet tout en cause. Il n'est plus seul, ce n'est donc plus une course « en solitaire ». Dérouté pour aller sauver une concurrente qui a dessalé, obligé de soigner Mano, il poursuit sa course et parvient à rattraper son retard en passant de la quinzième à la première place. « (Il) trace », « il allume », comme le commente son ami Frank : « Il est à fond dans sa course ». Gêné par la présence de Mano, qu'il cache, voulant dans un premier temps le déposer sur terre, il garde l'adolescent à bord, conscient des risques de disqualification qu'il prend, et va même jusqu'à refuser de le laisser partir avec Drevil, venu chercher le jeune clandestin, qu'il renvoie d'un « Je me démerde ! c'est ma course ! c'est mon histoire ! » Son histoire repose d'ailleurs sur un choix, terminer premier la course tout en gardant Mano avec lui malgré les risques que cela représente. Il y parvient en dépassant le concurrent de tête, « On l'a bouffé, le Paoli ! », et arrive enfin en vue des Sables d'Olonne. C'est là que l'humanité de Kermadec dépasse son désir de gagner à tout prix. Il se déroute au dernier moment afin d'éviter la ligne d'arrivée, ce qui entraîne sa disqualification. Il rentre néanmoins au port premier de la course avec Mano, monté avec lui sur le pont. Frank Drevil salue son initiative par ce message : « Il n'y a pas que la victoire qui est belle. Je suis fier de toi ». Cela confirme que la vitesse qui prime aujourd'hui dans notre société, que ce soit à travers des courses, des records voire la vie quotidienne, occulte des valeurs fondamentales, prendre le temps de faire attention à l'autre, lui venir en aide, et en sortir grandi. C'est le message que transmet ce long-métrage qui concilie à la fois les efforts et l'altruisme du navigateur.

Tout est dit

« C'est de la folie ! Cette nuit, je passe en tête ! Je suis à fond là ! Tu vas voir, je vais tous les planter ! »

« Il n'y a pas que la victoire qui est belle. Je suis fier de toi. »

Échos

- Jules verne, *Le Tour du monde en quatre-vingts jours* (cf. fiche n° 32)
- Christian de Chalonge, *Les quarantièmes rugissants* (cf. fiche n° 57)

Claude Dereau-Seret

Fiche n° 72

La fureur de vivre, Nicholas Ray

Sortie : USA, 27 octobre 1955 ; France, 26 mars 1956

Le réalisateur

Nicholas Ray, est un réalisateur américain né en 1911 à Galesville et mort en 1979 à New York. À travers ce quinzième long-métrage, le réalisateur de *Johnny Guitar* dresse un tableau triste et fulgurant de trois adolescents en quête de repères. La symbolique qu'il utilise et le traitement de l'image qu'il applique à son film en font une œuvre sombre et poétique, entièrement surplombée par la mort de Dean, qui anéantit Ray.

L'œuvre et son contexte

Le cœur de l'œuvre consistant en une course de voitures meurtrière, on comprend le retentissement de la mort de la « star » sur la popularité immense et immédiate du film. Énorme succès au box-office, *La Fureur de vivre* actualise le sujet de la délinquance juvénile, omniprésent dans les médias américains, et sur lequel Ray avait commencé à écrire sa propre histoire : *The Blind Run* (une suite de scènes choquantes et brutales, d'actes criminels, en 17 pages). Pour le réalisateur, il s'agit de prouver l'absurdité des théories de Lindner, qui voudraient que les méchants viennent de petites familles pauvres, et que les riches soient les gentils : ridicule, semble dire le film.

L'œuvre en quelques mots

Après avoir déménagé à Los Angeles avec ses parents, Jim Stark, qui a 17 ans, s'inscrit à la *Dawson High School*. Très vite il est amené au poste de police pour ivresse sur la voie publique. Il y trouve une jeune fille en fugue (Judy) et un garçon perturbé, John dit « Platon », qui a tué deux chiots. Leurs destins parallèles vont occuper le reste du film, qui brosse le portrait de la jeunesse des classes moyennes des années 1950.

Le thème dans l'œuvre

Tout en essayant de s'intégrer au mieux parmi ses camarades de classe, Jim est impliqué dans une dispute avec Buzz Gunderson (Corey Allen), chef de la bande qui fait la loi au sein du lycée, et amoureux de la jolie Judy, candide allumeuse en twin-set qui a encore les joues rondes de l'enfance (Nathalie Wood). Après une visite au planétarium où les jeunes gens assistent à un discours sur la fin de l'univers, Buzz défie Jim dans un combat au couteau dans lequel ils sont blessés tous les deux, mais qui paradoxalement les rend complices. Ils se proposent alors de se mesurer dans une course de voitures, épreuve dite des « poules mouillées », dans laquelle Buzz perdra la vie. En fait, il ne s'agit pas tant de « vitesse » (ce sont de vieux tacots volés) que de courage, puisqu'il faut se jeter hors du véhicule le plus tard possible avant que la voiture ne bascule de la falaise… stade ultime de la courte performance. Incapable de dégager sa manche de blouson de la portière, Buzz tombe et se tue ! Jim retrouve Judy, et ils se réfugient tous deux dans une vieille maison abandonnée, où ils sont bientôt rejoints par Platon (Sal Minéo). Celui-ci, isolé, tourmenté, visiblement amoureux de Jim, tire sur les amis de Buzz venus venger leur chef, puis tombe sous les balles des policiers, qui se croient menacés. Le couple final restaure l'ordre hétéro-normé et juvénile, Judy et Jim se présentant mutuellement à leurs familles. La vitesse concerne ainsi bien plus celle des métamorphoses personnelles, de l'usure des schémas familiaux ou de la propagation du désespoir « sans cause »… qu'un simple récit d'affrontement motorisé.

Car tout au long du film les symboles s'enchaînent : la sirène de police représente l'autorité parentale à laquelle Jim se heurtera pour finalement accepter sa condition d'homme. Judy est d'abord vue porteuse d'un rouge à lèvres cramoisi et d'une robe rouge électrique (comme Marylin dans *Niagara*, 1953). Métaphore de la sexualité en éveil, cette couleur réapparaît avec le blouson que Dean met pour participer à la course meurtrière. L'analogie ainsi créée entre le passage à l'âge adulte (le lipstick de Judy) et la mort (le blouson de Jim) accentue le romantisme tragique du film de Ray, qui oriente sa grammaire cinématographique vers une lecture de l'espace comme perdition. Sur chaque plan, on découvre en effet les personnages isolés au milieu de décors dépouillés et sans vie : les rues de Los Angeles sont désertes. La maison dans laquelle le trio d'adolescents fuit est une ruine et le planétarium, qui allégorise la position de la terre dans le cosmos, leur prouve à quel point ils ne sont rien. Même si le climax final laisse transparaître un léger espoir, deux des trois garçons sont morts et le père de Jim, constamment rabroué par sa femme, a bien du mal à donner un modèle viril identifiable : vivre vite, mourir jeune ?

Tout est dit

« un garçon est mort cette nuit ; on est tous dans le coup ! » (Jim, à ses parents)

Échos

- Pierre Berthomieu, *Hollywood classique : le temps des géants*, Pertuis, Rouge profond, 2009
- *L'équipée sauvage* (titre original : *The Wild One*), 1953, László Benedek
- *West Side Story*, R Wise, 1961
- *Le Mans*, Lee H. Katzin (cf. fiche n° 66)

Isabelle Casta

Fiche n° 73

Vivre vite !, Carlos Saura

1980

Le réalisateur

Né en 1932, Carlos Saura réinvente dès son premier film *Los Golfos (Les voyous*, 1960) le cinéma espagnol dont il est une figure emblématique. Il remporte son premier succès international en 1976 avec *Cria cuervos*. Au fil d'une quarantaine de films qui échappent à toutes les étiquettes, le réalisateur poursuit une réflexion exigeante sur le temps, la mémoire et la mort.

L'œuvre et son contexte

Avec *Vivre vite !* Saura plonge dans l'ère de l'après-franquisme, scrutant avec acuité l'évolution de la société espagnole. Il filme les territoires périphériques et les marginaux qui les habitent de leur présence éphémère. Malgré les polémiques qu'il provoque en Espagne à sa sortie, le film remporte en 1981 l'Ours d'Or du festival de Berlin.

L'œuvre en quelques mots

Dans la banlieue madrilène de l'Espagne post-franquiste, une bande de jeunes marginaux – Pablo, Meca, Sebas et Angela – franchissent à un rythme effréné et sans états d'âme la frontière entre la petite délinquance et le grand banditisme.

Le thème dans l'œuvre

« Deprisa, deprisa, » (« Vite, vite »), lancent aux guichetiers de la banque les jeunes braqueurs menaçants. L'adverbe résume parfaitement l'esprit du film à l'esthétisme brut et rugueux. Il n'y a en effet pas de temps à perdre pour la petite bande de braqueurs désœuvrés aux visages encore juvéniles qui arpentent avec fébrilité les terrains vagues de la banlieue madrilène. Qui sont-ils ? D'ou viennent-ils ? Où vont-ils ? On ne le saura pas et peu importe finalement. Nulle psychologie dans ce film qui dépeint une jeunesse qui s'ennuie, sans repères ni valeurs, portée seulement par le moment présent. La voiture est l'un des symboles de cette instantanéité : voiture volée en ouverture du film ; voiture conduite pour aller voir la mer lors d'une longue séquence nocturne ; voiture que l'on arrose d'essence et regarde flamber avec fascination.

La force du film s'appuie sur l'authenticité et la spontanéité des acteurs non professionnels dont les destins fictionnels et réels s'entremêlent étonnamment. Le film préfigure en effet leur propre vie à venir, ce qui défraya d'ailleurs la chronique à sa sortie : Ainsi, deux d'entre eux braqueront des banques à Madrid. Et José Antonio Valdelomar qui tient avec tant de talent le rôle principal mourra 10 ans plus tard d'une overdose. Même s'il se défend de signer un film sociologique, Carlos Saura a d'abord longtemps enquêté auprès des jeunes de banlieue : *« Ce film a été une expérience formidable pour moi. J'ai eu le sentiment de retrouver une forme d'innocence que je n'avais probablement jamais connue auparavant. Ces jeunes qui ne poursuivent qu'une idée, la liberté et dont la seule ambition est « Tout, tout de suite » (à 20 ans, ils considèrent que leur vie est finie) m'ont fasciné ».*

Le film dépeint ainsi avec réalisme le quotidien d'une jeunesse qui se pense sans avenir et se fiche du passé. Alternant braquages et hédonisme, il n'est finalement qu'une fuite en avant, jusqu'à ce que la réalité finisse tragiquement par rattraper ces jeunes que l'absence de perspectives contraint à vivre vite, trop vite.

Tout est dit

« Oh quelle douleur. »

«Si tu me demandes de choisir entre toi et ce ciel où l'on peut librement voler pour oublier.

Si tu me demandes de choisir, je reste avec toi. »

Échos

- Nicholas Ray *La fureur de vivre* (cf. fiche n° 72)
- Mathieu Kassovitz, *La haine*
- Phlippe Besson, *Vivre vite* (cf. fiche n° 3)

Flore d'Arfeuille

Fiche n° 74

Tout s'accélère, Gilles Vernet

Sorti le 20 avril 2016

■ Le réalisateur

Gilles Vernet est un auteur et réalisateur qui a connu une trajectoire professionnelle tout à fait originale. En effet, d'ancien trader, il est passé à l'enseignement en devenant professeur des écoles. C'est d'ailleurs via ce métier qu'il en est venu à s'intéresser au fonctionnement de la société qui l'entoure et surtout à l'avenir de cette dernière, à ce que nous laisserons aux générations futures, représentée par les enfants dont il a la charge en classe.

■ L'œuvre et son contexte

Poussé à la fois par son intérêt pour les questions de la modernité du monde actuel et ses excès et par son désir de transmission, notre auteur s'est plongé dans l'essai de Hermut Rosa, *Accélération : une critique sociale du temps*, analyse de la quête éperdue d'un temps qui s'écoule si vite qu'il nous échappe. Cette lecture l'a ainsi poussé à imaginer un film mettant en scène ses élèves et interrogeant notre rapport moderne problématique au temps.

■ L'œuvre en quelques mots

C'est en changeant de métier que Gilles Vernet prend conscience d'un paradoxe : notre temps actuel se caractérise par le désir de dépasser les limites, tant techniques que financières, tant énergétiques qu'humaines. Et pourtant, alors que notre système est sur le point d'imploser de toutes parts, l'être humain accélère encore davantage au lieu de ralentir le pas. Avec sa classe de CM2, il donne la parole à l'avenir de l'humanité, les enfants, victimes de la situation mais si peu souvent partie prenante du débat.

■ Le thème dans l'œuvre

Le parti-pris du réalisateur est original : il a choisi de filmer les interactions entre les élèves de sa classe du XIXe arrondissement de Paris. Sur le mode du dialogue philosophique et de l'enrichissement mutuel, il leur a fait part de ses différentes interrogations sur l'avenir de la planète et de son inquiétude quant à l'accélération sans limites de la société contemporaine. Le choix de cette classe n'est pas anodin : multiculturalisme, ouverture d'esprit et aptitude à la réflexion la caractérisent. Avec eux, Vernet aborde des thèmes sérieux et lourds : le poids de l'argent sur le système politique et les normes environnementales, les excès de la société de consommation et des médias de masse qui menacent les échanges réels et pervertissent les relations traditionnelles.

Les réactions des enfants, à la fois spontanées et porteuses de sens, s'avèrent très éclairantes. En effet, au travers de leurs remarques, le réalisateur finit par mettre en relation le goût pour les sensations fortes de l'individu moderne et le défi lancé à la mort qui ne fait plus peur mais représente une limite à dépasser, l'épreuve ultime scellant l'Homme dans son désir de toute-puissance.

Associées aux réflexions des enfants et de leur professeur, des prises de parole de spécialistes (philosophes, scientifiques, politiques) viennent étayer les postulats de Gilles Vernet et amènent à la constatation suivante : « Nous sommes tous pris dans une spirale infernale qui se nourrit de nos obligations professionnelles et familiales, de la pression sociale, des avancées technologiques et d'un système financier vorace devenu, à la manière de Chronos dévorant ses enfants, chronophage ». Ainsi, le Temps contemporain est redéfini et se caractérise par une mobilité et une rapidité accrue et croissantes qui le transforment en menace. En effet, les hommes ne semblent plus réussir à le maîtriser et sont condamnés à subir sa course effrénée, son « sprint » fait de contraintes de natures multiples : familiales, sociales, professionnelles, financières, techniques.

À la lenteur et la longueur traditionnelles (la notion de durée se perd), se substitue la brièveté d'un temps qui s'éphémérise : « Le temps court prime sur le temps long. Dans les médias, les informations se succèdent à un rythme frénétique. Une information chasse l'autre avant même que nous ayons pu nous faire une opinion ». Ce phénomène n'est pas sans conséquences et mène à une perte de repères, voire une vraie crise de sens, impactant l'ensemble de la société : « On a parfois l'impression que la vérité s'est absentée ».

■ Tout est dit

« Le film Tout s'accélère est né de la rencontre improbable d'un enjeu de société majeur, l'accélération de la modernité, et de ma classe de CM2 dans le XIXe arrondissement de Paris. »

« Peut-on vivre sereinement dans un monde chronophage ? »

■ Échos

- *Tout s'accélère ! Comment faire du temps un allié*, Gilles Vernet, éd. Eyrolles, 2017
- *Aliénation et accélération*, Harmut Rosa, 2012 (cf. fiche n° 49)
- *Accélération du temps,* Hartmut Rosa, 2010 (cf. fiche n° 48)

Laetitia Magnani

Fiche n° 75

L'homme à la caméra, Dziga Vertov

1929

L'auteur

Dziga Vertov, de son vrai nom Denis Kaufman, est un cinéaste de l'avant-garde soviétique, comme Sergueï Eisenstein, à la croisée du futurisme, du constructivisme et du suprématisme. Comme beaucoup d'artistes, Vladimir Maïakovski par exemple, fidèles à la Révolution russe, avec son film expérimental de 1929 *L'homme à la caméra*, il sert la cause, du communisme incarné par Lénine et Staline.

L'œuvre et son contexte

L'Homme à la caméra est un manifeste du cinéma soviétique. Dziga Vertov aborde son film, comme un champ d'expérimentations, autant dans l'image que dans son histoire. Il met au point le concept de «ciné-vérité» («*kino-pravda*» en russe), qui rend compte de la réalité brute, sans scénario ni décor ni acteur. Avec violence, il rejette le cinéma classique, inspiré par le théâtre ou la littérature.

L'œuvre en quelques mots

Ce film muet raconte le quotidien des habitants de la ville d'Odessa, surtout mais aussi à Moscou et à Kiev, du matin au soir. Peu à peu, la ville, dans ses mille et un arcanes, prend forme, se déforme, se reforme. Le caméraman, lui, sillonne les rues, les avenues, et la campagne, la plage, avec son appareil sur trépied, dans un éloge de l'Union des Républiques Socialistes Soviétiques (URSS).

Le thème dans l'œuvre

L'homme à la caméra est une ode à la modernité. D'un côté, le cinéaste explore le mouvement de la Nature, à travers ses arbres, un fleuve. De l'autre, il s'intéresse aux machines, comme les locomotives, les tramways électrifiés, les autobus, les aéronefs, les triporteurs, une motocyclette, une bicyclette, un paquebot, une grue, une ambulance, un manège, et les rotatives, les ascenseurs, les portes à tambour, les automobiles… et des voitures à cheval qui symbolisent l'ancien monde. Des hommes, des femmes et des enfants, sont pris dans ce mouvement perpétuel. Dans cette architecture visuelle, des lignes horizontales, des ponts par exemple, se succèdent à des lignes horizontales, des cheminées d'usine.

Les individus, eux, sont réduits à des gestes automatiques, par exemple, quand on voit les téléopératrices, les sténodactylographes, les caissiers, des danseuses, ou encore la monteuse, tout comme sous la terre, avec les mineurs, armés d'une pioche. Leur destin est porté par la modernité, cette nouvelle religion, dont il ne faut pas se départir. Sur la plage soviétique, le « peuple » fait la pause, pour un moment de calme, entre quelques brasses, dans les eaux de la mer Noire, et une partie de volley-ball.

Le metteur en scène lui donne le tempo général, avec 1 700 plans, pour rendre hommage à la révolution industrielle. En aucun cas, il ne souligne le caractère violent ou agressif de la modernité. Au contraire, il montre son mouvement et son action, comme une chorégraphie, pleine d'harmonie, dont il essaie de donner une esthétique vivante, même si certaines saynètes peuvent donner le vertige. Avec sa caméra, fixe ou en mouvement, il capte sur la pellicule des instants de vie, à l'improviste, dans la sphère publique, mais aussi la sphère privée, et en tous lieux. Il filme autant le tourbillon de la vitesse que la lenteur des choses. D'un point de vue technique, Dziga Vertov utilise tous les procédés de son temps, et invente un nouveau langage cinématographique. Son film, politique, utopique et poétique, constitue l'un des derniers chefs-d'œuvre du cinéma muet qui influence encore les arts au XXIe siècle.

Tout est dit

« Je suis un œil. Un œil mécanique », Dziga Vertov, *Kinoks-révolution*, 1923.

« Je suis en perpétuel mouvement. Je m'approche des choses, je m'en éloigne », Dziga Vertov, *Kinoks-Révolution*, 1923.

« Je traverse les foules à toute vitesse, je précède les soldats à l'assaut, je décolle avec les aéroplanes », Dziga Vertov, *Kinoks-Révolution*, 1923.

Échos

- Thomas Edison, *New York of Today*, 1910
- Robert Flaherty, *Twenty Four Dollar Island*, 1927
- Mikhaïl Kaufman, *Moscou*, 1927
- *Auguste et Louis Lumière, L'arrivée d'un train à La Ciotat*, 1895
- Maurice Pialat, *L'amour existe*, 1960
- Walter Ruttmann, *Berlin, symphonie d'une grande ville*, 1927

Nicolas Grenier

Fiche n° 76

2046, Wong Kar-Wai

Sorti en salles le 20 octobre 2004

Le réalisateur

Né à Shanghai en 1958, Wong Kar-Wai émigre avec sa famille à Hong Kong à l'âge de cinq ans. De cette jeunesse marquée par l'exil on sait peu de choses excepté qu'il aurait passé son adolescence à boire, se battre et voler. En 1980, il sort diplômé de la section graphisme de l'école polytechnique de Hong Kong puis est embauché par la télévision. De producteur et assistant, il devient scénariste. Son premier long-métrage *As tears go by* sort en 1988 et le fait remarquer dans les festivals. Son film suivant, *Chunging Express* est distribué aux USA mais il refuse d'intégrer l'industrie hollywoodienne. *In the mood for love*, sorti en 2000 lui vaut d'être connu dans le monde entier pour son cinéma esthétisant, sensuel et perfectionniste.

L'œuvre et son contexte

Le titre *2046* renvoie surtout à la date de la rétrocession de Shanghai à la Chine de Pékin et se constitue en point de mire. La projection du film sélectionné *in extremis* au festival de Cannes est entrée dans la légende. En effet, une copie du film est arrivée par avion privé le jour même de la projection de presse et s'est accompagnée d'écrans noirs de quelques secondes entre chaque changement de bobines.

L'œuvre en quelques mots

L'histoire se déroule à Hong Kong entre 1966 et 1970. Dans sa petite chambre d'hôtel, Chow Mo Wan, écrivain et séducteur invétéré en mal d'inspiration, tente de finir un livre de science-fiction situé en 2046 et intitulé *2046*. À travers l'écriture, Chow se souvient des femmes qui ont traversé son existence. Passionnée (comme Bai Ling avec laquelle il a entretenu une relation torride et payante), platonique et artistique (comme Wang Jingwen qu'il a aidé à reconquérir son amant japonais et à devenir écrivain) ou bien encore romantique avec une certaine Mimi. Chacune a laissé une trace indélébile dans sa mémoire et nourri son imaginaire. L'une de ces relations en particulier revient constamment hanter son souvenir : Su Li Zhen, une joueuse professionnelle, la seule qu'il ait sans doute aimée. Elle occupait une chambre voisine de la sienne – la 2046…

Le thème dans l'œuvre

« Toute vitesse ! » ne qualifie assurément pas le rythme de travail de Wong Kar-Wai précisément connu pour son exceptionnelle lenteur. Tergiversations au tournage d'abord, quitte à ce que ses comédiens s'impatientent, pour certains des mois durant, dans la chambre de leur hôtel sans être conviés à tourner le moindre plan. Dans *2046*, cette propension à disposer de ses comédiens atteint son paroxysme puisque Maggie Cheung qui n'apparaît qu'un seul plan fut mobilisée pendant quasiment l'intégralité d'un tournage de presque quatre années, avant de disparaître au montage. Cet étirement du tournage ne serait qu'anecdotique s'il ne révélait une thématique omniprésente à l'image du cinéaste : la dilatation du temps et la fétichisation de l'instant. En effet, dans l'interférence permanente et revendiquée entre les trois étapes habituellement séparées de la fabrication d'un film (scénario, tournage, montage), dans la volonté de ne pas finir, Wong Kar-Wai éprouve jusqu'au bout ce qui fait l'essence de son cinéma : une relation problématique au temps qui passe, une sensibilité extrême à la fuite du temps et aux croisements des temporalités personnelles. Dans les films de Wong Kar-Wai, les hommes et les femmes ne cessent de s'aimer puis de se perdre malgré les sentiments parce que chacun semble enfermé dans son propre rapport au temps, lequel ne semble pas s'écouler à la même vitesse pour tout le monde. Lorsque l'un est prêt à accueillir l'autre dans son existence, tant matériellement que spirituellement ou émotionnellement, c'est l'autre qui doit partir ou qui n'aime plus et réciproquement puis dans une boucle sans fin… Si la thématique n'est pas nouvelle (on peut penser à Proust) son traitement cinématographique dans *2046* frappe par sa justesse et sa nouveauté. Dans le film figurent en particulier des personnages (qui sortent du roman d'anticipation *2046* qu'écrit Chow) appelés « androïdes à émotions différées ». Ils allégorisent cette impossibilité tragique à la synchronisation des émotions et des sentiments amoureux. Car si ce monde est en souffrance, c'est entre autre parce que l'échange n'est plus immédiat et qu'un délai, dû au temps, au vieillissement, à la différence entre les sexes, au monde moderne aussi s'introduit dans les réactions. Dans le récit d'anticipation contenu dans le film, au bout d'un certain temps, les jeunes femmes androïdes éprouvent des sentiments humains mais à retardement : « Si vous leur faites de la peine et qu'elles veulent pleurer, les larmes ne commenceront pas à couler avant demain » explique un personnage. La mise en scène prend en charge ce paradoxe temporel de plusieurs façons. D'abord en multipliant les effets de panneaux, de portes, de clair-obscur, de surcadrage notamment qui séparent les personnages dans le plan. Ensuite par une utilisation permanente du hors-champ qui semble parfois plus essentiel que ce qui est montré à l'image.

Tout est dit

« J'avais cherché en elle la première Su Li Zhen. Sans le savoir moi-même. Mais elle avait dû s'en rendre compte. »

« On passe à côté de l'âme sœur si on la rencontre trop tôt ou trop tard. »

Échos

- *Madame Bovary*, Gustave Flaubert (cf. fiche n° 9)
- « La Presqu'île », Julien Gracq (cf. fiche n° 13)

Hélène Bieber

Arts plastiques

Fiche n° 77

Nu descendant un escalier n° 2, Marcel Duchamp

1912

■ L'artiste

Marcel Duchamp est un artiste franco-américain, né en 1887 et mort en 1968. Il bouleverse radicalement l'art du xxe siècle en inventant un nouveau genre artistique, le *ready-made*. Cet avant-gardiste a également exploré différents styles picturaux comme le cubisme, le dadaïsme ou encore le futurisme.

■ L'œuvre et son contexte

Cette deuxième version composée en 1912 amplifie la dynamique du mouvement du corps ; la première a été réalisée en 1911 ; la troisième est une photographie de la seconde. Cette œuvre marque un tournant dans la carrière de l'artiste : Marcel Duchamp devient célèbre aux États-Unis, il se lance dans son projet artistique et rencontre ses futurs mécènes.

■ L'œuvre en quelques mots

Cette toile, composée de formes abstraites juxtaposées, décompose les mouvements d'un personnage descendant d'un escalier perpétuel. Marcel Duchamp représente le déplacement sur une toile étroite avec une palette monochromatique. Cette œuvre tient à la fois de la chronophotographie et du futurisme ; elle rompt avec la représentation classique du nu.

■ Le thème dans l'œuvre

Cette œuvre incarne à la fois le statique et le mouvement ; l'aspect figé renvoie à la tradition cubiste alors que la décomposition du mouvement, la mobilité du personnage correspondent au futurisme. Les formes géométriques, la présence d'une même figure dans l'espace, l'absence de perspective ainsi que la monochromie de la toile composée en ocre et en brun mettent en exergue cette impression de statique. La descente de l'escalier nous semble d'autant plus lente qu'elle est fragmentée, décomposée selon une diagonale qui part du haut, à gauche de la toile, vers le coin, en bas, à droite. La multiplication des formes géométriques évoque quant à elle une certaine dynamique ; les lignes droites se croisent pour former des triangles ou des losanges. Les lignes courbes forment des formes arrondies répétitives. Ce procédé de répétition met en avant la mécanisation, l'automatisation du mouvement ; le personnage se rapproche plus du robot que de l'homme. Marcel Duchamp explique d'ailleurs : « qu'il veut évoquer l'être humain quand il se comporte en automate » ; on peut y voir une dénonciation de la déshumanisation présente à cette époque. L'évolution technologique du XIXe et du début du XXe suscite déjà dans les mentalités un mépris pour l'homme. Pour traduire une impression de mouvement, l'artiste a choisi de représenter le déplacement sur une toile marine, verticale et « étroite » puisqu'elle mesure 146 cm x 89 cm. Ce n'est plus l'artiste qui se déplace autour de l'œuvre mais le sujet ; l'observateur devient quant à lui fixe. Duchamp se désintéresse des détails de la figure humaine pour ne s'intéresser qu'au mouvement. L'idée de mouvement se traduit par divers procédés issus de la technique chronophotographique tels que les points noirs associés à un trait ; les courbes, en pointillés blancs ou encore les traits transversaux. Ce sont les traits propres à la bande dessinée ou les pointillés blancs qui incarnent le plus le mouvement. Le dessin suggère la fragmentation, avec cette panoplie de petits éléments jaunes qui semble dessiner une forme plus grande, centrale. Cette œuvre combine donc à la fois la lenteur et une certaine dynamique.

Tout est dit

Marcel Duchamp explique sa démarche : « J'ai voulu créer une image statique du mouvement. »

« Cette version définitive fut la convergence de divers intérêts, dont le cinéma, et la séparation de positions statiques dans les chronophotographies de Marey et de Muybridge. », comme le déclare l'artiste.

Échos

- *Femme qui descend un escalier chronophotographie* de Muybridge 1887 (cf. fiche n° 80)
- *Locomotion Humaine* Chronophotographie de Jules-Étienne Marey 1870 (cf. fiche n° 79)

Isabelle Clochard

Fiche n° 78

Le Derby d'Epson, Théodore Géricault

Tableau de 1821

■ L'artiste

Né à Rouen en 1791, Théodore Géricault, est un peintre, sculpteur, dessinateur et lithographe français. Issu du milieu bourgeois il ressent très jeune un intérêt pour les chevaux. Ses études artistiques sont couronnées de succès dès les premiers salons dans lesquels il expose. Inspirés par les peintres de la Renaissance mais aussi les Romantiques, son tableau le plus connu *Le Radeau de la méduse* lui vaut néanmoins d'être éreinté par la critique française avant de lui valoir une célébrité mondiale. Il meurt à Paris en 1824.

■ L'œuvre et son contexte

Le Derby d'Epson est une très célèbre course de chevaux qui se déroule une fois par an en Angleterre. Réservée aux poulains de trois ans, elle est richement dotée. Le peindre Géricault a souvent peint les chevaux, une de ses passion depuis l'enfance, notamment sous la forme de portrait. En voyage à Londres en 1820, et soucieux d'oublier les mauvaises critiques dont il a fait l'objet en France, il s'adonne aux habitudes locales en assistant aux compétitions de sports équestres, cette grande tradition anglaise.

■ L'œuvre en quelques mots

Cette huile sur toile (92 × 123 cm) conservée au musée du Louvre à Paris représente quatre chevaux en pleine course. Montés par leurs jockeys respectifs, ils sont peints avec des détails très minutieux : les rênes, les mors, les sabots sont montrés avec exactitude. Dans le même temps, les quatre chevaux aux robes nuancées et aux corps anormalement étirés semblent flotter dans l'air dans un mouvement identique (les quatre pattes tendues) comme suspendus dans leur course pour un moment durable.

■ Le thème dans l'œuvre

Ce tableau est le fait d'un parfait connaisseur du monde équestre : Géricault connaît les chevaux, les monte, les a souvent peints en particulier lors de scène de bataille, cabrés devant la mitraille, partant pour l'assaut, au galop ou immobiles. Il connaît parfaitement leur anatomie et ce qui caractérise leurs déplacements. Et pourtant, sur son tableau *Le derby d'Espon* les quatre chevaux sont saisis dans une posture totalement impossible pour eux du point de vue anatomique : leurs membres antérieurs et postérieurs sont simultanément tendus à l'horizontale si bien qu'ils paraissent en lévitation entre ciel et terre. Si ce galop est physiquement impossible pour les animaux, comme le montreront plus tard les études scientifiques de Muybridge et Marey, il permet néanmoins à l'artiste de peindre la perception d'un mouvement rapide, saisi sur le fil. En réalité, Géricault, a réuni dans son tableau le moment où le cheval étant ses membres avant (premier temps de la course) et celui où il étant ses pattes arrière (second temps de l'élan) en une synthèse de ces deux moments distincts de la course de l'animal. Le sujet du tableau de Géricault semble être moins les chevaux en eux-mêmes que l'impression de vitesse et de rapidité qu'ils procurent au moment de la course, lors du derby. Cet éloignement des quatre membres allonge voire étire la silhouette des animaux ainsi suspendus dans les airs et construit une impression de ralenti, ce qui est paradoxal pour représenter la vitesse. De plus, les bras tendus et prolongés par des cravaches que brandissent deux des jockeys, en introduisant les lignes verticales dans le tableau, soulignent encore l'horizontalité du corps des chevaux en pleine course. Enfin, cette déréalisation est encore amplifiée par le second plan formé par les nuages orageux qui semblent planer au-dessus des animaux. On retrouve ici l'influence du peintre anglais Turner que Géricault a toujours revendiquée. Ce n'est donc pas à un défaut d'observation – bien étonnant chez Géricault cavalier émérite – qu'il faut attribuer le choix de ces effets plastiques mais belle et bien à la volonté de peindre la vitesse quitte à distordre la réalité pour mieux la faire percevoir.

Tout est dit

« Deux hommes ont peint le cheval [...] : mais un seul l'a bien rendu, dans ses mouvements, dans sa fougueuse vie, dans ses mouvements, c'est Géricault [...] Géricault, c'est le cheval incarné.[...], il semble que l'âme d'un cheval soit venue se loger dans le corps d'un homme. Tous ses chevaux sont si vivants dans sa peinture, et de vraies races chevalines ! » (propos du sculpteur Antoine Étex)

Échos

- Jules-Étienne Marey (cf. fiche n° 79)
- Eadweard Muybridge (cf. fiche n° 80)

Hélène Bieber

Fiche n° 79

Étienne-Jules Marey

(1830-1904)

L'artiste

Longtemps médecin, il devient professeur au Collège de France, spécialisé dans les sciences naturelles. Fasciné par la locomotion terrestre puis aérienne, Marey invente très ingénieusement des appareils pour capter l'allure des animaux. Il pose le fondement du vol aérien et est un des pères du cinéma.

L'œuvre et son contexte

Toute sa vie, il cherchera à comprendre comment fonctionne la « machine animale » : le cheval, les oiseaux, les insectes, mais aussi l'homme. De nombreux créateurs à l'époque cherchent à fixer les images du monde : l'allemand Ludwig, les américains Edison et Muybridge – rencontré en 1881- les frères Lumière à Lyon. De leur compétition naîtra le cinéma.

L'œuvre en quelques mots

Ses publications sont scientifiques et s'inscrivent dans une volonté de l'époque de disséquer et maîtriser le vivant : *Du vol des oiseaux* (1869), *La Machine animale. Locomotion terrestre et aérienne* (1872), *Pression et vitesse du sang* (1876) en témoignent. Il est surtout connu comme le pionnier des prises de vue ultrarapides.

Le thème dans l'œuvre

L'observation simple de la vitesse ne permet pas à l'œil de comprendre comment fonctionne le mouvement de la course humaine ou celle du cheval, Marey cherche à y remédier. En tant que médecin il s'est d'abord intéressé à la respiration et à la circulation sanguine. Il inventera ensuite des outils et des procédés pour figer la vitesse : la chronophotagraphie avec des plaques de verre brièvement exposées lui permet de prendre des instantanés en rafale. Le fusil photographique (1882) peut photographier en douze poses d'1/720e de seconde chacune, en épaulant comme avec un vrai fusil ce qui permet de suivre des gestes particulièrement rapides. Il créé les premiers enregistreurs de mouvement et invente aussi une soufflerie aérodynamique pour visualiser les flux d'air qui rencontrent un obstacle.

Scientifique passionné, il veut étudier les phénomènes en les décomposant dans leur succession chronologique. C'est donc l'immobilisation de la vitesse du mouvement qui l'intéresse, pour étudier sa durée, ses phases et son intensité. Avec son bras droit G. Demeny il est l'auteur des premiers films scientifiques comme « la goutte d'eau tombant dans l'encre », « la vague » ou « scènes d'escrime ». Ces expériences filmées dans les années 1890 anticipent le cinéma de plusieurs années : en projetant très rapidement des images fixes l'ingénieur Dickison, qui travaille avec Marey, parvient à rendre le mouvement continu comme avec « cheval attelé à une voiture boulevard Delessert ». En se brouillant avec Demeny qui vise un usage commercial de leurs inventions, Marey ne parvient pas à faire valoir ses brevets et le cinéma sera inventé sans eux.

Homme de sciences, mais aussi d'art, il est reconnu par ses confrères, et est plébiscité en 1894 en tant que Président de la société française de photographie et de l'Académie des sciences l'année suivante ! Marey a permis une nouvelle perception du vivant qui inspirera au XXe siècle les artistes abstraits, ceux des arts numériques et visuels. Le mouvement Futuriste (1909-1915) qui veut rendre la vitesse en peinture lui doit beaucoup. La précision des images, totalement nouvelles qu'il obtient, arrête le temps et lui permet de voir l'invisible.

Tout est dit

« Le cinéma ne doit presque rien à l'esprit scientifique… Il est significatif que Marey ne s'intéressait qu'à l'analyse du mouvement, nullement au processus inverse qui permettait de le recomposer. » André Bazin, *Qu'est-ce que le cinéma* (1994).

Échos

- Géricault, *Le Derby d'Epsom* (cf. fiche n° 78)

Christine Bolou-Chiaravalli

Fiche n° 80

Eadweard Muybridge

■ L'artiste

Edward James Muggeridge, dit Eadweard Muybridge, est un photographe britannique du XIXe siècle, Il s'exile à New York, et en Californie, où il devient célèbre pour ses photographies de San Francisco, du Far West et des guerres indiennes. Il est surtout connu, pour avoir analysé les mouvements de l'animal et du corps humain.

■ L'œuvre et son contexte

Ces travaux artistiques et scientifiques se place à la croisée du photographe et du cinéma, et il est l'un des pionniers du cinéma, comme Étienne-Jules Marey, Émile Reynaud et les frères Lumière. Son œuvre a autant influencé des peintres, par exemple Edgar Degas et Francis Bacon, des cinéastes, des photographes, que des médecins et des physiologistes.

■ L'œuvre en quelques mots

Au XIXe siècle, les expériences scientifiques se multiplient, sur tous les fronts. Eadweard Muybridge fait partie de ces savants, comme Thomas Edison, Nikola Tesla, Guglielmo Marconi, qui préfigurent le XXe siècle. Son objet d'étude, entre art et science, est l'analyse du mouvement de l'animal, surtout le cheval, ainsi que l'être humain.

■ Le thème dans l'œuvre

Comme le Français Étienne-Jules Marey, l'Américain Thomas Eakins ou encore l'Allemand Ottomar Anschütz, Eadwaerd Muybridge s'intéresse à la décomposition du mouvement. Le 18 juin 1878 à l'université de Stanford, il réalise, dirait-on, le premier court-métrage muet, *Sallie Gardner au galop* (en anglais, *Sallie Gardner at a Gallop*). Le long d'une piste, le savant dispose vingt-quatre appareils photographiques. Cette expérience fait naître une série de vingt-quatre photographies en noir et blanc, qui représente un cheval au galop, monté par un cavalier. Cette technique permet de prendre une suite de photographies, avec laquelle on peut décomposer, de façon chronologique, les phases d'un mouvement physique, que ce soit un animal ou un humain. On pourrait appeler ce procédé une prise de vues « en rafale ». L'objectif est de déterminer, si le cheval soulève, lors de son galop, les quatre sabots du sol. Au final, les clichés photographiequ es remettent en question la vision traditionnelle de son époque, que l'on voit, par exemple, dans le tableau *Le derby d'Epsom* peint par

Théodore Géricault en 1821. Cette découverte le fait connaître dans la communauté des sciences et des arts. On appelle ses premières photographies d'un animal en mouvement, les « chronophotographies ».

Dans la foulée, Eadwaerd Muybridge étudie les mouvements d'animaux, tels que le chien, le chat, le tigre, le bison, le chameau, le léopard, le kangourou, l'éléphant… et des oiseaux. Son œuvre-somme qui s'intitule *Animal Locomation*, publiée en 1887, rassemble 4 202 photographies, et elle sera une bible pour des générations d'artistes. Pour vulgariser ses travaux qui se placent à la frontière de la science et de l'art, il invente en 1879 le zoopraxinoscope, qui est un médium pour enregistrer les mouvements du corps. Pour l'être humain, son étude se place dans le droit fil de la médecine du sport du XIXe siècle. Il réalise, ainsi, des expériences, comme *Homme montant des escaliers* en 1884 et 1885, ou encore *Femme descendant des escaliers* en 1887, autant d'œuvres artistiques dont Marcel Duchamp s'inspire pour son tableau *Nu descendant un escalier en 1912.*

■ Tout est dit

« Seule la photographie a été en mesure de diviser la vie humaine en une série de moments », Eadweard Muybridge.

■ Échos

- Étienne-Jules Marey, *Cheval blanc monté*, 1886 (cf. fiche n° 79)
- Eadweard Muybridge, *Bison galopant*, 1887
- Eadweard Muybridge, *Saut d'un cavalier*, 1887

Nicolas Grenier

Fiche n° 81

Automobile in corsa, Luigi Russolo

1912-1913

■ L'artiste

Luigi Russolo (1885-1947), compositeur et peintre italien, fut fortement influencé par le symboliste Odilon Redon (1840-1916) pour son utilisation des coloris. Nombre de ses œuvres représentent le mouvement sous toutes ses formes : *Éclairs* (1909), *La Révolte*, (1911), *Synthèse plastique des mouvements d'une femme* (1912).

■ L'œuvre et son contexte

Automobile in corsa (*Dynamisme d'une automobile*) est exposée au Centre Pompidou. Son auteur fut membre du futurisme (initié par F. T. Marinetti en 1909), qui exalte les valeurs de la modernité, de la science, du progrès (ville, vitesse, machines, électricité…). La voiture est la figure emblématique de ce mouvement culturel inscrit dans le prolongement du cubisme.

■ L'œuvre en quelques mots

Ce tableau donne à voir le déplacement très rapide d'un véhicule. Prompt comme l'éclair, celui-ci semble transgresser les lois de la physique. L'énergie cinétique devient alors un symbole de puissance et de force.

■ Le thème dans l'œuvre

Cette composition presque abstraite représente une voiture de course de profil et en mouvement. Elle est l'incarnation même de la vitesse, mais également de l'irrationnalité selon Marinetti, qui dans son *Manifeste* rejette « *l'immobilité pensive* » pour glorifier « *l'amour du danger, l'habitude de l'énergie et de la témérité* ». Les couleurs employées sont vives, presque agressives (rouge, orange, jaune) avec des nuances variées. Elles traduisent l'énergie à l'instar des formes géométriques utilisées. À l'arrière-plan, les immeubles se déforment et s'inclinent sous l'effet de l'extrême rapidité du bolide lors de son passage devant leurs façades. L'artiste a privilégié la perception visuelle de la vitesse (considérée comme une valeur suprême) aux dépends d'une représentation figurative d'un quelconque modèle. Les formes aérodynamiques assimilent la voiture à une fusée ou à un vaisseau spatial qui dépasserait le mur du son (« *Nous voulons chanter l'homme qui tient le volant dont la tige idéale traverse la Terre, lancée elle-même sur le circuit de son orbite.* », *Manifeste*, Marinetti). Celle-ci fait également penser à une flèche dont la trajectoire dynamique et en ligne droite semble ne jamais vouloir ou pouvoir s'immobiliser. Dans cette course folle, la griserie de la vitesse est irrésistible. Les contours du véhicule sont mis en valeur par un bleu soutenu qui contraste avec les autres couleurs, et les lignes de force (constituées d'angles aigus) mettent en valeur les traces de son déplacement rapide. avec un effet de flou qui vient accentuer cette impression. L'ensemble de ces éléments est caractéristique des œuvres picturales futuristes : « *Le geste que nous voulons reproduire sur la toile ne sera plus un instant fixé du dynamisme universel. Ce sera simplement la sensation dynamique elle-même.* », (*Manifeste des peintres futuristes*). L'observateur de cette œuvre originale perçoit parfaitement les effets optiques de la vitesse, grâce notamment à un espace fractionné qui crée du mouvement. L'artiste n'a pas cherché à représenter l'objet mais à en donner simplement l'essence.

Tout est dit

« Nous affirmons que la magnificence du monde s'est enrichie d'une nouvelle beauté : la beauté de la vitesse. Une voiture de course avec son capot orné de gros tubes comme des serpents à souffle explosif [...] », F.T. Marinetti, *Manifeste du futurisme*, 1909.

Échos

- G. Balla, « Vitesse d'une automobile » (1912-1913)
- R. Cohen, *Fast and Furious*, (2001), (cf. fiche n° 56)
- J. Domecq, *Ce que nous dit la vitesse*, (1994), (cf. fiche n° 42)
- F.T. Marinetti, *Manifeste du futurisme*, (1909), (cf. fiche n° 47)
- Françoise Sagan, *Avec mon meilleur souvenir* « La vitesse » (cf. fiche n° 28)

Christine Girodias-Majeune

Fiche n° 82

Vitesse pure et Stabilité monochrome, Jean Tinguely

Exposition de novembre 1958 – Galerie Iris Clert

Les artistes

Jean Tinguely naît en Suisse en 1925. Il suit des études à l'École des Arts appliqués de Bâle, puis se rapproche des communistes dès 1948. Dans les années 1950, il expose avec succès à Paris. En 1989, deux ans avant sa mort, il est fait Docteur *Honoris Causa* de la *Royal Academy of Arts* de Londres.

Yves Klein naît en 1928 à Nice de parents artistes. S'il peint spontanément depuis son adolescence, il assouvit d'abord sa passion pour le judo. Ceinture noire quatrième dan, il fonde sa propre école dont il décore les murs de ses monochromes. À partir de 1955, il présente ses tableaux dans un cadre artistique et connaît un succès ininterrompu jusqu'à sa mort en 1962.

L'œuvre et son contexte

En avril-mai 1958, « L'exposition du Vide » initialement nommée « La Spécialisation de la sensibilité à l'état matière première en sensibilité picturale stabilisée » d'Yves Klein à la galerie Iris Clert, qui présente une galerie vide enthousiasme Tinguely à tel point qu'il lui propose de réaliser une œuvre commune : un monochrome de Klein sur lequel Tinguely ferait bouger des éléments. Présentée en juillet 1958 au Salon des Réalités Nouvelles, l'œuvre est refusée par le jury. Les deux artistes décident alors de faire une exposition commune à la Galerie Iris Clerc Clert, en novembre de la même année.

L'œuvre en quelques mots

L'exposition présente des constructions de Tinguely sur lesquelles sont montés des disques métalliques monochromes recouverts de peinture bleue International Klein Blue (IBK) ou bien d'autres couleurs et tournant à grande vitesse. La rotation des disques provoque des nuages et zones de couleurs, bleus, rouges.

Le thème dans l'œuvre

Lorsqu'en 1956, Yves Klein sélectionne le pigment bleu outremer, extrêmement saturé, qui est selon lui « la plus parfaite expression du bleu » il est fasciné par l'intensité extraordinaire de ce pigment pur, mat et lumineux. Selon lui, cette poudre volatile et fragile est l'essence même de la peinture, puisque le pigment exprime « la sensibilité picturale à l'état pur ». De « ce bleu, plus que bleu », irradie une vibration colorée. Cette invention fait l'objet d'un dépôt à l'Institut National de la Propriété Industrielle (INPI) dès 1960 et le fait même que Klein dépose du bleu de sa composition est souvent considéré comme un acte artistique au sens de l'art conceptuel. Pratiquant « l'art action », l'artiste vise l'instant, il n'engage pas seulement le regard du spectateur, mais son esprit tout entier qui vibre au contact de cette singulière couleur. Alors que la plupart des artistes utilisent la couleur comme un phénomène purement optique, Yves Klein lui donne une dimension spirituelle et métaphysique. Quant à elles, les œuvres de Tinguely s'apparentent à des machines fantaisistes, souvent immenses mais sans aucune utilité. Toujours construites à partir de matériaux de récupération, elles ne fabriquent rien que des dessins et certaines peuvent même s'autodétruire. Pour autant, elles sont le plus souvent en mouvement et toujours très soigneusement mises en espace.

L'exposition « Vitesse pure et Stabilité monochrome » présente notamment le « Perforateur monochrome » (Pigment pur et résine synthétique sur métal, moteur ; 20 x 16 x 20 cm avec monochrome rouge ou blanc) qui tourne jusqu'à 10 000 tours/minute et « l'Excavatrice de l'espace » (Pigment pur et résine synthétique sur disque de métal, moteur électrique et pieds en métal 17 x 21 x 25 cm avec monochrome bleu) qui atteint 4 800 tours/minute. Klein commente ainsi l'effet que cette dernière machine produit : « C'était une machine qui fonctionnait, on ne savait pas si elle n'allait pas sauter à la figure des gens, elle chauffait terriblement. Cette excavatrice faisait, par un mauvais contact, une étincelle bleue or [...], c'était le seul cercle que faisait tourner Tinguely qui était blanc. Et l'étincelle bleue est devenue comme une aura derrière le petit moteur autour de ce blanc, c'était très curieux. »

Pour les deux artistes, il s'agit d'interroger la dématérialisation de l'art. Pour Tinguely travailler toujours à l'aide de matériau de récupération, loin des matériaux canoniques (marbre, bronze, huile...) est une façon d'éloigner l'art de l'objet dans une critique générale de la société de consommation. À la place les deux artistes proposent le mouvement et la monochromie radicale pour que les sensations, les vibrations ressenties sur l'instant par le spectateur prennent plus d'importance que le support qui les provoque.

Tout est dit

« Je mets la machine en doute, je crée un climat de critique, de « ridiculisation. » J'introduis de l'ironie. Mes machines sont ridicules ou alors elles sont belles, mais elles ne servent à rien. » (Tinguely)

Échos

- *Nu descendant un escalier n° 2*, Marcel Duchamp (cf. fiche n° 77)
- *Different trains*, Steve Reich (cf. fiche n° 91)

Hélène Bieber

Fiche n° 83

Pluie, vapeur, vitesse, William Turner

1844

■ L'artiste

Il est né en 1775 et mort en 1851. C'est un peintre, aquarelliste, graveur anglais. Il est renommé comme étant le peintre de la lumière. Il peint très tôt et s'intéresse vivement aux paysages, même s'il travaille sur croquis qu'il reprend à son atelier par la suite. Il a enseigné quelques années à l'Académie royale. Il s'inspire de grands peintres français comme N. Poussin ou C. Le Lorrain, mais il les surpasse en inventant de nouvelles techniques pour rendre compte de la lumière. Il connaît bien aussi la technique du clair-obscur.

■ L'œuvre et son contexte

Le tableau *Pluie, vapeur, vitesse* grâce à son titre met en relation trois éléments pas forcément compatibles. Le titre même renvoie à la technique du peintre qui pratique la peinture par associations. Ce genre de toile est fréquent pour Turner dans les années qui précèdent cette création. Son approche libre et impressionniste des paysages, ainsi que son attrait pour une lumière qui enveloppe le sujet font de cette scène un univers unique et fascinant. C'est sans doute pourquoi M. Butor l'a classée dans son « musée imaginaire » avec une centaine d'autres œuvres phares.

■ L'œuvre en quelques mots

Cette toile représente une locomotive passant sur le pont de chemin de fer qui enjambe la Tamise à Maidenhead, construit entre 1837 et 1839. Il a été conçu par un célèbre ingénieur de l'époque qui en a fait une prouesse architecturale. À droite d'un paysage brumeux, on voit des champs, une ville lointaine et un train en approche. La locomotive, une *Firefly Class*, est noire avec sa chaudière qui semble en feu ; elle émerge d'un rideau de pluie. L'action se concentre sur le train et l'arrière-plan s'organise autour de lui. La composition est contrastée. Une anecdote raconte que Turner aurait passé la tête par la fenêtre d'un train et que cette toile reprend ce souvenir.

■ Le thème dans l'œuvre

Le peintre affectionne les sujets historiques, comme la bataille de Waterloo ou les paysages. Il ne peint pas toujours en extérieur mais il observe longuement les paysages afin de les recréer de mémoire. Il peint en effet d'après ses souvenirs. C'est pourquoi ses tableaux semblent sortis de son imaginaire. La réalité est oubliée et il s'agit d'un premier pas vers l'abstraction.

Le train est un sujet que l'on commence à trouver dans la peinture de l'époque. Mais l'Angleterre se révèle pionnière dans le domaine. Turner, contrairement aux peintres de son époque, propose une vision exaltée et enthousiaste de ce moyen de transport. Il est partie prenante dans l'aventure ferroviaire car il a des actions dans la société de train dont il peint ici la locomotive, qui paraît agressive pour suggérer la vitesse et son itinéraire oblique semble déstabiliser la représentation du monde.

Cette célébration du progrès est aussi un éloge de la modernité en peinture avec l'invention de la restitution de la vitesse en peinture. L'imprécision des masses, le jeu de lumière et les couleurs donnent une impression confuse d'ivresse et de griserie. Ce qui permet, en outre, la restitution de sensations très fortes.

La profondeur est suggérée. La saisie de l'éphémère et du mouvement engendre une peinture de l'insaisissable et de la transformation du réel. La posture romantique ici confère au poétique. Le principe de suggestion rend le spectateur actif et il doit comprendre la démarche du peintre en pratiquant une lecture qui déchiffre l'univers qui lui fait face.

Des éléments impalpables sont donnés à voir et la matière est rendue vivante sous les yeux des spectateurs. Ce travail qu'on sait par petites touches et très près du tableau a apporté un rendu très novateur et inimitable. Les éléments semblent vus de manière hyperbolique afin de figurer la vitesse et la confusion liée à la pluie. La vapeur du train devient un élément céleste qui crée une sorte de brouillard fantastique faisant de ce moment une scène épique et fantastique.

Tout est dit

« Mon style c'est l'atmosphère. »

« Mon affaire est de dessiner ce que je vois, non ce que je sais. »

Échos

- Zola, *La Bête humaine* (cf. fiche n° 34)
- Monet, *La Gare Saint-Lazare*

Agnès Felten

Fiche n° 84

Le futurisme, courant esthétique

Les artistes

Les artistes futuristes, principalement italiens (Marinetti en est le chef de file et le théoricien) sont influencés par la pratique photographique et ses prouesses techniques, en particulier le photodynamisme qui parvient à montrer le changement de position d'un élément ou d'un individu sur un cliché. Russolo, avec *Dynamisme d'une automobile* ou bien encore Boccioni qui sculpte *Formes uniques de la continuité dans l'espace*, en sont deux des principaux représentants.

Le courant et son contexte

La fin du XIXe siècle et le début du XXe sont marqués par des évolutions techniques et la modernisation de la société, mais aussi par un contexte social et politique fort tendu, celui de l'avant-guerre. La guerre apparaît comme l'occasion de déstructurer l'ordre des choses et de faire « table rase » du passé : les futuristes veulent créer un monde nouveau, fondé sur les valeurs de la révolte et du mouvement, et érigent la machine – militaire – comme symbole de l'avancée de la modernité.

Le courant esthétique en quelques mots

Construit sur le terme « futur », ce courant esthétique cherche à retranscrire l'élan vital *via* le phénomène du mouvement et de la vitesse. La représentation de la machine ainsi que sa prédominance sur la mise en scène du corps humain et de la nudité rompent avec la tradition artistique mais instaurent une cohérence nouvelle : l'art traduit dès lors la modernité d'un monde tourné vers l'avenir, marqué par la technologie, l'industrialisation et la mécanisation.

Le thème dans le futurisme

Marinetti, dans le *Manifeste du futurisme*, publié dans *Le Figaro* le 20 février 1909, établit l'objectif principal du futurisme : « Nous déclarons que la splendeur du monde s'est enrichie d'une beauté nouvelle : la beauté de la vitesse ». Les futuristes, en majorité italiens, veulent traduire le mouvement du monde. La sculpture de Boccioni, *Formes uniques de la continuité dans l'espace*, témoigne de cette quête nouvelle de mouvement en mettant en scène un marcheur dans l'espace et focalisant l'attention du spectateur sur l'impression de vitesse du déplacement. Le corps du sujet apparaît massif et les détails du visage sont assez indistincts.

Marinetti ajoute dans son manifeste : « Nous voulons chanter l'amour du danger, l'habitude de l'énergie et de la témérité ». Ce poète, par l'énumération, évoque la célébration de la modernité dans ses aspects les plus bruts, vivants et finalement technologiques. Ainsi, les futuristes sont tout entiers tournés vers l'avenir. Par contraste, ils rejettent le passé et son archaïsme : le regard sur le monde proposé s'inspire du présent et de ses potentialités, mais ne revendique pas l'influence de l'Antiquité (que les classiques imitaient à leur époque).

Les machines, et en particulier les automobiles (symboles d'extrême technicité en ce début de siècle) représentent un sujet privilégié. Giacomo Balla, avec *Automobile en course*, en 1912, transmet notamment l'effet de vitesse grâce à un travail conjoint d la lumière et des couleurs.

Par ailleurs, le futurisme dépasse la célébration de la technique pour devenir un véritable art de vivre et modifie profondément le rapport de l'Homme au monde : c'est pour cela qu'il touche des arts multiples et stimulent plusieurs sens : la vue avec le travail sur l'image. Mais le son est également au centre de leurs préoccupations *via* Russolo qui établit une classification sonore, incluant la notion de « bruit » à la musique dans *L'Art des bruits*, manifeste où il élargit la notion d'art : la modernité s'y insère et les bruits du quotidien en font partie. La musique dite « industrielle » se développe. L'univers du travail et de l'agitation de la foule prend place dans les œuvres futuristes : « Nous chanterons les grandes foules agitées par le travail, le plaisir ou la révolte ; les ressacs multicolores et polyphoniques des révolutions dans les capitales modernes » (Marinetti, *Manifeste du futurisme*).

Tout est dit

« Nous déclarons que la splendeur du monde s'est enrichie d'une beauté nouvelle : la beauté de la vitesse », *Manifeste du futurisme*, Marinetti.

Échos

- Site présentant le manifeste du futurisme : www.futurisme.net/manifeste.html
- *Manifeste du futurisme*, Filippe Marinetti (cf. fiche n° 47)
- Étienne-Jules Marey (cf. fiche n° 79)
- Eadweard Muybridge (cf. fiche n° 80)

Laetitia Magnani

Fiche n° 85

L'impressionnisme, courant esthétique

■ Les artistes

L'impressionnisme est un courant esthétique et culturel né en France dans la seconde moitié du XIXe siècle. Il regroupe des artistes comme Auguste Renoir et Edgar Degas, ou bien encore Cézanne ou Pissarro qui en sont les fondateurs et membres historiques. Ce mouvement est né d'une volonté de rupture avec l'art traditionnel et classique, en particulier la peinture qui rejette l'académisme en vogue encore au siècle précédent.

■ Le courant et son contexte

Jusqu'au début du XIXe, le bon goût esthétique imposait l'imitation des modèles antiques. La peinture était moins privilégiée que le dessin, plus propice à la codification de règles strictes. Avec le développement de tube de peinture souple favorisant l'activité picturale de plein air et l'essor de la photographie qui décentre l'art de sa fonction ancienne de représentation de la réalité, les artistes se voient contraints d'aborder d'une autre manière leur perception du réel en privilégiant les impressions aux descriptions.

■ Le courant esthétique en quelques mots

Le désir des impressionnistes est de représenter le motif, l'image en fonction des effets de la lumière. Influencés par le réalisme (par exemple Courbet), ils travaillent surtout la couleur et les jeux de lumière, et privilégient les scènes de la vie quotidienne ainsi que les paysages. Naturellement, ils cherchent à percevoir les élans de la modernité par la perception de la vitesse du monde et la saisie de l'instant qui passe plutôt que de l'éternité qui s'installe.

■ Le thème dans l'impressionnisme

C'est en 1863 que l'impressionnisme s'installe en France avec le « Salon des Refusés » qui comprend les œuvres non reçues au Salon de Paris parmi lesquelles on retrouve un certain *Déjeuner sur l'herbe* de Manet qui a fait scandale par la représentation de la nudité féminine détachée de la mythologie et associée au monde contemporain. Renoir, Pissaro ou Monet font aussi partie des bannis. Ce groupe d'artistes rejetés par l'académisme constitue la « Société anonyme des artistes, peintres, sculpteurs et graveurs» en 1874 et c'est le tableau de Monet *Impression, soleil levant* qui finit d'inaugurer le courant esthétique en lui donnant son nom : l'impressionnisme.

Ainsi que l'écrit l'un de ses membres, «bénis soient ceux qui sont capables de voir la beauté dans les lieux les plus modestes là où d'autres ne voient rien» (Camille Pissaro). En effet, les impressionnistes décentrent les sujets de l'art et l'expérience du Goût et de la Beauté vers la vie quotidienne et le temps présent. Au niveau de la technique picturale, on retrouve aussi cette attention à l'instant, au passage du temps. Edgar Degas considère que «l'art n'est pas ce que l'on voit, mais ce que l'on fait voir aux autres». Dans un de ses tableaux, *La Blanchisseuse*, il peint le réel par taches de peinture qu'il juxtapose comme pour décomposer les différents instants de la scène de vie observée – dans ce cas, le travail manuel d'une ouvrière -.

Le changement des sujets choisis témoigne aussi du renouvellement esthétique qu'entraîne l'impressionnisme. Les divinités antiques et mythologiques sont abandonnées et cèdent la place aux êtres humains, bourgeois et populaires (aux vrais gens qui vivent dans la société) ainsi qu'à la nature et aux paysages. C'est que, par le travail sur les jeux de lumières et les nuances de couleurs, les peintres impressionnistes offrent l'image d'une nature très changeante, que ce soit en fonction du rythme des saisons ou du climat.

L'important pour eux réside dans la saisie de la vérité de l'instant, dans la perception d'un présent éphémère au sein duquel pose le sujet (ou bien où le paysage est observé), plutôt que dans la quête d'une Beauté idéale et de l'essence éternelles des objets et des hommes, que l'académisme classique prônait davantage. Camille Pissaro est celui qui est le plus radical quant à cette rupture impressionniste avec l'idéal classique : «Il est absurde de chercher la perfection». L'impressionnisme doit saisir la vérité de l'instant, où et quel qu'il soit.

Tout est dit

«Un matin, l'un de de nous manquant de noir, se servit de bleu : l'impressionnisme était né.» (Renoir)

L'art n'est pas ce que l'on voit, mais ce que l'on fait voir aux autres.» (Degas)

«Si le monde ressemblait vraiment à cela, je ne peindrais plus.» (Monet)

Échos

- Site présentant l'impressionnisme et ses principaux artistes http://www.histoiredelart.net/courants/l-impressionnisme-21.html
- Le courant esthétique du futurisme (cf. fiche n° 85)
- William Turner, *Pluie, vapeur, vitesse* (cf. fiche n° 83)

Laetitia Magnani

Musique

Fiche n° 86

La Valse à mille temps, Jacques Brel

1959

L'artiste

Jacques Brel est né le 8 avril 1929 à Shaerbeck (Belgique) et meurt le 9 octobre 1978 à Bobigny en France. Il est auteur, compositeur, interprète et acteur belge. Sous la houlette de Jacques Canetti, il débute sa carrière de chanteur au début des années 1950 au théâtre des Trois Baudets, lieu très réputé à l'époque pour avoir offert leur première scène à Mouloudji, Boris Vian ou Fernand Raynaud... Sa consécration arrive en 1956 avec la chanson « Quand on n'a que l'amour ». Tout au long de sa carrière il sera accompagné par Gérard Jouannest à l'accordéon et François Rauber à l'orchestration.

L'œuvre et son contexte

« La Valse à mille temps » a été écrite en 1958. Elle est inspirée à Brel par un long trajet sinueux effectué vers Casablanca. C'est donc paradoxalement la lenteur du parcours qui lui inspire cette chanson connue pour son *crescendo*. Il la chante d'abord en public avant de l'enregistrer sur vinyles en septembre 1959.

L'œuvre en quelques mots

La chanson est une valse à trois temps en tonalité Do majeur qui évoque une rencontre amoureuse. Elle est arrangée pour orchestre et accordéon. Au fur et à mesure de l'enchaînement des trois couplets et des trois refrains, le tempo de la valse accélère, ainsi que le débit des paroles constituant la chanson en un morceau de bravoure.

Le thème dans l'œuvre

Le premier couplet évoque la rencontre amoureuse de deux personnages : « Toute seule tu souris déjà », « Je suis seul et je t'aperçois ». La musique est très épurée et interprétée par peu d'instruments dont la clarinette qui joue sur trois temps selon le tempo classique de la valse et en notes piquées. Le xylophone n'émet que quelques phrases aiguës. Cela convient pour l'évocation de la découverte de l'autre, la curiosité amoureuse, l'attirance puisqu'il est question d'« émoi ». Au cours du refrain, l'accordéon et la cymbale entrent tandis que le tempo se hâte et que les paroles attirent notre attention sur la question du rythme : Une valse à quatre temps/C'est beaucoup moins dansant/C'est beaucoup moins dansant/Mais tout aussi charmant/Qu'une valse à trois temps ». La brièveté des paroles permet de glisser des jeux de mots :

« Une valse à cent ans/une valse ça s'entend. » ; « Une valse à mille temps/Une valse « a mis l'temps » Le deuxième couplet, marqué par l'entrée des cuivres, les nuances plus fortes et les phrases des flûtes qui remplacent l'accordéon, accélère le tempo. L'amour s'intensifie, se fortifie. Peut-être faut-il lire dans « Nous comptons tous les deux, un, deux, trois » la symbiose des amants. Pendant le refrain qui suit, l'accordéon présent en permanence joue le contre-chant et permet des phrases très rapides en doubles croches. La cymbale est davantage présente, avec un rythme plus rapide, l'amour se fait tourbillon. Il n'y a pas de temps mort tandis que la cymbale répète un motif rythmique très rapide avec des nuances fortes que les paroles hyperboliques et le jeu de mots soulignent : « Une valse à mille temps/Une valse à mille temps/ Une valse a mis l´temps ». Sur le troisième et dernier couplet, tout l'orchestre est présent, l'accordéon laisse place aux flûtes. Lors du dernier refrain, tout accélère, les phrases musicales, les percussions, le débit des paroles ainsi que l'alternance entre les cuivres est les flûtes qui, en donnant de la puissance, souligne encore l'impression de rapidité. Sur les dernières paroles, les instruments jouent tous en même temps produisant un effet massif pour dire et chanter l'amour exalté. Le débit du chanteur atteint sur maximum sur « trois cent trente-trois fois le temps/De bâtir un roman » dont les allitérations délicates sont autant de chausse-trapes… dans lesquelles l'artiste ne tombe pas. Le « lalalalala » prend la relève comme si la vitesse maximale de son *flow* avait été atteinte…

■ Tout est dit

« Il y a quelque chose de très important, qui a changé aujourd'hui : Jacques n'avait que quelques secondes entre chaque chanson. Et le public était complètement fatigué, estomaqué par le rythme que Jacques s'imposait et lui imposait. » (France Brel, fille de Jacques)

■ Échos

- Eminem, *Rap God* (cf. fiche n° 87)
- Gustave Flaubert, *Madame Bovary* (cf. fiche n° 9)

Hélène Bieber

Fiche n° 87

Eminem, *Rap God*

Sorti le 15 octobre 2013, 3e single dans l'album *The Marshall Mathers LP 2,*

■ L'artiste

Eminem, souvent stylisé en « EMINƎM », s'appelle de son vrai nom Marshall Bruce Mathers III (d'où le redoublement consonantique *MM* associé de surcroît aux « *M&M's Chocolate Candies* »). Né le 17 octobre 1972 dans l'État du Missouri, c'est un auteur-compositeur-interprète de hip-hop américain « *hard core* », également producteur, acteur, et fondateur de label. Son alter ego maléfique, Slim Shady, forme souvent une sorte de « troisième personnalité »… pour celui que O. Cachin appelle le « plus talentueux et plus mégalo MC que la Terre ait jamais porté ».

■ L'œuvre et son contexte

Morceau-phare du huitième album d'Eminem, *Rap God* et le clip qui le présente ont été multirécompensés, entre autres au *MTV Video Music* par l'Award du meilleur montage, et nominés au *Grammy Award* de la meilleure prestation rap. Il s'agit en effet pour l'autoproclamé « dieu du rap » de prononcer, dans le troisième couplet, 101 mots en 16 secondes, une performance inégalée unanimement saluée. Eminem a notamment interprété le morceau à New York pour les *YouTube Music Awards* et en direct d'Amsterdam pour les *MTV Europe Music Awards* 2013.

■ L'œuvre en quelques mots

La parution de *Rap God* s'accompagne d'un clip vidéo réalisé par Richard Lee, tourné à Détroit dans le Michigan : le rappeur y parodie la série des années 1980 *Max Headroom*, et fait référence à l'ancienne génération du rap comme Rakim ou Tupac Shakur (qui est né un an avant lui !). Eminem parle essentiellement de sa carrière en se comparant aux autres rappeurs… à son avantage bien sûr.

■ Le thème dans l'œuvre

Dans une interview, Eminem déclare qu'il n'a pas « écrit » *Rap God* mais qu'il l'a fait en freestyle, en une prise… ce qui explique qu'il commence à se sentir en effet comme un « dieu du rap ». Bourré de rappels et de clins d'œil (comme par exemple le verset « *music as a vehicule to bust a rhyme, now I lead a new school full of students* », en référence au groupe *Leaders of the New School*) le texte parle aussi de la fusillade de Columbine. Le continuum musical est dû à Mike et Joe Strange, qui ont également ajouté les samples de piano : l'instrumental date de 2011 et l'enregistrement a été réalisé dès 2012.

Rap God a reçu dans l'ensemble des critiques dithyrambiques de la part des médias spécialisés, pour l'habilité du rappeur et la vitesse de son *flow*. En effet, Eminem accélère tellement dans le troisième couplet, qu'il paraît impossible de le « dépasser », ou même de le rejoindre… Comme souvent, la mention « *explicit contents* » se justifie pleinement, et certains lobbys soulignent dans *Rap God* quelques aspects jugés homophobes et violents, trouvant choquant que nombre d'exégètes aient choisi d'ignorer ces paroles problématiques.

Mais ce qui frappe et impressionne, dans le milieu hautement réactif du rap, c'est l'accélération d'Eminem au bout de quatre minutes et vingt secondes pour emplir les fameuses « 16 secondes » de plus de cent mots. Les éloges pleuvent : « divine » pour Par Liljas, du *Time*, la chanson est dite « inoubliable », « impressionnante ». « *Soonnight* » ajoute : « Une pépite du rap qui nous montre une fois de plus toute l'ampleur du talent d'Eminem ». Le biographe français du chanteur, Olivier Cachin, voit en *Rap God* « l'apothéose, le morceau que tout le monde attendait. Des paroles puissantes sur un beat tendu avec des accélérations comme on n'en avait pas entendu depuis *Forgot About Dre* », tandis que *Metronews* affirme : « C'est définitif, après 20 ans de carrière, il est un dieu du rap ». La dernière image du clip montrant Eminem tombant à la renverse et disant : « *Why be a king, when you can be a god ?* » est tout de même largement autoparodique, dans la mesure où il vient de présenter une forme de récapitulatif incendiaire de sa vie d'artiste et d'homme… ce qu'il réalise de mieux, au fond, depuis vingt ans.

Tout est dit

« *I'm beginning to feel like a Rap God, Rap God, All my people from the front to the back nod, back nod, Now who thinks their arms are long enough to slap box, slap box ? They said I rap like a robot, so call me Rapbot…* »

(« Écoute, j'allais y aller doucement pour ne pas te blesser, Mais je ne vais pas avoir d'autre occasion de le dire (Six minutes, six minutes) ; quelque chose cloche, je le sens (Six minutes, six minutes, Slim Shady, c'est à toi !). »

Échos

- I Casta, « Ad Eminem ! ou le roman tragique du rap américain », in *Le Chaste et l'Obscène : un (re)nouveau romanesque ?*, novembre 2004, Éditions Publibook
- O. Cachin, *Le prince blanc du hip pop*, 2005
- Kayne West, 2013 : *Yeezus*, 2018 : *Kids See Ghosts*
- *8 Mile*, film de Curtis Hanson

Isabelle Casta

Fiche n° 88

Pacific 231, Arthur Honegger

1923

■ Le compositeur

Arthur Honegger est un compositeur du XXe siècle, d'origine suisse. Il a écrit des symphonies, des musiques de chambre et de films muets, pour Abel Gance notamment. Son thème d'inspiration est la modernité, à travers la guerre, la technologie et le sport. Au début de sa carrière, il fera partie du Groupe des Six, avant de poursuivre son œuvre musicale, avec une certaine originalité.

■ L'œuvre et son contexte

Le compositeur fait un clin d'œil à la locomotive à vapeur Pacific 231, construite par la société américaine Baldwin, à partir de 1901. Face à l'engouement populaire pour le train, les compagnies de chemin de fer françaises utilisent cette nouvelle machine à vapeur, pour leurs réseaux ferroviaires, avant la Grande Guerre. Ces locomotives sillonneront la France, jusque sous la Cinquième République.

■ L'œuvre en quelques mots

Arthur Honegger compose l'œuvre pour orchestre *Pacific 231* qu'on appelle également *Mouvement symphonique no 1*, créé le 8 mai 1923, à l'opéra Garnier. La musique accompagne le film muet *La roue*, réalisé par Abel Gance en 1923. Cette musique atonale a contribué à la légende de la locomotive Pacific 231, et fait partie des grands mythes du chemin de fer.

■ Le thème dans l'œuvre

L'œuvre *Pacific 231* est un voyage musical à bord de cette locomotive à vapeur de légende, et ce poème symphonique rend hommage à la révolution technologique du XXe siècle.

Cette composition laisse une place à la musique concrète, comme Pierre Schaeffer a pu l'exprimer, par la suite, en 1948 dans son œuvre *Étude aux chemins de fer – Trains*. En effet, elle fait appel à des bruits propres au chemin de fer, à la croisée des rails et de la machine à vapeur. Cet hymne à la modernité se place, donc, sous le signe du fer, de l'acier et du charbon.

Cette musique utilise des instruments, tels que les cuivres, les cordes et les percussions, entre autres. Chaque instrument joue, à sa façon, un rôle pour le voyageur. Les instruments, comme le violon ou le violoncelle, suggèrent le glissement du train, dans les paysages, entre les lignes droites, les virages, les descentes ou encore les montées, peut-être aussi les tunnels et les ponts. Les cuivres, eux, expriment d'une certaine façon, le caractère épique du voyage. À bord de la lourde machine qui pèse cent tonnes, la vitesse de cent kilomètres à l'heure peut constituer un danger, et donc la mort fait partie du voyage. On peut aussi ressentir le difficile travail des mécaniciens face à l'enfer de leur locomotive, lancée comme un boulet de canon. Les percussions, quant à elles, expriment les freinages, lent ou rapide. Le compositeur joue également sur le rythme de ce monstre d'acier, montée sur six roues. Au début de l'œuvre, la locomotive démarre lentement, et la fin du voyage est ponctuée par un jeu de cymbales. Il joue enfin sur la répétition, avec des croches, des doubles-croches et des triolets. Cette œuvre annonce également la musique répétitive de l'après-guerre.

Au final, on ressent ce voyage, comme une expérience physique et mentale, qui est un savant mélange de rythmes et de mélodies. Cette œuvre, inquiétante et étrange, aura une influence sur la musique symphonique de Sergueï Prokofiev *Symphonie n° 2*, dite « de fer et d'acier », la musique répétitive, *Different trains* de Steve Reich en 1988, ou encore la musique électronique de « *Trans-Europe Express* » de Kraftwerk, en 1977.

Tout est dit

« J'ai toujours aimé passionnément les locomotives. Pour moi, ce sont des êtres vivants... », Arthur Honegger.

Échos

- Benjamin Britten, *Night Mail*, 1936
- Buster Keaton, *Le Mécano de la Générale*, 1926
- Hans Christian Lumbye, *Kjobenhavns Jernbane-Damp-Galop*, 1847
- Jean Mitry, *Pacific 231*, 1949 (cf. fiche n° 70)
- Johann Strauss, *Eisenbahn-Lust-Walzer, opus 89*, 1836
- Heitor Villa-Lobos, « O trenzhino do caipira », extrait de la *Bachiana brasileira n° 2*, 1930

Nicolas Grenier

Fiche n° 89

Caprice n° 24, Niccolo Paganini

1802-1817, *Les vingt-quatre caprices pour violon solo*, opus 1 MS 25

L'artiste

Niccolo Paganini (1782 – 1840) est un violoniste et compositeur italien qui a profondément marqué l'histoire du violon et de la musique classique. Considéré comme un virtuose, il a inventé plusieurs techniques musicales en assemblant des pratiques comme le *pizzicato* ou le *saltato*. Son influence sur la musique est surtout liée aux *24 Caprices*, jugés comme un des morceaux les plus difficiles à jouer. Son jeu assimilé au lyrisme a marqué les périodes préromantique et romantique.

L'œuvre et son contexte

Composés sur une période de quinze ans et publiés seulement en 1819 par Paganini lui-même, les *Caprices* sont pour leur auteur davantage un travail d'étude et de recherche musicale qu'une particition destinée à être jouée en public. Il ne les a d'ailleurs jamais interprétés en concert. À l'aide d'une composition complexe presque impossible à jouer, il a cherché à dépasser l'art pour toucher au « sublime », notion chère aux romantiques : il voulait provoquer des émotions extrêmes telles que le délire, le terrible, l'extase ou l'euphorie…

L'œuvre en quelques mots

Capriccio, œuvre majeure de Paganini, représente un condensé des principales difficultés techniques musicales (innovantes pour son époque) en raison de la superposition de mélodies, de triples, voire quadruples cordes de *pizzicato* à la main gauche. Longtemps considérés injouables, ils sont le modèle de la virtuosité musicale et le 24e – le plus réputé – allie expressivité musicale et ode au rythme et à la vitesse. Ce thème est d'ailleurs repris dans des compositions de métal néoclassique comme Malmsteen dans sa chanson *Prophet of doom*.

Le thème dans l'œuvre

Paganini représente pour la musique un modèle, voire un mythe encore aujourd'hui considéré inatteignable. Il a aussi profondément marqué et déterminé la période romantique de la musique.

Dès son plus jeune âge, doté d'une oreille quasi absolue, il est autant capable d'écrire de la musique que de jouer celle que quelqu'un d'autre a composée.

Auteur d'une œuvre prolifique, on lui doit six concertos pour violon et orchestre, d'innombrables compositions pour violon et guitare (assemblage résolument avant-gardiste) et surtout 24 *Caprices* composés pour du violon solo. On ressent dans son œuvre la primauté de la mélodie (que l'on appelle aussi le « thème ») sur l'harmonique (autrement dit la concordance des sons). Il adopte une vision d'ensemble quand il crée un morceau musical.

Le 24e de ses caprices s'offre tout entier à la vitesse : que ce soit dans la virtuosité d'une exécution ultra-rapide à la limite du possible humain ou dans la complexité des instruments choisis (quatre cordes, mélodies superposées, emploi du *pizzicato* – à la main gauche qui plus est –).

Dans le monde de la musique, ces *Caprices* représentent un exercice de style pour tout violoniste soucieux de montrer la maîtrise de son art. En effet, Paganini a concentré en ses morceaux toutes les difficultés les plus accrues données à un musicien interprète et, qui les dompte, est un grand virtuose.

La vitesse est ce qui caractérise le mieux le 24e caprice, avec un emploi de techniques très variées où la dextérité est toujours de mise : l'utilisation d'octaves parallèles, les changements rapides couvrant plusieurs intervalles, le *pizzicato* de la main gauche… Liszt dit à propos de l'artiste toute son admiration : « *Dans l'adagio de Paganini, j'entendis le chant des Anges. On ne verra jamais personne comme lui* ».

Avec l'insertion de la guitare dans les orchestres en accompagnement le plus souvent du piano, il marque une modernité certaine avec les rythmes enlevés qu'il compose. C'est pourquoi il influence de nos jours le hard rock instrumental et particulièrement la pratique de la guitare électrique. On retrouve même des reprises de certains de ses thèmes, et notamment le *Caprice n° 24* dans la chanson « *Prophet of doom* » de Malmstein. Il inscrit donc sa musique dans la veine appelée « néoclassique ». Ainsi, Paganini demeure un compositeur chantre de la modernité, admiré autant par ses contemporains que par les musiciens actuels.

■ Tout est dit

« *Quel homme ! Quel violon ! Quel artiste ! Quelle souffrance, quelle angoisse, quels tourments ces quatre cordes peuvent exprimer !* » (Liszt)

« ces *pizzicati* d'une force et d'une vitesse sans égales » (Laphalèque, *Notice sur le célèbre violoniste Nicolo Paganini*, 1830).

■ Échos

- Sergueï Rachmaninov, *Concerto pour piano n° 3*, (cf. fiche n° 90)
- Nikolaï Rimski-Korsakov, *Le Vol du Bourdon*, (cf. fiche n° 92)
- Liszt, *Six Grandes Études de Paganini pour piano solo*, 1851

Laetitia Magnani

Fiche n° 90

Concerto pour piano n° 3, Rachmaninov

1909

Le compositeur

Sergüei Vassilievitch Rachmaninov, pianiste virtuose naît en 1873 et meurt en 1943. Il commence ses études avec un professeur particulier puis intègre à neuf ans le conservatoire de Saint Pétersbourg. Sa première composition, réalisée en 1891 marque à la fois le début de sa carrière et de ses succès.

L'œuvre et son contexte

Rachmaninov écrit son troisième concerto en 1909 dans sa propriété de Russie ; il souhaite mettre en avant ses talents de pianiste et de compositeur. Il choisit de le composer en ré mineur, sa tonalité préférée ; il est répété dans l'urgence, lors de sa traversée vers l'Amérique. Ses doigts sont tellement meurtris qu'il ne peut pas jouer un bis.

L'œuvre en quelques mots

Cette œuvre, composée de trois mouvements est complexe de par sa cadence et sa structure. En plus de sa superposition de voix, ce concerto mêle le piano et l'orchestre. Ce troisième concerto est plus expressif et moins tempéré que le deuxième ; certains attribuent cette ambiance de déchirement à son attachement à la Russie et son départ prévu aux États-Unis.

Le thème dans l'œuvre

Ce concerto pour piano se compose de trois mouvements ; le premier s'intitule *Allegro non tanto*, le second *Intermezzo* et le troisième et dernier, *Alla breve*. Si on traduit ces termes, on comprend mieux sa composition puisque le premier mouvement est moyennement rapide, le second est un passage intermédiaire, offrant un moment de répit à l'interprète, à la fois lent et mélancolique tandis que le troisième impose un rythme très dense. Le pianiste a réalisé deux versions de ce premier mouvement ; la première est dotée de cascades d'arpèges tandis que la seconde est constituée d'accords massifs. L'introduction est fascinante car elle diffère des autres concertos ; elle commence par quelques battements de l'orchestre, le piano rejoint rapidement le jeu dès la troisième mesure. Le piano semble alors s'adresser à l'auditeur comme s'il était son confident. Le premier thème est exposé, il s'agit d'une longue phrase ample et simple de grande proportion. L'orchestre reprend alors ce thème et le piano l'exécute en contrepoint ; le motif est rythmé et vif pour préparer le second thème. Cette introduction est certes très sereine mais de nombreuses modulations apparaissent pour laisser ensuite place à un enchaînement d'accents plus rythmiques. Lors du second thème, on retrouve un premier crescendo, des accords martelés ; une légère accalmie se fait sentir, un decrescendo vient clôturer le premier mouvement. La cadence du second mouvement est certes grande mais lente ; un long thème est alors énoncé par l'orchestre, dramatique et sombre. Le piano le reprendra sous forme de variations, dans un fracas grave, voire funèbre. Ce sont des épisodes très contrastants ; l'orchestre se limite à répéter sa cantilène. La transition vers le troisième mouvement est plus tumultueuse que la seconde. Le dernier mouvement s'ouvre par une chevauchée pianistique dans l'aigu, à notes répétées ; un dialogue s'enchaîne alors entre le soliste et l'orchestre. Le mouvement est rythmé, doté d'un fort élan dynamique. Les changements sont soudains ; les envolées finales sont lyriques, emphatiques, voire dans une certaine forme de surenchère.

Tout est dit

Vladimir Horowitz déclare que Rachmaninov « s'est jeté sur la musique comme un tigre affamé. Avec son audace, sa bravoure, son intensité, il l'a dévoré tout cru. »

Rachmaninov : « Je ne peux rien te dire. Sinon qu'il me reste peu de temps, que ce que j'ai fait ne me plaît pas particulièrement. »

Échos

- *Concerto numéro 2 en ut mineur opus 18* de Rachmaninov
- Nikolaï Rimski-Korsakov, compositeur romantique d'opéras comme *Schéhérazade*

Isabelle Clochard

Fiche n° 91

Different Trains, Steve Reich

1988

Le compositeur

Né en 1936, Steve Reich est un compositeur américain. Pionnier avec Philip Glass du minimalisme, il développe une musique expérimentale caractérisée par des répétitions. Reconnu mondialement pour ses œuvres comme *Drumming*, *Piano Phase* ou *The Cave*, il reçoit le prix Pulitzer en 2009 pour *Double Sextet*.

L'œuvre et son contexte

La musique minimaliste fait son apparition au début des années 1960 aux États-Unis. S'écartant progressivement de ce mouvement, Steve Reich diversifie ses approches en incorporant de nouveaux éléments comme des témoignages enregistrés. En 1988, il crée *Different Trains*, première pièce utilisant le discours parlé en tant que matériau musical.

L'œuvre en quelques mots

Different Trains évoque la déportation des juifs pendant la Seconde Guerre mondiale. Associant témoignages sur bande magnétique et instruments à cordes, Steve Reich crée de véritables portraits musicaux. En faisant le choix d'utiliser des enregistrements authentiques, il donne à son œuvre la dimension d'un témoignage historique.

Le thème dans l'œuvre

« Comme mes parents me gardaient à tour de rôle, de 1939 à 1942 je faisais régulièrement la navette en train entre New York et Los Angeles. » Avec *Different Trains*, Steve Reich, d'origine juive, met en parallèle ses nombreux déplacements effectués en train lors de son enfance avec la mémoire des déportés acheminés dans des wagons à bestiaux vers les camps de concentration auxquels il a échappé. En liant autobiographie familiale et témoignages historiques par le motif du train, l'auteur pose dans sa composition musicale la question de la transmission de la mémoire.

L'œuvre nous offre ainsi un véritable paysage sonore de l'univers ferroviaire. Le compositeur, à travers la répétition du même motif musical interprété par un quatuor à cordes, s'attache à reproduire la marche du train. Les jeux sur les changements de tempo permettent de souligner les différents rythmes adoptés par la machine en mouvement. À ce rythme s'associent les enregistrements de sons de sirènes et les sifflements de la locomotive, l'œuvre semblant faire écho à la composition symphonique d'Arthur Honegger, *Pacific 231*, véritable voyage musical à bord de la célèbre locomotive éponyme.

Cependant, si le train du premier mouvement suggère le voyage insouciant de Steve Reich avec sa « gouvernante Virginia » dont les paroles enregistrées et superposées mettent en évidence l'exaltation des trajets de « Chicago à New York » et de « New York à Los Angeles », le voyage de la deuxième partie de l'œuvre évoque le train de la mort, emmenant les déportés vers les camps de concentration « pendant quatre jours et quatre nuits ». L'accélération du tempo traduit alors non seulement la vivacité de la locomotive mais aussi l'angoisse et la montée de la peur. Les sirènes du train de plus en plus fortes et aiguës se confondent avec les cris des déportés, le ralentissement « de ces wagons à bestiaux » suggérant l'arrivée en Pologne et la disparition des corps réduits en « fumées ».

Traversée par les témoignages de Rachella, Paul et Rachel, survivants de l'Holocauste, l'expérience du voyage de *Different trains* devient avant tout un témoignage musical à valeur universelle.

■ Tout est dit

« Bien qu'à l'époque ces voyages fussent excitants, je songe maintenant qu'étant juif, si j'avais été en Europe pendant cette période, j'aurais sans doute pris des trains bien différents. »

« J'ai voulu écrire une œuvre qui exprime avec précision cette situation. » Steve Reich

■ Échos

- CD Steve Reich, *Different Trains*, The Smith Quartet, Signum Classics, 2014
- Arthur Honegger, *Pacific 231* (cf. fiche n° 88)

Valérie Lambert

Fiche n° 92

Le Vol du Bourdon, Rimski-Korsakov

Écrit en 1899-1900

Le compositeur

Il fut officier de marine, compositeur, puis professeur de musique. Le folklore populaire de la Russie l'a beaucoup inspiré dans l'écriture de plusieurs contes qui n'ont pas percés en Occident contrairement à sa musique influençant des compositeurs et réalisateurs (*The Green Hornet, Kill Bill*).

L'œuvre et son contexte

Korsakov écrit en 1899-1900 l'opéra *Le conte du Tsar Saltan* dans lequel un cygne magique, en fait une princesse, donne à un Prince abandonné sur une île les indications pour se transformer en bourdon, afin qu'il retrouve son père. L'air du « vol » est un interlude, il intervient à la fin du 3e acte, puis on le retrouve dès que l'insecte apparaît.

L'œuvre en quelques mots

C'est une œuvre fantastique. Le tsar choisit d'épouser la plus jeune de trois sœurs. Jalouses, les ainées annoncent faussement au tsar que son fils est un monstre. Sans même le voir, il exige la mort du bébé. Jeté à la mer avec la tsarine, ils survivent sur une île avec l'aide d'un magicien et d'une princesse. Adulte, le Prince veut rencontrer son père.

Le thème dans l'œuvre

Le thème « À toute vitesse » convient parfaitement à cet air, très connu, difficile à jouer pour un musicien, qui doit enchaîner les notes très rapidement notamment des doubles croches jouées 8 fois plus vite que les notes blanches. De nombreux instrumentistes ont voulu relever le défi prévu pour un violon : à la trompette, au marimba, au piano, à la guitare électrique. Il demande une très grande dextérité aux musiciens. Transformé en bourdon, le Prince Gvidon vole vers son père qui passe sur un navire au large de l'île sur laquelle il vit, et se vengera de ses tantes qui ont voulu sa perte. La musique colorée et descriptive de Korsakov cherche à rendre le tournoiement de l'insecte, son vol et ses attaques. Dans l'opéra, inspiré par un poème de Pouchkine en presque 1 000 vers, tout va très vite et une vie entière tient en 4 actes. Gvidon naît et est abandonné au premier, mais tout se termine pour le mieux au 4e par les retrouvailles des parents du Prince et son propre mariage.

Notons que ce morceau est un interlude : il est très court, sans parole et joué entre deux autres airs plus importants ; il utilise deux phrases musicales répétées avec des montées et des descentes presque ininterrompues. Il fait l'objet d'un record du monde de vitesse : le 4 juin 2013 Adam Taubitz a joué ce morceau en 53 secondes au lieu d'une minute et vingt secondes.

Le goût pour la technique en musique est lié au fait que Korsakov est devenu inspecteur des orchestres de la marine impériale à 29 ans. Il a étudié les lois de l'acoustique et a réalisé à quelle vitesse la science évoluait. Son goût l'a porté d'abord vers des techniques dépassées telle le contrepoint : la superposition de mélodies distinctes. En revenant à la musique populaire il a tenté la synthèse de la technique contrapuntique et de l'inspiration russe, puis il s'est tourné vers des développements musicaux complexes qui deviendront sa marque de fabrique. Après une période de manque d'inspiration il composera entre ses 49 ans et sa mort, à un rythme soutenu, un opéra tous les 18 mois. Cependant dans les dernières années de sa vie, il cumule les épisodes professionnels et personnels stressants qui vont accélérer sa mort.

Tout est dit

Extrait de l'opéra : Le cygne suit le bateau du tsar, le Prince métamorphosé à ses côtés : « Eh bien, maintenant, mon bourdon, en avant, rattrape le navire sur la mer, ralentis doucement, pénètre dans la fissure un peu plus loin. Bonne chance, Gvidon, vole, mais ne reste pas longtemps !. »

Échos

- Vidéo visualisant le vol comme des notes https://www.youtube.com/watch?v=M93qXQWaBdE
- La Fontaine, « Le Lièvre et la Tortue » : le vers rythmant la course (cf. fiche n° 18)

Christine Bolou-Chiaravalli

Fiche n° 93

« L'Hiver », *Les Quatre saisons,* Antonio Vivaldi

Concerto, 1er mouvement *Allegro non molto,* 1725

Le compositeur

Né à Venise en 1678, Vivaldi est un compositeur et violoniste italien de la période baroque. Il apprend le violon auprès de son père qui le destine initialement à la religion. S'il est ordonné prêtre en 1703 il n'officiera que rarement la messe et plus du tout à partir de 1706. En parallèle de la prêtrise, ce virtuose du violon est nommé professeur de musique à l'école du *Pio Ospedale della pietà* où il accomplira toute sa carrière professionnelle. Très célèbre de son vivant il ne cesse de composer (concerto, opéra…) et voyage dans toute l'Europe. Il meurt à Vienne en 1741.

L'œuvre et son contexte

À l'époque de Vivaldi, c'est le *concerto grosso* qui domine : un ensemble de solistes (le *concertino*) dialogue avec l'orchestre (le *ripieno*). Progressivement, Vivaldi va faire ressortir non plus un bloc d'instruments, mais un seul soliste. La musique de Vivaldi qui s'inscrit dans le mouvement baroque, a rencontré un vrai succès du vivant de son auteur avant d'être rapidement oubliée après sa mort puis d'être à nouveau popularisée par le cinéma, la publicité et même les musiques d'attente ce qui l'a considérablement dévalorisée hélas.

L'œuvre en quelques mots

Les Quatre saisons (« *Le quattro stagioni* ») sont un ensemble de quatre concertos pour violon soliste accompagné d'un orchestre de chambre. Probablement composée plusieurs années avant 1725, l'œuvre est accompagnée de quatre sonnets, vraisemblablement écrits par le compositeur, qui évoquent le déroulement des saisons dans l'ordre suivant : le printemps, l'été, l'automne, l'hiver.

Le thème dans l'œuvre

Quatrième et dernière partie de l'œuvre, « L'Hiver » écrit pour violon solo, premier violon, second violon, violoncelle, contrebasse et clavecin est un concerto en fa mineur qui s'appuie sur quatre sonnets. (*Allegro non molto*) « Trembler violemment dans la neige étincelante/Au souffle rude d'un vent terrible/Courir, taper des pieds à tout moment/Et, dans l'excessive froidure, claquer des dents » ; (*Largo*) « Passer auprès du feu des jours calmes et contents/Alors que la pluie, dehors, verse torrents/ (*Allegro*) « Marcher sur la glace, à pas lents/De peur de tomber, contourner/Marcher bravement, tomber à terre/Se relever sur la glace et courir vite/Avant que la glace se rompe et se disloque./Sentir passer, à travers la porte ferrée/Sirocco et Borée, et tous les Vents en guerre/Ainsi est l'hiver, mais, tel qu'il est, il apporte ses joies. »

Sur le premier mouvement, les instruments rentrent en canon (basse, alto, violon 1, violon2) du plus grave au plus aigu, en homorythmie. Chaque instrument joue des notes répétées formant un accord uniquement avec des trilles de croches contribuant à instaurer un climat très austère voire inquiétant. Puis, le violon joue des phrases très rapides (en triples croches) dans les aigus. Le musicien pince les cordes au lieu de les frotter (*pizzicato*) et l'orchestre lui répond sur le même rythme. Le chant évoque les rafales de vent très froid. Le rythme s'accélère avec l'utilisation des doubles croches au lieu des croches pour l'orchestre. Puis, tout l'orchestre joue en *crescendo* et *trémolo* pour intensifier la sensation du froid. L'orchestre entier reprend et le violon solo (en doubles cordes) sur des triples croches monte dans l'extrême aigu. Les coups d'archet très secs restituent les claquements de dents évoqués dans le texte. C'est donc essentiellement par la grande rapidité du rythme que le compositeur fait exister cette saison rude qu'est l'hiver.

Tout est dit

« Si les notes aiguës et rapides sont des maux, Vivaldi aura à répondre de beaucoup de péchés. » (Charles Burney)

Échos

- *Le Vol du Bourdon*, Rimski-Korsakov (cf. fiche n° 92)
- *Pluie, Vapeur, vitesse*, William Turner (cf. fiche n° 83)

Hélène Bieber

Imprimé en Italie par «La Tipografica Varese Srl» Varese